彩插1 "敦煌文博会"品牌标志

彩插2 "敦煌行·丝绸之路国际旅游节"
吉祥物"丝丝"和"路路"

凝聚与再造：
"敦煌文博会"
品牌提升与传播

张硕勋 王晓红 著

中国教育出版传媒集团
高等教育出版社·北京

内容提要

　　作为全国"一带一路"建设中唯一以文化交流合作为主题的国际盛会，敦煌文博会自 2016 年首次举办以来产生了重大社会影响。本书借助田野调查、问卷、访谈等形式，对往届敦煌文博会的发展历程、品牌塑造与传播状况进行实证研究和系统梳理，考察它为甘肃地域形象的再造与提升带来的实际影响，分析了"敦煌文博会"品牌价值、诉求、内涵、认知、联想和效益情况等问题。在此基础上，总结其品牌塑造与传播中存在的问题，进一步探索"敦煌文博会"品牌塑造、传播与提升策略，以期对敦煌文博会的未来发展，以及对地方政府制定文化发展与传播战略提供参考。

图书在版编目（CIP）数据

　　凝聚与再造："敦煌文博会"品牌提升与传播 / 张硕勋，王晓红著. -- 北京：高等教育出版社，2023.6
　　ISBN 978-7-04-060066-7

　　Ⅰ．①凝… Ⅱ．①张… ②王… Ⅲ．①敦煌学 - 文化产业 - 品牌战略 - 研究 - 中国 Ⅳ．① K870.6

　　中国国家版本馆 CIP 数据核字（2023）第 036285 号

凝聚与再造："敦煌文博会"品牌提升与传播
NINGJU YU ZAIZAO: "DUNHUANG WENBOHUI" PINPAI TISHENG YU CHUANBO

| 策划编辑 | 张 岩 | 责任编辑 | 张 岩 | 封面设计 | 姜 磊 | 版式设计 | 于 婕 |
| 责任绘图 | 杨伟露 | 责任校对 | 张 薇 | 责任印制 | 朱 琦 | | |

出版发行	高等教育出版社		咨询电话	400-810-0598
社　　址	北京市西城区德外大街4号		网　　址	http://www.hep.edu.cn
邮政编码	100120			http://www.hep.com.cn
印　　刷	唐山市润丰印务有限公司		网上订购	http://www.hepmall.com.cn
开　　本	787mm×1092mm　1/16			http://www.hepmall.com
印　　张	18.5			http://www.hepmall.cn
字　　数	320 千字		版　　次	2023 年 6 月第 1 版
插　　页	1		印　　次	2023 年 6 月第 1 次印刷
购书热线	010-58581118		定　　价	76.00 元

本书如有缺页、倒页、脱页等质量问题，请到所购图书销售部门联系调换
版权所有　侵权必究
物料号　60066-00

学者的智识与担当
——为硕勋博士序

一

在文化的视域下，中国西部俨然是特色文化的代名词。敦煌石窟，嘉峪关长城，黄河上游黄金路段，丝绸之路锁匙之地……极为丰厚的特色文化，赋予地处西部的甘肃极为鲜明的文化认知力、巨大的文化影响力与深远的文化传播力。

从2000年开始，硕勋博士就关注起甘肃文化及其产业发展问题，主持和参与甘肃建设华夏文化传承创新区的战略构想、兰州都市文化产业区规划等多项政府委托项目。而这部专著集中关注的便是甘肃文化及其产业发展中极为重要的丝绸之路（敦煌）国际文化博览会（简称"敦煌文博会"）的品牌提升与传播问题。

敦煌文博会已举办六届，成为国家西部文化发展战略的组成部分，并担负着国家对外文化交流的重任。2018年12月至2019年12月，在整整一年的时间中，硕勋博士的研究团队先后深入甘南藏族自治州、敦煌市、兰州市，开展田野调查4批次，访谈近80人，采集影像资料2000余份，为问题的研究提供了坚实的实证基础。

此著对如何借助敦煌文博会这一重要平台，促进经济增长、聚合文化资源、重塑地域形象进行了全方位观照，提出了系统的应对之策。其中，关于融媒体背景下政府主导型会展业及其品牌建构的价值与逻辑的观点、丝路文化与"敦煌文博会"品牌塑造的互借与滋养的主张、文化产业与旅游产业等多元产业协调发展的战略思路，不仅对"敦煌文博会"品牌与传播力的凝聚及再造具有重大的现实指导价值，对我国会展业与文化产业的发展同样具有普遍的借鉴与参考意义。该研究成果是学者智识的集中体现。

二

在此著中，我们见到的不仅是学者的智慧之光、识见之光，还有极为可贵的学术责任与担当。

我曾在一次国际会议上提出，学问是没有国界的，学者却是有国籍的，主张学者的学问应为国家利益服务。或许我们还应该说，学问是没有地域界限的，但学者都是有地域籍贯的。不同地域的学者服务于本地域的经济社会，似乎也是天经地义的。

硕勋博士是甘肃宁县人，现任兰州大学新闻与传播学院的常务副院长。他近年承担国家社科基金、教育部及其他项目十余项，在《新闻与传播研究》《新闻大学》《现代传播（中国传媒大学学报）》《当代传播》等刊物发表学术论文三十余篇。他的所有项目与论文，无一例外地关涉着西部、甘肃地区的传媒与文化发展、社会转型与观念变迁等现实课题，多角度回应着中国西部与甘肃地区经济社会发展的需求，多角度实践着西部学者服务西部经济社会发展的学术责任与担当。他将西部学者的学术之根、智识之根，深深扎根在西部的大地上、甘肃的大地上。

三

兰州大学是西部新闻传播学教育的一座重镇，同样也是我国新闻传播学教育的一座重镇。在这里，曾走出过戴元光、段京肃、杨魁等许多优秀的新闻传播学学者，也有许多优秀的新闻传播学学者在这里坚守，我知道的便有韩亮、樊亚平、李惠民、许小平、于永俊等。他们为中国新闻传播学的发展，为中国、西部新闻传播学教育做出了特殊的贡献。每念及此，心中的敬重之情便油然而生。他们的确都是值得敬重的西部学者。

　　读硕勋博士与晓红博士的新著《凝聚与再造：“敦煌文博会”品牌提升与传播》，感慨良多，既感佩其智识，更感佩其学术之责任担当。惶惶然，谨为序。

张金海

2022 年 11 月 9 日于武昌珞珈山

目　录

绪 论

　　文化产业被世界公认为 21 世纪朝阳产业，经济文化一体发展、环境与文化协调适应已成为经济全球化发展的重要趋势。文化业已成为世界范围内经济社会发展情况的重要评判尺度。当我们快速进入消费社会时，商品交换成为符号的象征交换，在象征交换层面，品牌的价值进一步凸显。品牌具有文化品格、情感象征、意义系统和人格样式，品牌确定和放大了隐藏在商品背后的符号意义，各种生活方式、时尚风潮、文化品位、大众喜好等都可以在知名品牌中找到痕迹。受众在接触品牌的过程中，不断形成新的消费样式，而这种消费样式又在品牌消费过程中广泛渗透到各个领域。因此，有学者提出，品牌"覆盖了我们的生活方式，改变了我们的文化形态，影响了我们的价值观念，成为了当今社会生活活动的风向针、时尚潮流的流行图谱甚至当代人的知识谱系"①。

　　历史上从来没有哪个社会像现在这样，需要用符号所蕴含的意义去满足消费者的需求，品牌成为身份认同与区隔的符码、消费竞争的重要工具和国

---

① 刘泓：《广告社会学论纲——关于广告与社会互动关系的阐释》，《福建师范大学学报（哲学社会科学版）》2006 年第 3 期。

家核心竞争力的重要组成部分。

21世纪的中国，随着经济的快速增长和商品的极大丰富，人们的消费已经从物的消费转向了文化符号的消费。在文化消费中，"我们似乎被一种推理的激情支配着，这种内驱力产生于脑核团，遍布各种层次的神经系统，并且以感受或者无意识偏向的形式出现和引导着决策"①。情感共鸣与心理认同对消费者购买行为的影响越来越突出："产品同质化程度愈高时，消费者在选择品牌时，就愈少运用理性思考。"② 由此看来，品牌既是物质的也是文化的，"文化是最具有形象塑造力的一种因素"，文化理念一旦与品牌结合即赋予品牌深厚的文化内涵，造成对消费者心灵的震撼。③ 当消费者的消费选择发生历史性偏移时，附着在商品上的意义价值和精神满足就会成为塑造产品特色和个性、激发价值认同和关联的关键因素。2014年5月，习近平总书记在河南考察时提出推动"三个转变"的重要指示："推动中国制造向中国创造转变、中国速度向中国质量转变、中国产品向中国品牌转变。"④ 在品牌战略、品牌价值、品牌传播、品牌视觉传达等基础上的地域文化品牌塑造已经成为当下我国各地发展文化产业和推广地域形象的关键环节。

甘肃地区作为华夏文明的主要发祥地之一，文化序列完整，类型多样，丝路文化、石窟文化、彩陶文化、边塞文化、民族文化、宗教文化、长城文化、黄河文化、人文始祖文化及红色文化非常丰富。可以肯定地说，甘肃是华夏文明的宝库，它蕴含着巨大的文化产业资源和开发潜力。但是，由于多种因素的制约，甘肃的文化产业起步晚、规模小、发展迟滞，直到20世纪90年代才得到了初步发展。2002年，甘肃省提出要建设特色文化大省，重点发展文化传媒、文娱演艺、出版发行和文化旅游这四个产业。2013年，国务院办公厅对甘肃省建设华夏文明传承创新区做了正式批复。近几年，甘肃省的文化产业发展进入快车道，相关文化管理体制得到了进一步完善，文化产业总量不断增加。与此同时，在激烈的市场竞争中，甘肃文化产业缺乏知名品牌的问题也日益凸显。

丝绸之路（敦煌）国际文化博览会（简称"敦煌文博会"，本书将使用"敦煌文博会"这一简称）已举办了六届。作为国家战略布局的一部分，敦煌文

---

① [美] 安东尼奥·R.达马西奥：《笛卡尔的错误：情绪、推理和人脑》，毛彩凤译，教育科学出版社2007年版，第189页。

② [美] 奥格威：《广告大师奥格威——未公诸于世的选集》，庄淑芬译，生活·读书·新知三联书店1996年版，第85页。

③ 张金海：《试论商业广告的文化传播性质与功能》，《江汉论坛》1997年第8期。

④ 《习近平在河南考察》，新华网，2014年5月14日。

博会承担着国家对外交流和甘肃利用文化产业促进经济增长、聚合文化资源、重塑地域形象的重要使命，其品牌塑造价值不言而喻。近年来敦煌文博会发展迅猛，影响力快速提升，但"敦煌文博会"品牌的塑造、传播和拉动效应并没有同步彰显，这也成为影响甘肃文化产业发展的一大短板。

　　笔者从 2000 年开始关注甘肃文化产业发展问题，参与了 2011 年甘肃建设华夏文明传承创新区的战略构想、兰州都市文化产业区规划、西部影视文化工程等多项论证活动，其后承担了甘肃省旅游委、民委、文物局、广播电影电视局等组织委托科研项目多项，提交了系统的研究报告 4 部。经此，对甘肃省文化资源分布、开发和发展规划及相关政策有了比较充分的了解，并在开展相关科研项目的同时，建立了相对稳定与成熟的研究团队、比较绵密的调研网络和良好的人际关系。十多年的田野调查中，太多的身影出现在田野日志中，他们帮助我们克服了"入场"初期的困难。2018 年 12 月至 2019 年 12 月，本课题组先后在合作市、敦煌市、兰州市等地开展田野调查 4 批次，发放调查问卷 511 份，回收问卷 487 份，访谈 79 人，录像 1057 段，拍照 1100 多张。研究团队的协同努力、调研收获和资源统筹对于顺利完成本研究发挥了至关重要的作用。

　　至此，研究问题一一廓清并形成逻辑链条，最终构成本研究的总体框架。

第一章　研究基础和理论准备

　　从党的十九大报告提出"坚定文化自信，推动社会主义文化繁荣兴盛"，到党的二十大报告提出"推进文化自信自强，铸就社会主义文化新辉煌"，充分表明，文化是国家和民族的精神与灵魂，是国家发展和民族振兴的强大力量，它集中体现着国家和民族的品格。加强文化建设，深化文化体制改革，繁荣发展文化事业和文化产业，关系我国全面建成小康社会奋斗目标的实现，关系中国特色社会主义事业总体布局，也关系中华民族的伟大复兴。

　　发挥甘肃文化资源优势，加快建设文化大省，对甘肃经济社会的发展将产生深刻影响。借助甘肃获批华夏文明传承创新区和丝绸之路（敦煌）国际文化博览会这一历史机遇，整合资源，提升品牌文化价值成为当下甘肃省推动文化产业升级换挡的现实而紧迫的任务。敦煌文博会是典型的政府推动型会展。政府推动型会展是政府主办、提供资源并加以引导的会展形态[①]，由政府部门进行整体规划和执行，旨在打造一个文化交流平台和文旅融合样板。塑造"敦煌文博会"这一知名品牌，既符合我国当下会展业的发展潮流，也是拉动甘肃文化产业集群发展的客观要求。

---

① 张丽：《试论我国政府主导型展会的发展策略》，《经济论坛》2008 年第 11 期。

第一节 研究缘起与意义

一、研究背景和缘起

1. 选题背景

甘肃省位于我国西北内陆，地处内蒙古高原、黄土高原和青藏高原三大高原的交汇地带，地形、地貌复杂多样，大部分地区气候较为干燥。甘肃在很长时期内给人们留下了落后、贫瘠、黄沙漫天的印象，也是我国全面建成小康社会、完成脱贫攻坚的关键地区。但是与其落后的经济形象形成反差的是，甘肃拥有丰富的文化资源、天然的绝色美景、多样的地质地貌，以及极具特色的风土人情。甘肃被誉为"华夏文明的发源地、自然奇观的博物馆、民族风情的大观园、品质旅游的目的地"。[①] 举世闻名的敦煌莫高窟就出自这里，这是世界上最大、最古老、最丰富、保存最好的佛教石窟艺术宝库，有着1600多年的文化积淀，是国家重点保护的世界文化遗产。"敦煌是一个让人肃然起敬的地方，莫高窟是咱们先人传承下来的东西"，"很多外宾都是奔着咱们的莫高窟来的"[②]。

会展业是文化产业的重要分支，以1∶9的带动效应（即一个单位的本行业经济收益可以带动九个单位的其他行业经济收益）和绿色环保的特质被称作"城市面包"，是现代经济产业改革中一个不可分割的组成部分。在国际上，许多国家的会展业已经发展得相对成熟，诸如法国、英国、日本等国家，每年都会举办一些具有巨大影响力的大型会展，并以此带动当地文化产业和旅游业的发展。"我们提出并贯彻新发展理念，着力推进高质量发展，推动构建新发展格局，实施供给侧结构性改革，制定一系列具有全局性意义的区域重大战略，我国经济实力实现历史性跃升。"[③] 会展业的品牌塑造、建设与发展也在这样的背景下被各级政府提上日程。

我国会展业按照组织结构划分，可以分为政府推动型、市场主导型、协

---

① 《第四届丝绸之路（敦煌）国际文化博览会与第九届敦煌行·丝绸之路国际旅游节活动指南》，2019年，第66页。
② 对敦煌市文博办柴主任的访谈（2019年9月4日）。
③ 习近平：《高举中国特色社会主义伟大旗帜 为全面建设社会主义现代化国家而团结奋斗——在中国共产党第二十次全国代表大会上的报告》，人民出版社2022年版，第8页。

会推动型、政府市场结合型四种主导模式①，由于体制和会展市场发育等原因，目前，政府推动型会展在我国会展业中占有举足轻重的位置。我国政府推动型的会展又可以分为国家级、省市级、地区县级三个级别。②对政府推动型会展而言，良好的会展品牌建设可以帮助会展扩大影响力、提高参展人群数量，为会展的发展提供强大持久的动能，并以此全方位带动我国会展业的发展。

敦煌文博会不仅承担着促进丝绸之路沿线国家文化交流的使命，而且承担着探索甘肃利用文化产业促进经济社会发展及形象再造的特殊使命。甘肃堪称丝绸之路的黄金地带，丝路文化遗产丰富，涵盖了文学、宗教、建筑、生活、生产等方方面面。敦煌被称为"丝路明珠"，是古代中原通向西域、中亚、西亚的必经之地，敦煌把中国文化、印度文化、波斯文化、古希腊－罗马文化、阿拉伯文化连接起来，同时吸纳、荟萃了边塞文化、长城文化、沙漠文化、游牧文化、宗教文化、建筑文化和民俗文化等多种文化形态，可以说，敦煌是"丝路文化"浓缩精华之地。

2013年9月和10月，习近平总书记先后提出建设"丝绸之路经济带"和"21世纪海上丝绸之路"重大倡议。2015年，在中央各部委的工作部署中，"一带一路"和"走出去"成为发展规划重点内容，与此相关的各类项目在世界范围内落地开花。2015年3月28日，国家发展改革委、外交部、商务部经国务院授权，发布了《推动共建丝绸之路经济带和21世纪海上丝绸之路的愿景与行动》，明确提出甘肃省要"办好丝绸之路（敦煌）国际文化博览会"，打造促进民心相通的人文交流基地。③由此，敦煌文博会拉开了序幕。根据甘肃省委2015年发布的《丝绸之路（敦煌）国际文化博览会总体方案》，敦煌文博会以"推动文化交流、共谋合作发展"为宗旨，以丝绸之路精神为纽带，以文明互鉴与文化交流合作为主题，以实现民心相通为目标，着力打造国际化、高端化、专业化的国家级文化博览会，成为中国与丝绸之路沿线国家开展文化交流合作的重要平台、推动中华文化走出去的重要窗口、"丝绸之路经济带"建设的重要支撑。④之后，2019年，习近平总书记在敦煌考察时特别强调，研究和弘扬敦煌文化，既要深入挖掘敦煌文化和历史遗存蕴含的哲学思想、人文精神、价值理念、道德规范等，更要揭示蕴含其中的中华民族的文化精神、文化胸怀，不断坚定文化自信。⑤习近平总书记对敦煌文物的保护和研究工作

---

① 常春光：《国际会展业成熟运作模式及启示》，《学术交流》2007年第6期。
② 应丽君：《会展绿皮书：政府主导型展会发展报告（2010）》，人民日报出版社2010年版，第9页。
③ 《推动共建丝绸之路经济带和21世纪海上丝绸之路的愿景与行动》，新华网，2015年3月28日。
④ 《首届丝绸之路（敦煌）国际文化博览会明年八月举办》，《甘肃日报》2015年11月19日，第1版。
⑤ 《习近平在甘肃考察引发当地广大干部群众热烈反响》，央广网，2019年8月24日。

提出了更高的要求，这也是对办好敦煌文博会的重要指示。

在这样一个时代背景下，敦煌文博会作为国家战略布局的一部分，承担着对外交流的重要使命，其品牌塑造价值也不言而喻。品牌是人们对企业或产品的认知，是一种信任。近年来，我国会展产业发展迅猛，种类繁多，但发展极不平衡。沿海发达地区的博览会比较成熟，而内陆地区发展较为滞后，且有影响力的博览会品牌不多。作为甘肃举办的一项国际性的会展活动和改善甘肃地域形象的重要推动力量，敦煌文博会已举办了六届。它的品牌定位是打造国际化、高端化、专业化的丝路文化交流平台，品牌力量不容小觑。

本书旨在以敦煌文博会为参照点，深度研究"敦煌文博会"品牌塑造、传播、其对丝路文化的应用及对甘肃地域形象的影响，通过总结四届敦煌文博会的品牌宣传与推广情况，分析其品牌传播现状和存在的问题，为进一步提升"敦煌文博会"品牌影响力提供重要参考。

2. 选题缘起

在我国浩若烟海的史籍中，甘肃是丝路文化、民族文化、宗教文化、边塞文化的荟萃之地。白马青牛相际会，胡笳琵琶二重唱，从创立道家学说的老聃到"草圣第一人"张芝，从修建都江堰的李冰父子到镇守边关的千古名将李广，从世界上最大的宗族祠堂陇西堂到世界文化艺术宝库敦煌莫高窟，从汉藏回等多民族文化交响到边塞文化的"驼铃声碎"，甘肃自古就是华夏文化长廊与信息传播重地。司马光在《资治通鉴·唐纪》中写道："闾阎相望，桑麻翳野，天下称富庶者无如陇右。"唐代是我国陆上丝绸之路繁荣的顶峰，也是古代甘肃政治 、军事、文化的鼎盛时期。到了清末，随着国家经济文化重心东移和海上交通的发展，甘肃在全国的经济地位与文化发展水平已不如从前。"陇中苦瘠甲天下"。范长江在《中国的西北角》中记载："东南人士，每谓西北荒凉，意识中似乎认为西北都是沙漠一样，想起都可怕。"[①] 另外，随着报刊、广播电视等媒介技术的发展，甘肃逐渐由媒介关注的中心滑向信息的边地。

改革开放以来，甘肃逐渐认识到地域形象落后对本地经济、社会、人文发展的影响。但相比于我国沿海地区，甘肃经济发展迟滞和媒介宣传落后，甘肃地域形象并没有得到有效改观，甘肃在媒体上逐渐成为"污染""落后""贫穷""边远"的代名词。21 世纪以来，随着"西部大开发战略"的持续推动，甘肃经济社会与文化发展进入快车道，甘肃省政府曾提出希望经过 10 年的努力，以"生态环境初步改善，基础设施条件基本具备，良性开发机制初步建立，

---

① 范长江：《中国的西北角》，新华出版社 1980 年版，第 59 页。

合理的经济结构框架基本形成，特色支柱产业明显、经济繁荣、社会进步、生活安定、民族团结、山川秀美"①的新甘肃形象示人。

敦煌文博会是党中央和国务院批准的唯一以"一带一路"文化交流为主题的高端论坛和文化展示平台，也是再造甘肃地域形象的新契机。从地区社会、经济、文化发展的角度来说，敦煌文博会对甘肃省具有非常重要的意义。甘肃作为"丝绸之路经济带"交汇点，可以借力敦煌文博会，构建中国西北与世界各地的综合交通网络体系，打造连接我国东部与中亚地区的丝绸之路经济带和商贸物流基地。用好敦煌文博会这张"名片"，深入挖掘丝路文化内涵，可以展示甘肃独特魅力，寻求甘肃经济社会发展新的驱动力和增长点，最终改变人们对甘肃地域形象认知的偏见和误解，重现丝绸之路节点地段的历史辉煌。

敦煌文博会是典型的政府推动会展，由政府部门进行整体规划和执行，旨在打造一个文化交流的平台和文旅融合的样板。甘肃省会展业是我国会展业发展的缩影。本书从敦煌文博会入手，分析我国政府推动型会展品牌塑造情况，探讨我国政府推动型会展在品牌塑造的过程中存在的问题，深入思考以下问题：民众对甘肃的刻板印象是如何形成的？在敦煌文博会背景下，甘肃地域形象有没有提升？如何更好地提升？"敦煌文博会"品牌是如何塑造和传播的？品牌诉求是否精准？其成长空间如何？怎样更好地借助"敦煌文博会"品牌提升甘肃的地域形象，将甘肃新形象展示给全国乃至全世界？为此，本研究团队深入第四届敦煌文博会的开幕式举办地甘南州合作市、闭幕式举办地敦煌市实地考察，走访了合作市、敦煌市的大街小巷、会展场地和演出中心，分层次、有重点、高质量地开展调查和访谈，了解当地居民对敦煌文博会的认知度、满意度，以及对甘肃地域形象的新评价；闭幕式期间，对敦煌市文博局、宣传部及敦煌国际会展中心等机构的有关领导进行深度访谈，了解文博会品牌构建及传播情况，并实地获取第一手资料；专题访谈了故宫博物院、敦煌研究院、中国社会科学院民族文学研究所的参会领导，以及中央广播电视台、甘肃广播电视台等媒体的参会领导和记者，了解他们对敦煌文博会的报道情况及传播策略。

通过访谈和现场调查，本书深入探究"敦煌文博会"品牌的认知度、知名度、美誉度、忠诚度、联想度和效益度等问题，总结前四届敦煌文博会的品牌开发情况，思考"敦煌文博会"品牌传播中如何凸显敦煌元素，如何挖掘并展示甘肃所蕴藏的历史文化和独一无二的品牌文化资源，目前"敦煌文博会"

---

① 《实施西部开发的甘肃经验》，《甘肃日报》2010 年 4 月 16 日，第 1 版。

品牌塑造与推广及再造甘肃地域新形象中存在的主要问题，最后提出下一步改进与提升的建议和策略。

研究团队在搜集丝路文化应用相关材料时，发现作为唯一以"一带一路"国际文化交流为主题的综合性博览会，敦煌文博会无论论坛、展览还是演出，都充满了丝路文化色彩。通过品牌提升可以改变甘肃地域形象，吸引更多的文化企业入驻甘肃，搭建起更好的文化平台，促进当地文化产业发展。另外，前期调查还发现，尽管敦煌文博会已经具有一定的知名度，但其品牌影响力仍无法与其国际化的定位相匹配。文化并不是品牌塑造成功的唯一要素，却是塑造强势品牌和品牌持续发展的必要条件。敦煌文博会可以为丝路文化资源大省——甘肃注入极其丰富的文化资源，借助敦煌文博会可以增强甘肃文化软实力，将中华优秀传统文化、特别是独具个性的甘肃地域文化传播出去，促进甘肃文化产业发展和地域形象再造。

二、选题意义

本书采用了参与式观察法、内容分析法、问卷调查法和访谈法等研究方法，考察"敦煌文博会"品牌开发情况、目前"敦煌文博会"品牌开发中存在的不足与问题，进而有针对性地探索媒介融合背景下"敦煌文博会"品牌塑造与提升战略。其应用价值和学术价值表现在以下六个方面。

第一，通过深入分析前四届敦煌文博会的宣传战略和品牌传播所取得的成就与影响，研究在媒介融合传播环境下，经济欠发达的西部地区品牌建设可资利用的资源、传播的时代价值、呈现的地域特点及存在的问题，为构建合理、科学、有效的品牌传播机制提供理论依据。

第二，通过考察大众媒介信息传播在敦煌文博会宣传中的表现与成效，探讨敦煌文博会信息传播、文化认知与品牌打造之间的互动关系。对这一问题的解答不仅对"敦煌文博会"品牌传播发展具有重要的现实意义和深远的历史意义，而且可以为"敦煌文博会"品牌发展战略与操作策略，乃至甘肃对外传播、地域形象构建等做出前瞻性的思考。

第三，通过分析我国西部地区信息传播方式、特点、渠道、环境、效果，接受者文化选择，符号解读与品牌传播之间的互动关系，为政府层面组织传播资源、更新传播策略、提高传播的目的性和实效性、增强品牌传播的主动性和战略针对性提供方法依据。

第四，敦煌文博会是"一带一路"倡议实施的重要载体、国家人文交流的重要平台，承担着弘扬中华文化、讲好中国故事的重任。研究立足于敦煌文化，借鉴国内外会展经济的发展趋势和品牌塑造的先进经验，并着眼甘肃经济社会的新成就，通过地域文化挖掘和品牌内涵凝练，探索"敦煌文博会"品牌塑造的方向、路径和战略策略。

第五，会展经济的品牌塑造与传播研究在我国新闻传播学界、文化学界、经济学界仍然是一个新的研究领域，敦煌文博会是西部会展经济的新形态和新探索。本书将传播学、文化人类学、公共关系学的相关研究成果和研究方法与西部地区会展经济的新动态相结合，将常态化的品牌维护策略与着眼未来的品牌提升战略相结合，探索构建西部地区会展经济品牌塑造与传播的长效机制，这一研究具有较高的实践应用价值。

第六，以"敦煌文博会"品牌研究为契机，探索讲好敦煌故事、甘肃故事、丝路故事的新途径、新机制，以新品牌讲新故事、融新资源、建新形象、带新产业，促进甘肃文化创意产业模式的转型升级。

第二节　研究现状与文献综述

近些年来国内研究或者单纯研究敦煌石窟和壁画，或者研究敦煌在丝绸之路上所处的地位和作用，而涉及敦煌文博会宣传战略与品牌营销及传播策略的研究成果屈指可数。目前国内学者有关敦煌及敦煌文博会方面的研究集中在以下八个方面。

一、对敦煌与丝绸之路等方面的研究

这方面的研究涉及对敦煌莫高窟文物、丝绸之路及丝路文化的研究。具体包括以下六点。

1. 对敦煌历史文化产品的探究

有研究者以敦煌出土的古代丝织品，包括用织、染、刺绣等基本技法制成的佛幡、经帙、残片等各种以纺织纤维为材质的文物作为主要研究对象，结合全国各地出土的丝织品实物，从历史、技术、艺术等层面，对敦煌丝绸进行了综合研究（赵丰、王乐，《敦煌的胡锦与番锦》，《敦煌研究》，2009）。在敦煌文字文化方面，2005 年 8 月 1 至 4 日，中国民族古文字研究会、兰州大学敦煌学研究所和敦煌研究院联合主办了"丝绸之路民族古文字与文化学术研讨会"，主要对敦煌民族古文字与文化、西域民族古文字与文化、丝路沿线地区其他民族古文字与文化等方面进行深入研究；同时在"纪念段文杰先生诞辰 100 周年敦煌与丝绸之路国际学术研讨会"上，与会学者就敦煌与丝绸之路历史文化等议题进行了深入交流与研讨，出现多篇高水准的研究成果，如朱凤玉的《敦煌诗歌写本原生态及文本功能析论》（《敦煌研究》，2018），伏俊琏、郝雪丽的《李唐〈文姬归汉图〉》等。还有学者从自然环境入手，探讨了自然环境对敦煌石窟形成的影响和作用。

2. 关于敦煌艺术传播方面

有研究者从数字化着手探究敦煌艺术的传播方式创新，如陈燮君在《敦煌艺术的数字传播》（《中国文物报》，2014.8.8）中指出敦煌艺术数字化的可能性及数字化传播敦煌艺术的重要性，认为数字敦煌的建设为敦煌艺术更广泛地传播提供了可能；姜申、鲁晓波探讨了交互性在展示传播中的发展潜力和应用趋向，认为：展示传播利用虚实结合的交互展示场所，突破了敦煌文化在传播方面的多种限制因素。[1] 也有研究者从语言学角度出发论述敦煌文化传播的可能性，如张涌泉论述了作为国际显学的敦煌学的文字价值，认为敦煌文献丰富了语言文字资料，越来越受到海内外学者的关注和重视[2]；柳菁提出，在"一带一路"倡议的积极影响下，敦煌文化翻译与对外宣传的需求与日俱增，敦煌文化术语的翻译将有利于"让世界了解敦煌，让敦煌走向世界"[3]。

3. 有关丝绸之路的研究

历代不少史料著作对丝绸之路这条交通路线都有所记载和研究，但"丝绸之路"这个名称是国外学者李希霍芬 19 世纪 70 年代提出的。就国外丝绸之路相关文献来说，经典著作比较多。李希霍芬在其代表作《中国：亲身旅

---

① 姜申、鲁晓波:《展示传播在文化遗产数字化中的交互性及其应用——以敦煌文化的当代传播为例》，《现代传播（中国传媒大学学报）》2013 年第 8 期。

② 张涌泉：《从语言文字的角度看敦煌文献的价值》，《中国社会科学》2001 年第 2 期。

③ 柳菁:《"一带一路"背景下的敦煌文化术语翻译问题与对策研究》，《中国科技术语》2017 年第 6 期。

行和据此所作研究的成果》（又译《李希霍芬中国旅行日记》）一书中定义了"丝绸之路"概念，随后斯文·赫定的《亚洲腹地旅行记》《丝绸之路》及斯坦因的《西域考古记》等著作陆续记录了丝绸之路沿线的楼兰古城、罗布泊等遗迹，还详细描述了沿线被戈壁沙漠掩埋了的古代驿站、城市与商道及大量文化遗存，证实了丝绸之路的存在。

在这些探险者记述的基础上，国外学者从不同角度探讨丝绸之路的历史与文化。如阿里·玛扎海里的《丝绸之路：中国—波斯文化交流史》一书描述了中国和波斯以丝绸之路为纽带的文化交流；让-诺埃尔·罗伯特的《从罗马到中国：恺撒大帝时代的丝绸之路》一书通过大量生动的材料描述了中国文化通过丝绸之路对罗马产生的影响；美国东方学家劳费尔的名著《中国伊朗编》从博物馆学角度描述了中国和伊朗漫长的文化交流过程；美国学者芮乐伟·韩森的《丝绸之路新史》一书侧重描述了丝绸之路沿线的民族迁徙、融合和文化交流情况；英国学者彼得·弗兰科潘的《丝绸之路：一部全新的世界史》一书更是突破了以往研究仅仅把丝绸之路当作以丝绸为代表的商业通道的成见，将丝绸之路视为东西方文化交流的路网。

国内学者对丝绸之路的研究也形成了一批代表性的成果，列举如下。

（1）综合性的研究。如：郑炳林的《敦煌与丝绸之路文明》（江苏人民出版社，2018）一书从历史角度全方位展现了丝绸之路各民族在敦煌所进行的政治往来、经济交往、文化交流、宗教碰撞等情况；荣新江在《丝绸之路与东西文化交流》（北京大学出版社，2015）一书中，以新疆地区为研究对象，探讨了汉文典籍向西域地区的传播，以及西方文化沿丝绸之路向中原的传入；李明伟在《丝绸之路贸易史》（甘肃人民出版社，1997）一书中论述了中国各朝代与西方诸国在丝路上进行的贸易活动；吕鸿声在《西域丝绸之路》（上海科学技术出版社，2015）一书中以丝绸为主体、丝路为线索，论述了丝绸之路上丝绸贸易的繁荣。

（2）研究丝绸之路上的民族交往情况。如：张延清在《从敦煌看丝绸之路上的吐蕃元素》（《社会科学家》，2017）一文中提出，早自7世纪40年代起，吐蕃势力就开始活跃在丝绸之路上了，与丝绸之路沿线的国家和民族有了频繁的冲突与交往，这就为中华民族的融合和丝路大家庭的形成做好了铺垫，也是中华民族交流融汇、和谐相处的一个缩影；袁志伟在《丝绸之路上的宗教思想与文化认同——以契丹、党项、回鹘佛教为中心》（《求索》，2017）一文中阐述了丝绸之路沿线各民族宗教思想的发展状态，认为各民族宗教思想文化的交流和融通推进了10—13世纪丝路沿线少数民族与汉民族的文化认同，进而促进了民族融合和多元一体的中华文化的形成。

（3）研究丝绸之路上宗教的传播情况。如：王启涛在《汉传佛教在丝绸之路上的传播》（《西南民族大学学报（人文社科版）》，2019）一文中，认为汉传佛教是佛教中国化的典型体现，汉传佛教的传播与儒家文化在丝路上的传播同样具有意义；哈宝玉在《丝绸之路与伊斯兰经学的东传》（《中国宗教》，2014）一文中全面论述了伊斯兰教通过丝绸之路向中原传播的完整过程。

4. 有关丝绸之路沿线的艺术传播研究

汪小洋等在《中国丝绸之路上的墓室壁画》（七卷本，东南大学出版社，2017）中图文并茂地展示了丝绸之路沿线墓室壁画；吴洁在《从丝绸之路上的乐器、乐舞看我国汉唐时期胡、俗乐的融合》（博士学位论文，上海音乐学院，2017）通过对相关胡、俗乐器、乐舞组合形态、排列方式的分期调查，阐述了丝绸之路上各民族文学艺术的传播与融合；常青在《西魏长安佛教艺术与丝绸之路上的石窟遗迹》（《美术研究》，2019）一文中研究了西魏时期佛教艺术的彩塑和壁画作品；冯琳在《甘肃丝绸之路沿线传统民居建筑装饰比较研究——以天水胡氏民居和武威民勤瑞安堡为例》（硕士学位论文，西安美术学院，2013）中，从建筑学的角度，研究了丝绸之路各民族文化的交融。

5. 有关丝绸之路沿线的科技文化传播研究

丝绸之路也被称为科技之路。西域地区的科学技术如医学、瓜果种植术等通过丝绸之路传入中国，中国的科学技术如火药、造纸术也通过这条通道传向西方。陈巍在《古代丝绸之路与技术知识传播》（广东人民出版社，2018）一书中，从技术传播视角，以马具、纺织技术等案例为切入点，论述了丝绸之路上科技的传播。

6. 关于丝路文化应用方面的研究

这方面的研究成果较多，且具有鲜明的跨学科特色。代表性的成果如：马娟娟的《影像传播与甘肃丝路文化的形象建构》（硕士学位论文，成都理工大学，2018）梳理了影视作品对丝路文化元素的应用；司雯雯的《丝绸之路上的乐舞影视作品研究——以个人策划纪录片〈丝绸之路上的乐舞〉为例》（硕士学位论文，西北师范大学，2017）则从丝路文化在文学艺术中表现形式最多的乐舞入手，分析了丝路文化在影视作品中的应用；王瑞薛的《丝绸之路文化与西安地铁公共艺术设计研究——以地铁三号线为例》（硕士学位论文，西安建筑科技大学，2016）从建筑学角度，探索了丝路文化在西安地铁公共艺术设计中的应用。随着"一带一路"倡议的提出，更多学者开始以"一带一路"为背景研究丝路文化的应用。具体如：赵红的《丝绸之路经济带建设背景下的甘肃省文化产业发展政策研究》（硕士学位论文，兰州大学，2017）从经济学角度出发，探讨了甘肃借助丝路文化资源发展文化产业的条件；陈积银等在《实证：数字时代新丝路文化建设研究——以甘肃省为例》（中国社会科学出版社，2016）一书中从文化传播角度出发，通过大量的实证研究，探讨了新技术变革下甘肃文化建设的路径；李晶晶在《基于文化体验的丝绸之路旅游开发模式研究》（硕士学位论文，北京交通大学，2017）中，从文化体验角度出发，探讨了丝路文化在旅游产业上的应用。

二、有关会展业的研究

国外会展业发展较早，关于会展业的研究已经形成一定规模，研究成果丰硕，国内三十余年来也产生了一些重要成果。具体可以归纳为以下几个方面。

1. 对会展业发生发展过程及经营管理方面的研究

国外学者关于会展业的研究，最早可以追溯到 20 世纪 50 年代，这一时期的代表作有：1951 年拉克赫斯出版的《漫谈展览会》，1954 年泰姆普莱顿出版的《商人的博览会和展览会》，1961 年富兰克出版的《展览会——有关国际设计的调查》。1982 年翰伦出版的《市场营销组合中的贸易展览会》一书，从营销视角出发对展会的各个环节进行了研究分析，详细阐释了展会的发展过程、发展意义及展览设计等内容，对会展业的未来发展及后续研究都具有重要的启发价值。1991 年克里斯丁·克里斯曼出版的《贸易博览会展示大全》及 2006 年史密斯出版的《会议管理》等专著，基本上都是从会展的筹备、经营与管理等方面进行详细的阐述。美国国际特殊活动学会主席乔·戈德布拉特也在其所著的《特殊事件：庆典的艺术和科学》《特殊事件：现代管理的最佳实践》《特殊事件：21 世纪全球事件管理》等系列著作中，对会展的全流程管理进行了充分的阐释。

2. 国外学者对会展经济与其相关产业研究

国外学者十分重视会展经济与其相关产业之间的关系研究，尤其是会展经济与旅游业的关系。20 世纪 80 年代初，罗伯特·克里斯蒂·密尔和阿拉斯泰尔·M. 莫里森对会展经济与旅游产业进行了相关性分析，得出会展活动将有效促进旅游收入增加，大大加快旅游业的发展等结论。德国伊福经济研究院（IFO）受慕尼黑展览公司委托，对慕尼黑展览业带来的直接和间接经济效益进行调查，利用 1998 年和 2001 年参展商与参观者在慕尼黑参展的总支出等数据，对城市就业、税收和产业效益进行分析并核算年平均值，最后得出如下结论：如果展览活动的收益为 1，那么会展活动的整体经济收益就为 9，即会展经济拉动系数为 1∶9。除旅游业之外，酒店业、接待业等与会展经济的关系也是国外学者考察的对象。

3. 国内学者对会展业的相关研究

我国学者对会展业的研究开始较晚。1990 年中国农业展览馆协会组织编写的《展览学概论》（辽宁人民出版社）是我国会展业研究方面最早的代表性著作。该书对会展经济进行了系统的介绍和分析，为我国后续的会展业研究奠定了基础。此后，随着我国会展业的不断发展，组织会展次数不断增加，我国学者对会展业的研究也在不断深入。如 1993 年潘杰《中国展览史》（电子科技出版社）、2000 年保建云和徐梅《会展经济：一种蕴藏无限商机的新型经济》（西南财经大学出版社）等研究成果，从会展概念、管理原理、方法等方面对会展业进行了系统的研究，指导性、实用性突出。

2000 年，国内首届会展经济发展研讨会召开，这届研讨会成果丰硕，加速了国内学者对会展经济与会展产业的研究，《经济师》《旅游学刊》等期刊相继开创了"会展专栏"。2004 年首届深圳国际文化产业博览会成功举办，开启了我国文化会展业之先河。文化博览会作为文化产业发展的重要平台，在促进我国文化产业壮大、带动举办城市和附近城市发展方面发挥了重要作用。目前学界对我国文化博览会的研究主要集中在以下三个方面。

（1）对我国文化博览会发展现状的研究。学者通过现场调查，在全面呈现我国文化博览会成就的基础上，指出了我国文博会在快速发展过程中存在的一系列突出问题，如文博会同质化严重、行政色彩浓厚、市场作用不足、过于重视其经济功能而忽视文化功能等[1]；范周在《文博会告诉了我们什么？》（《中国出版传媒商报》，2014.12.23）一文中认为，目前我国文博会存在形式大于内容，用非文化产业、非文化创意产品凑展台，缺少创意等问题。

（2）关于我国文化博览会未来发展路径探索的研究。洪振强在《当代中

---

[1] 袁园：《文博会促进文化创意产业发展策略》，《开放导报》2017 年第 4 期。

国文化产业博览会规范发展问题研究》（《艺术百家》，2011）一文中提出，我国文化产业博览会要规范发展，其一，要符合我国文化产业发展的水平和特征，正确处理文化产业意识形态融合和市场化问题、文化产业发展和欠发达问题，以及文化体制改革和文博会创办及运行机制创新问题；其二，政府要合理规划布局文博会，正确处理"管"与"办"的关系；其三，就具体文博会而言，要明晰文化产业范围与类别，以便规范文博会展品和举办专业性文博会，培养行业组织，充分发挥行业组织的作用，建立常态化的项目研究、推介与交易平台，走专业化的发展方向，把观展和参展置于同等位置加以重视。张玉玲在《文博会该转型了》（《光明日报》，2013.11.30）一文中也认为，用行政力量决定文博会的去留不现实，要通过市场力量整合文博会资源。

（3）有关会展品牌塑造方面的研究。

其一，会展对城市品牌塑造之作用的相关研究。如：王伟等在《大型城市事件对城市品牌影响效用的测度与挖掘——以上海世博会为例》（《城市发展研究》，2014）一文中，以上海世博会为例展开实证研究，研究数据证实了世博会能够迅速提升城市品牌影响力，世博会后续效应对城市转型发展产生了巨大的直接推动和间接带动作用；曹峰玮在《长春城市品牌形象提升探究——基于东北亚博览会的视角》（硕士学位论文，吉林大学，2012）中重点阐述了长春未来的城市品牌核心定位及塑造途径，指出企业、政府、人才、长春市民等都应在其品牌塑造过程中发挥作用。

其二，会展对行业品牌塑造之作用的相关研究。如：王东强等在《中国白酒专业博览会会展品牌塑造策略》（《企业经济》，2014）中针对会展品牌塑造方面存在的问题，重点阐述了要从制定特色品牌策略、提升服务质量、加强市场监管、加大营销力度、完善基础设施等方面塑造白酒博览会会展品牌。

其三，文化对会展品牌塑造方面的研究。如：刘海洋在《基于地域文化的会展品牌营销策略研究》（硕士学位论文，沈阳理工大学，2011）中，从地域文化视角出发，提出了以地域文化为指导，根据精神需要，塑造会展品牌个性，探讨了地域文化在品牌广告传播中的应用和会展品牌销售策略、公关传播中的实践策略及发挥地域文化优势进行人际传播的策略；文颖在《展会依恋与观众忠诚度关系研究——以西部文化产业博览会为例》（硕士学位论文，西安外国语大学，2019）中，通过问卷调查，证实了展会依恋与观众忠诚度是正向关系，进一步提出要挖掘文化符号，塑造独特的文化意义，培养观众对品牌的认知度、满意度、忠诚度。

国外在中国博览会及其品牌塑造方面的研究，主要集中在对国际博览会的品牌塑造方面。如有学者通过民族志研究法对上海世博会上展现的立升、伊利和可口可乐三个品牌进行研究，从感官体验层面上探索了上海世博会对品牌推广的重要性。[①]

三、关于品牌与会展品牌的相关研究

1. 对品牌原型的相关研究

现代"原型"的概念源于瑞士心理学家、分析心理学创始人卡尔·古斯塔夫·荣格。荣格发现某些在古代神话、原始艺术和部落传说中存在的意象会反复出现，人类不分地域与文化存在许多共同的象征，进而提出了"集体无意识"概念。"'原型'概念是'集体无意识'的一个不可或缺的关联物，它表示似乎无时不在、无处不在的种种确定形式在精神中的存在。"[②]加拿大著名文学批评家诺思洛普·弗莱把"原型"的定义从心理学的范畴移植到了文学领域。"文学批评术语'原型'一词意指反复出现的叙事结构、行动模式、性格类型、主题以及意象，我们可以在大量文学作品、神话、梦，以及社会仪式中辨认出它们来。"[③]弗雷德里克·杰姆逊提出："如果想要使形象起作用，就必须在消费者那里存在着欲望，同时，广告形象必须与这个欲望相吻合。……广告必须作用于更深一层的欲望，甚至是无意识的需要，……在这种无意识的欲望中，最强烈、最古老的愿望仍然是集体性的。"[④]实际上，杰姆逊所说的这种无意识、集体性的愿望就是荣格所说的"集体无意识"，这些形象也就成为"原型"。马歇尔·麦克卢汉认为："广告能使消费者神魂颠倒是因为任何耗资巨大的广告，都精心构筑在已经验证的公众的陈规定见或'成套'的既定态度上，……所以任何受欢迎的广告都是公众经验生动有力的戏剧化表现，这一点是显而易见的。"[⑤]麦克卢汉把广告发挥作用的机制归结为消费

① Van Troi Tran, "Thirst in the Global Brandscape: Water, Milk and Coke at the Shanghai World Expo," *Journal of Consumer Culture*, 2014, no. 16.

② [瑞士]卡尔·古斯塔夫·荣格：《原型与集体无意识》（限量珍藏版），徐德林译，见《荣格文集》第5卷，国际文化出版公司2011年版，第36页。

③ 韩雷：《神话批评论——弗莱批评思想研究》，上海大学出版社2012年版，第8页。

④ [美]弗雷德里克·杰姆逊：《后现代主义与文化理论——杰姆逊教授讲演录》，唐小兵译，陕西师范大学出版社1987年版，第177~178页。

⑤ [加]马歇尔·麦克卢汉：《理解媒介——论人的延伸》，何道宽译，商务印书馆2000年版，第283~284页。

者心目中已有的"陈规定见"和"既定态度","原型"作为集体无意识的内容存在于消费者的潜意识中。并且,"这些品牌的意义和普通品牌的意义有品质上的不同,这些意义表现了永恒而普遍的'原型'"①。要了解广告创作与广告效果的秘密,返回全人类共有的经验是正确的途径。对于"原型"的力量,"心理学上的解释是,我们要不是在潜意识里重新经历了自己过去生命中的重大时刻,就是我们对这些时刻有所期待。这些'原型'的意象和场景,召唤着人们去满足他们基本的人类需求和动机,商品提供了某种中介功能,让某个需求与该需求的满足之间建立联结"②。这些"原型"与消费者进行深层的心理沟通,成为电视广告中引起共鸣的品牌文化秘钥,开启了消费者通往"理想国"的心灵之旅,让人回归精神家园,找到失落的记忆,并因参与其中完成了消费者自我身份的建构。

近十年来,我国学者对品牌"原型"也有一定数量的研究,如:陈林华的《原型在创建文化品牌与塑造品牌文化中的应用》(*Proceedings of the 2006 International Conference on Industrial Design & The 11th China Industrial Design Annual Meeting*,2006),曾莉芬的《解析"十二原型"在品牌形象打造中的应用》(《商场现代化》,2006),程春华和钟庆伦的《从原型理论解读"七匹狼"品牌中的男性形象》(《内江科技》,2008),左晓雯的《品牌构建的原型模式》(硕士学位论文,中南大学,2009),塔娜的《伊利与蒙牛的"原型"之争——广告创意"原型管理"之案例研究》(《前沿》,2010),蒋廉雄和朱辉煌的《自主品牌建立的"原型化"战略:理论假想与框架》(《中山大学学报(社会科学版)》,2014),伍庆的《品牌图腾的原型》(《21世纪商业评论》,2010),吴思竹的《品牌蕴藏的力量——从原型角度解析知名品牌对人们生活的影响》(《科技信息》,2010)和《从原型角度解析西方知名品牌对西方文化的影响》(硕士学位论文,沈阳师范大学,2011),谢美英的《符号经济下品牌原型的广告效应》(《新闻界》,2010),蒋廉雄、何云、朱辉煌、卢泰宏的《品牌原型的理论基础、研究回顾与展望》(《外国经济与管理》,2010),董丽娜的《基于原型定位的品牌形象研究》(硕士学位论文,山东工艺美术学院,2011),宋卫东、王芬的《品牌之"品"——从原型角度解析现代标志的图腾性》(《上海艺术家》,2011),李欣的《品牌神话原型理论的中国案例研究》(硕士学位论文,安徽大学,2012),张

---

① [美]玛格丽特·马克、[美]卡罗·S.皮尔森:《很久很久以前:以神话原型打造深植人心的品牌》,许晋福、戴至中、袁世佩译,汕头大学出版社2003年版,第32页。
② [加]马歇尔·麦克卢汉:《理解媒介——论人的延伸》,何道宽译,商务印书馆2000年版,第18页。

红明、林怡、罗海洋的《回到心理最底层：基于原型理论的品牌研究回顾与展望》（《战略决策研究》，2014）、鲁仪诗的《品牌原型视角下的创业秀营销传播策略研究——以〈谁来一起午餐〉为例》（硕士学位论文，华东理工大学，2014）等。

其中，张金海认为："品牌既与产品相联系，又与产品相区别，它既不是实际的产品，有时又作为实际产品的代名词。"[1] 品牌是消费者心目中对某一产品的所有印象和经验的总和。作为具有文化品格、象征意义、情感价值并充满个性的集合体，品牌是消费者身份认同与区隔的重要标志，也是企业参与市场竞争的利器。同时，品牌传播是连接品牌与消费者之间的桥梁，是能够助力品牌腾飞的翅膀。企业只有建立清晰、独特的品牌识别系统，才易于消费者进行识别和指认购买。这方面的研究多见于学术论文，如：成宁的《视觉系统对品牌文化的影响》（《丝绸》，2004）、朱凯和李敏的《VI视觉识别设计与房地产营销策划中品牌的塑造》（《商场现代化》，2008）、沈晓洁的《试论品牌形象之声像识别》（《商业文化（学术版）》，2010）、于君英的《品牌价值的形象识别效应研究——基于服装产业经济视角的实证》（博士学位论文，东华大学，2011）等。这些论文虽然有部分涉及品牌"原型"的问题，但研究并不深入。

可以说，国内关于品牌与"原型"之间关联的研究并不系统，这些研究大多以零星文章形式出现于报刊中，也多为单一角度分析，鲜有深层次的系统挖掘。同时，从上面的综述中不难发现，虽然近20年来对品牌的研究非常多，但基本上都是在传播学或市场营销学的理论框架内，集中讨论品牌战略、品牌价值、品牌传播和品牌识别问题，或者探讨某一产品、行业的品牌，为企业、行业的发展出谋划策。可以说，中国品牌创建与传播研究中被学者长期忽视的"原型理论"才刚刚受到重视。

2. 对品牌传播的相关研究

"品牌传播"由"品牌"概念衍生而来。我国最早对"品牌传播"进行概念界定的是余明阳和舒咏平。此后，国内学者对品牌传播概念的界定形成了两派："品牌资产导向论"[2] 和"品牌形象导向论"[3]。2011年，李明合摆

---

[1] 张金海、程明：《从产品推销到营销与传播整合——20世纪广告传播理论发展的历史回顾》，《武汉大学学报（人文科学版）》2006年第6期。

[2] 余明阳、舒咏平：《品牌传播刍议》，《品牌》2001年第11期。

[3] 沈铖、刘晓峰编著：《品牌管理》，机械工业出版社2009年版。

脱了前两种观点的束缚，开创了"品牌管理论"研究新视角。李明合认为，"品牌传播"是品牌所有者以品牌的核心价值为原则，在品牌识别的整体框架下，通过广告、公关、营销推广等传播手段以达成品牌管理任务的信息管理过程。[①]"品牌传播就是企业以品牌的核心价值为原则，在品牌识别的整体框架下，选择广告、公关、微博、新闻、促销、终端生动化等传播方式，将品牌推广出去，以建立品牌形象。"[②]一套有计划的、科学的传播策略，能够为企业带来更强的竞争力。相关研究如：陈先红的《试论品牌传播的消费者导向原则》（《现代传播》，2002）、黄升民和杨雪睿的《碎片化：品牌传播与大众传媒新趋势》（《现代传播》，2005）、胡晓云和蔡娴的《看"中华老字号"行现代品牌传播》（《广告研究（理论版）》，2006）、姜智彬的《网络品牌传播的比较研究》（《河南大学学报（社会科学版）》，2008）、王佳炜和陈红的《SoLoMo趋势下品牌传播的机遇与应对》（《当代传播》，2013）、舒咏平和齐二娜的《基于企业自有数字媒体的品牌传播聚合性》（《新闻大学》，2015）、侯远和黎泽潮的《协同创意：数字时代品牌传播的转向》（《新闻传播》，2015）等。

3. 对品牌传播路径的相关研究

目前，我国学者对品牌传播路径探讨与媒介技术及品牌理念更新密切结合，研究逐渐深入，研究成果较多。如：段淳林、闫济民在《扩散与增值：品牌传播路径的嬗变与价值审视》（《国际新闻界》，2016）中对品牌传播的路径进行了深入研究，认为，互联网的演进引发了品牌传播路径的嬗变：品牌传播实现了品牌创新扩散到"增值"的延伸，品牌传播从自发流动转变为自觉控制，传播路径"长尾"的价值得到聚合与提升。常芝歌在《互联网新媒体时代品牌传播转型探析》（《中国传媒科技》，2018）中对品牌传播路径有所观照，认为，当下很多企业开展的品牌传播主要依靠互联网新媒体相关平台，在新媒体技术的作用下，品牌传播的内容、形式和路径都发生了很大变化，这种变化既提高了信息传播的效率，也出现了内容不严谨等负面问题。刘小娥在《新媒体背景下品牌传播问题研究》（《科技视界》，2014）中认为，新媒体的交互性导致品牌传播失去主动性，新媒体的受众分众化导致品牌传播走向复杂化，传播主体的多元化导致品牌传播一定程度上的失控。

---

① 李明合：《品牌传播创新与经典案例评析》，北京大学出版社 2011 年版。
② 杨兴国：《品牌力》，人民邮电出版社 2012 年版，第 235 页。

4. 对品牌传播策略的相关研究

随着互联网技术的不断发展，互联网思维成为人们津津乐道的话题，并影响到大众生活的方方面面。品牌传播的形式也随着载体的变化而快速分化，对品牌传播的创新策略研究也是学者关注的焦点。这方面的研究成果类型多样，结论分化比较明显。如：陈功宇、顾宏杰、王凌凤等人的《互联网背景下品牌传播的发展研究》（《商场现代化》，2018）一文立足品牌传播，对其在互联网背景下的内涵特征进行深入分析，并针对品牌传播存在的问题提出了创新性对策和建议。该研究认为应该从"依托大众文化，创新品牌内容""创建网络平台，增强用户黏性""引入智媒理念，整合跨界思维"这三个方面应对互联网环境，创新品牌传播策略。常芝歌在《互联网新媒体时代品牌传播转型探析》中认为，互联网新媒体时代，品牌传播要想实现成功转型，需要不断更新新媒体运营理念，拓展新媒体运营渠道，加强新媒体与传统媒体的有效结合。杨森、朱静在《新媒体环境下品牌的形象塑造与传播策略》（《经营与管理》，2017）中提出，新媒体环境下，品牌营销应该适当运用事件营销，联合品牌传播，借力互补，加强自主营销，形成自有品牌运营能力。何婷在《新媒体语境下品牌传播的现状、问题与对策》（《采写编》，2018）中认为，品牌传播应打造专业团队，构建策略系统，整合线上线下，保持品牌自律。

5. 对会展品牌塑造的相关研究

品牌塑造的概念多用于商业模式。目前，我国会展品牌塑造方面的研究主要体现在三个方面。

第一，我国会展业普遍不重视品牌塑造，导致我国会展品牌形象立体化程度明显不足。如：曹阳、周柳华以山西省为例，认为山西会展业品牌化程度不高，导致会展品牌营销机制运行不畅等问题。[①] 刘佳艺等提出，目前，我国会展业宣传手段较为单一，传播力不强，品牌形象难以层次化。[②] 张鹏以西安会展业发展现状为个案，以小见大，对我国当下的会展业进行了深入探讨，其研究认为，我国会展品牌存在的普遍问题是品牌定位不清晰、营销方式缺乏针对性。[③]

---

① 曹阳、周柳华：《山西会展业品牌化发展的问题和对策》，《中共山西省直机关党校学报》2015 年第 5 期。

② 刘佳艺、李靖楠、刘诗怡：《会展品牌塑造与传播研究》，《现代营销》2016 年第 6 期。

③ 张鹏：《"一带一路"战略的西安会展品牌塑造研究》，《经济研究导刊》2017 年第 9 期。

第二，会展品牌塑造的评价标准不统一。杨芳平从无形资产指标体系构建角度，探究了我国会展品牌塑造中的评价体系问题，认为我国会展业在基础性指标方面存在标准不明确等问题。[①] 吴艳认为学者可以从会展品牌的吸引力、传播力、创新力、认知力和支持力几个方面来进行评价体系的建构。[②]

第三，会展业品牌建构存在其他问题。如：任建华通过对郑州市会展业品牌培育现状的分析，提出郑州市缺少有影响力的会展品牌。这一缺陷导致郑州市虽然会展活动名目繁多，但没有形成体系和凝聚力，碎片化的会展活动表面上热热闹闹，实际上对相关产业的拉动效应并没有很好地体现出来，会展的无形资产和口碑效应也没有达到预期。[③] 甘箐从会展参展商的角度，选取了广州市举办的 9 个展会活动进行对比分析，对会展品牌资产与品牌建构体系的形成展开深入探讨。[④] 朱晨明则从营销的角度进行探讨，认为会展品牌的塑造与营销手段有密不可分的关系。[⑤] 都薇认为会展品牌的塑造需要结合互联网优势，进行个性化创新。[⑥]

四、关于城市品牌研究

斯蒂芬·贝利认为，地方政府塑造城市品牌时应该强调公共性与公益性，不能只是简单地建设服务型政府，而要强调地方政府的公共性或公益性。[⑦] R. 巴奈指出，政府应该用生态学的理念来管理城市，努力建设人与自然和谐发展和可持续发展的生态城市。政府在对城市进行规划时，应密切关注城市的地理环境对城市经济和布局的作用，在塑造城市品牌时，要注意对生态环境进行保护。[⑧]

1. 关于城市品牌研究

在国内学术界，城市形象研究是一个新兴课题，由此延伸的关于城市品

---

① 杨芳平：《关于品牌会展评估指标体系的初探》，《上海应用技术学院学报（自然科学版）》2009 年第 1 期。
② 吴艳、郑四渭：《基于 TOPSIS 法的国际会展品牌竞争力评价》，《江苏商论》2011 年第 7 期。
③ 任建华：《郑州市自有会展品牌培育策略研究》，《江苏商论》2010 年第 7 期。
④ 甘箐：《基于参展商视角的展会品牌资产形成研究》，硕士学位论文，华南理工大学，2013 年。
⑤ 朱晨明：《会展品牌的塑造与可持续发展策略的探讨》，《中国市场》2016 年第 14 期。
⑥ 都薇：《全媒体时代会展品牌的塑造与传播》，《新闻传播》2016 年第 4 期。
⑦ [英] 斯蒂芬·贝利：《地方政府经济学：理论与实践》，左昌盛、周雪莲、常志霄译，常志霄校，北京大学出版社 2006 年版，第 567~569 页。
⑧ R. Banai, "A Methodology for the Image of the City," *Environment and Planning*, 2022, no. 1.

牌的理论研究起步较晚。近年来，随着国外学者对城市品牌相关研究成果的引进和各大城市在城市品牌化方面的实践和探索，原来从事市场营销、品牌管理、旅游管理、城市规划和城市管理等方面的学者开始参与到城市品牌方面的研究中来，并不断提出各自的见解和思考。通过回顾相关文献，关于城市品牌的研究主要集中在城市品牌的概念辨析及现实意义、城市品牌的定位等方面。

（1）城市品牌的概念辨析。中国学者对城市品牌的概念理解，往往从城市内部出发，从不同的视角加以辨析。陈建新和姜海从资源视角指出，城市品牌即城市"特有资产"，强调城市的独特资源优势和竞争优势。据此，他们将城市品牌划分为六种类型：政治型、经济型、历史型、文化型、自然地理型和特殊活动型。[①] 陈跃兵指出城市品牌营销就是城市通过一定的物质或者行为向相关利益者和外部社会进行的营销，旨在使社会公众对该城市获得认知并产生情感。[②] 李成勋认为城市品牌能够体现出一座城市的特殊资源禀赋，如经济技术和历史文化等，是社会公众对这座城市的形象概括，而且城市品牌形成需要具备七大要素：经济技术、产业优势、历史角色、文化底蕴、人文风情、地理特征和发展前景。[③] 陈翔认为城市品牌与地方政府、地方经济、地方企业形成四方联动，相互促进，协同发展。[④] 黄蔚认为城市品牌作为一种无形资产，象征着城市的身份和地位，可以为城市带来巨大的经济利益。[⑤]

（2）城市品牌的定位。城市品牌定位是城市品牌塑造的第一步，更是一座城市能否成功塑造城市品牌的关键。因此，城市品牌定位研究受到我国学者的广泛关注。目前，学者们对城市品牌定位问题的研究主要集中在四个方面：城市品牌定位的原则、影响城市品牌定位的要素、城市品牌定位的指导方法和城市品牌定位实证研究。李成勋提出了城市品牌定位应遵循的五项原则：真实性、认同性、导向性、美誉性和特色性。[⑥] 黄琴和孙湘明结合城市品牌的实际问题，指出城市品牌定位需要遵循差异性、可行性、可持续性、发展弹性和协调性原则。[⑦]

---

① 陈建新、姜海：《试论城市品牌》，《宁波大学学报（人文科学版）》2004年第2期。

② 陈跃兵：《论中国城市品牌的发展》，《生产力研究》2014年第11期。

③ 李成勋：《城市品牌定位初探》，《市场经济研究》2003年第6期。

④ 陈翔：《城市品牌视角下地方政府在企业人才引进中的角色与作用》，《改革与战略》2015年第1期。

⑤ 黄蔚：《论城市品牌》，《城市发展研究》2005年第3期。

⑥ 李承勋：《关于城市品牌的初步研究》，《广东社会科学》2003年第4期。

⑦ 黄琴、孙湘明：《城市品牌定位的视角探析》，《湖南文理学院学报（社会科学版）》2007年第1期。

2. 关于城市品牌塑造中的地方政府行为研究

国内关于城市品牌塑造中的地方政府行为研究的文献与理论相对国外较少。黄忠斌在总结国内外城市品牌的相关理论和地方政府行为的相关理论后指出，城市品牌塑造中的地方政府行为要坚持一个原则，就是有所为、有所不为。在城市品牌塑造过程中，地方政府的行为要体现公共利益，要以公共利益为准则。[①] 宣捷、毛静认为在城市品牌的塑造中，地方政府的服务效能还有待提高，对产业的引导力度仍存在明显不足。[②]

目前，学术界对城市品牌理论研究还没有形成系统的框架，更多的是借鉴传统营销理论来阐述城市品牌塑造策略，并且其中很多还属于探索性和描述性的研究。

五、文化力相关研究

贾春峰最早提出"文化力"概念，他在《贾春峰说"文化力"》（中国经济出版社，2007）中提出，文化力是综合国力的重要构成要素，包含了智力因素、精神力量、文化网络、传统文化四方面的内容。孙是炎在《文化力：横店的启示》（中共中央党校出版社，1995）中指出文化力就是文化因素对经济发展和社会进步所产生的影响与作用，在市场经济条件下，文化生产力还应当包括文化生产的溢出效应，其发展可以对政治、经济、文化、社会、生态产生积极或消极的影响。田丰在《论文化竞争力》（《马克思主义研究》，2006）中认为，文化生产力与文化生产力的发展和文化消费力具有同一性。文化传播是文化生产和文化消费相互转化的中介，是守护文化价值、保持文化活力的基础。文化创造是新质文化的产生和发展，是对原有文化的扬弃和飞跃。曲岩、刘贵富在《文化生产力内涵、本质及其特征》（《学术交流》，2005）中认为，文化生产力具有突出的意识形态特征，具有较强的动态变化性和由潜在生产力变为直接生产力的特征。朱以青在《经济全球化对国家利益的冲击与影响》（《理论学刊》，2004）中提出，文化产业赋予文化以物质与经济内容，并在文化原有的精神、道德、情操等价值的基础上增添了物质价值与经济价值，这是对文化的内涵、价值和意义的丰富与提升，其结果使文化同时具有了上层建筑与经济基础的双重性质和功能。王蔚、陈燕峰在

---

① 黄忠斌：《城市品牌建设中的政府行为研究》，硕士学位论文，广西民族大学，2009 年。

② 宣捷、毛静：《泉州城市品牌营销战略构想》，《泉州师范学院学报》2007 年第 5 期。

《现代化进程中的传统文化》（《河北理工大学学报（社会科学版）》，2006）中提出，文化是文化产业发展的核心，文化资源的丰度直接决定文化产业的发展规模，文化产业发展是文化传承的有效手段，可以有力地促进人们思想和观念的转化，两者相辅相成，互相促进。可见学者们基本认可文化与文化产业是一种动态的、相互影响的关系。

六、文化资源产业化研究

马克思提出了文化生产力理论，认为文化生产力具有独特的生产方式，也创造人类"文明的果实"，因此，文化生产是可以产业化的。布迪厄提出"文化资本"概念，认为它与经济资本、社会（关系）资本共同构成了资本的三大形态。文化资本有三种存在形式：身体形态、物化形态和制度形态。福山强调文化资本具有经济价值，能引起物品和服务的不断流通。并将其称为除物质、人力、自然资本以外的第四种资本，是文化产业持续发展的基础和源泉。国内关于文化资源产业化的研究主要包括以下两个方面。

1. 文化资源的相关研究

《评价文化：文化资源评估与文化产业评价研究》（山西教育出版社，2004）是我国第一本专门研究文化资源评估和文化产业评价的专著，该书以文化产业化为主线研究了文化资源评估和文化产业评价问题。周正刚在《论文化资源的可持续开发》（《求索》，2004）中指出："文化资源必须开发，只有开发才能转化为文化生产力。资源并不等于生产力。""文化资源的合理配置问题、文化资源的保护利用问题、文化资源开发的效益评估问题，是可持续开发中要解决的重点。"李书文、尹作升的《文化产业化与传统文化资源的开发》（《社会科学研究》，2004）提出，国人需借鉴现代资源经济学和可持续发展的理念、体制、机制和方法，创建科学的历史文化资源概念，探寻弘扬中国传统文化的现代途径。而刘家志、朱海林在研究中将眼光放到西部丰富的民族文化开发上，他们在《西部民族文化资源的综合开发与产业化的思考》（《思想战线》，2001）中认为，要扎实开展文化资源的调查工作，实施文化资源保护性开发战略，建立良好的文化生态环境，坚持"有效保护、合理利用、加强管理"原则，正确处理好抢救保护与开发利用的辩证关系。夏国英的《试论全球化进程中的区域文化产业》（《宁波大学学报（人文科学版）》，2002）在提出全球化进程中区域文化产业策略的同时，首次提出了区域文化产业要素问题。他认为区域文化产业要素可分为区域文化和区域经济两个方面：区域文化要素包括区域文化资源、区域文化价值体系、区域文化实际运作系统，以及区域文化象征体、区域文化意识和区域文化行为规范等。郑垣嘉、王清荣在《整合配置文化资源发展城市文化产业》（《社会科学家》，2004）中指出："文化产业不仅可以成为国民经济的支柱产业，而且物质产品和服务行业中的文化含量，也可以直接转换为品牌效益和无形资产。运用市场手段整合配置文化资源，发展城市的文化产业，将会给城市经营带来巨大的影响和新的发展空间。"

2. 文化产业竞争力研究

目前，国内的学术界对文化产业竞争力概念的认知还不统一，仍存在多方面的争议，每一个学者都有其独特的见解。花建认为，文化产业将生产要素和资源进行一定的高效率配置和一系列的转换，最终创造出来数量上多于竞争方、质量上也优于竞争方的产品，以及可以持续而且稳定获得更多财富的能力。[1]祁述裕认为文化产业竞争力是指某一国家的文化企业生产、销售文化产品或者提供文化服务，在此基础上占据市场份额并获取利润，最终创造出更多财富的一种能力。[2]徐萍认为，文化产业竞争力是指生产文化产品的企业掌握一定数量的文化资源，从而进行文化核心产品开发，并快速有效地占领市场，最终凭借其生产的文化产品获得一定经济效益和社会效益的能力。[3]赵彦云、余毅、马文涛认为文化产业竞争力是基于文化产业需求与供给活动的内在发展能力，文化产业竞争力包含两方面内容：一个是文化内容竞争力，另一个是文化产业活动竞争力。[4]王岚在《地区文化产业竞争力评价研究》（博士学位论文，天津大学，2008）中认为，文化产业竞争力就是指文化产业通过有效配置其所占有的生产要素和文化资源，生产文化产品，满足公众精神文化需求的一种能力。

国内学者对文化产业竞争力评价指标体系的建立进行了大量研究。祁述裕在《中国文化产业国际竞争力报告》（社会科学文献出版社，2004）中，从生产要素、需求状况、相关产业状况、文化企业发展状况、政府行为五大要素入手，建立文化产业竞争力综合评价指标体系。李宜春认为地区的文化

---

[1] 花建：《文化产业竞争力的内涵、结构和战略重点》，《北京大学学报（哲学社会科学版）》2005年第2期。

[2] 祁述裕主编：《中国文化产业国际竞争力报告》，社会科学文献出版社2004年版，第19页。

[3] 徐萍：《陕西文化产业竞争力评价与分析》，《统计与信息论坛》2006年第3期。

[4] 赵彦云、余毅、马文涛：《中国文化产业竞争力评价和分析》，《中国人民大学学报》2006年第4期。

产业竞争力水平与该地区的生产力水平、生产要素、文化需求、政府政策和法律状况、文化传统等多种因素有关，并在此基础上从生产要素、需求状况、相关产业状况、文化企业战略、政府行为五个要素入手构建了评价指标。[①] 徐萍认为文化产业竞争力包括潜在的竞争力和现实的竞争力，从产业规模、市场占有、创新能力、文化需求等方面入手建立文化产业评价指标体系。[②] 叶丽君、李琳通过对文化市场占有、产业规模、生产效率、成长能力、创新能力、文化需求及产业投入等指标考察，构建了区域文化产业竞争力评价指标体系。[③]

虽然国内学术界对文化产业竞争力的评价研究已经取得了一定成果，但是关于文化产业竞争力的测度，至今仍没有统一的标准。其主要原因在于：一方面文化产业相关统计年鉴中的数据并不是很全面，导致在建立评价模型时指标考虑不周全；另一方面，依据理论不同及对文化产业竞争力的理解有所不同，会影响评价指标体系的建立。此外，文化产业竞争力的评价方法多种多样，采用不同的评价方法所得到的结果也存在一定差异。

七、文化产业园区相关研究

我国文化产业园区相关研究起步较晚，对文化产业园区的定义尚无定论。张凌云认为，同工业园区一样，文化产业园区是一个为实现文化产品和创意产品的经济价值而专门搭建的平台。[④] 实际上，文化产业园的核心发展模式与组织机制就是产业集群，文化产业园的核心功能就是要促进产业实现规模化、专业化及科学技术高度化等一站式的经营活动集聚。祁述裕、殷国俊认为，文化产业园区应强调与生活的关联，与社区、日常生活、艺术和时尚的融合度，并提出文化产业园区的灵魂在"区"而不是"园"。[⑤]

八、对敦煌文博会的相关研究

目前关于"敦煌文博会"的文献较少，主要包括以下三个方面的研究。

① 李宜春：《省域文化产业竞争力评价指标体系初探——以安徽省为例》，《经济社会体制比较》2006 年第 2 期。
② 徐萍：《陕西文化产业竞争力评价与分析》，《统计与信息论坛》2006 年第 3 期。
③ 叶丽君、李琳：《我国区域文化产业竞争力评价与差异分析》，《科技管理研究》2009 年第 3 期。
④ 张凌云：《文化产业园区有关理论问题重述》，《东岳论丛》2011 年第 8 期。
⑤ 祁述裕、殷国俊：《中国文化产业国际竞争力评价和若干建议》，《国家行政学院学报》2005 年第 2 期。

1. 敦煌文博会对甘肃经济发展之作用的相关研究

马晓锦的《会展经济促进甘肃经济发展的作用分析——以丝绸之路（敦煌）国际文化博览会为例》（硕士学位论文，兰州大学，2016）从经济学角度，以敦煌文博会为例探讨了会展经济对甘肃经济的促进作用，并提出甘肃的会展业应科学规划、培养专业人才、打造会展品牌、鼓励文化创新。杨杰的《丝绸之路（敦煌）国际文化博览会发展研究》（硕士学位论文，西北师范大学，2018）指出敦煌文博会下一步的发展对策是专业化与品牌化、市场化、信息化、国际化与联盟化，并进一步指出以敦煌文博会为代表的文化会展业未来将具有软实力化、会与展深度融合、与旅游业深度融合等主要发展趋势。

2. 敦煌文博会对旅游产业发展之作用的相关研究

李想在《丝绸之路（敦煌）国际文化博览会对敦煌市旅游业的积极影响》（《旅游纵览》，2019）一文中从五个方面论述了敦煌文博会对敦煌市旅游业的积极影响：完善敦煌市基础设施、丰富敦煌新型旅游资源、提升敦煌市知名度、带动周边地区旅游业发展、推动国际会议旅游产业发展。

3. "敦煌文博会"品牌塑造的相关研究

郭弘在《敦煌国际文化博览会的"文化"产业模式与品牌建构》（《社科纵横》，2018）一文中，以"文化＋"产业模式为出发点，论述了敦煌文博会要强化"文化＋"论展演模式、发展"文化＋旅游"模式、实施"文化＋会展＋相关产业"模式、重视"文化＋科技＋创意"的新业态成果转化、拓宽"文化＋品牌＋贸易"模式探索、开掘"文化＋产业联动"模式的内涵深度、探索"文化＋科技＋设计"新模式创新，"文化＋"才能进一步推动敦煌文博会朝国际化、市场化、品牌化方向发展。徐爱华通过对"敦煌国际文博会"的深入考察，系统分析了我国重大主题活动融媒体报道的创新与实践问题，该研究从宣传角度出发，认为在互联网＋时代，在传播文博会这一国际化、高端化、特色化、专业化盛会的过程中，要构建融媒体多平台传播体系、创新技术手段、拓展国际合作。[①] 还有一些研究着眼于敦煌的文化遗产和自然环境、丝绸之路的经济贸易和文化交流活动、国际博览会所构建的城

---

① 徐爱华：《重大主题活动融媒体报道的创新与实践——以丝绸之路（敦煌）国际文化博览会为例》，《新闻战线》2017 年第 21 期。

市形象等方面。[1]

从以上有关丝路文化、敦煌文博会、会展品牌等的研究成果来看，对敦煌文博会的研究成果主要集中在敦煌文化遗产和自然环境方面，从敦煌文博会出发探讨文博会对我国乃至世界产生影响的文献非常少。因此，本书以敦煌文博会为研究对象，深入挖掘其背后丝路文化的丰富内涵和意义，探究"敦煌文博会"品牌塑造与提升策略，对甘肃、敦煌地域形象建构，相关文化产业链的延伸作用等重大命题，进而分析其对敦煌及其周边地区在经济发展、文化交流、信息传播及形象塑造等方面的效用。这是一个全新的、有重要价值的研究课题。

第三节　研究框架、方法及创新

一、研究重点和主要内容

在对四届敦煌文博会现场深入调查和梳理相关文献资料的基础上，本书将围绕以下五个方面展开论述。

第一，媒介融合背景下"敦煌文博会"品牌塑造现状、特点、资源、存在问题及原因分析。

第二，大众媒介在"敦煌文博会"品牌塑造中的实际角色与功能发挥情况。

第三，在新技术、新媒介接触与使用情况下，西部会展经济成长路径、空间与面临的新问题。

第四，丝路文化发掘、提升、凝练与"敦煌文博会"品牌再造和提升。

第五，"敦煌文博会"品牌塑造和提升的战略策略与长效机制。

本书将聚焦以下六大问题。

第一，敦煌历史文化的发展脉络、内涵及品牌开发价值。

第二，四届"敦煌文博会"品牌开发现状、模式、效果及问题。

第三，丝路文化元素与"敦煌文博会"品牌的对接与提炼。

第四，敦煌文博会全媒体报道与品牌传播。

---

[1] 如：Ke Xue, Xi Chen, Mingyang Yu, "Can the World Expo Change a City's Image Through Foreign Media Reports?" *Public Relations Review*, 2012.

第五，"敦煌文博会"品牌形象建构与提升战略。

第六，"敦煌文博会"品牌形象传播与新时代甘肃地域形象再造。

二、研究难点

敦煌文博会是"丝绸之路经济带"建设的重要载体，是丝绸之路沿线国家文化交流与合作的重要平台，在推动中华文化走出去等方面具有重要意义。

敦煌文博会主要依托有着丰厚历史积淀的敦煌文化，以文化年展和文艺展演等形式进行文化交流与展示。敦煌文化体系庞大，包括宗教、文物保护、考古、绘画、书法、服饰、舞蹈等多个领域。敦煌学至今有 100 多年的历史，是一门领域异常广泛、内容无限丰富的学问。因此，敦煌文博会的展演内容丰富、形式多样。研究难以覆盖到历届敦煌文博会所涉及敦煌文化的各个方面，因此在研究广度和深度的统筹上有一定的难度。

敦煌文博会作为以人文交流合作为主题的国际盛会，对促进"一带一路"沿线国家高层次文化交流对话与政府间合作具有重要的作用。敦煌文博会已成功举办六届，目前正处于发展过程中，其规模、影响力和文化魅力正在逐步形成和扩大。在此期间，敦煌文博会组委会开通了"两微一端"（官方微博、微信、新闻客户端），国内外媒体推出了许多专题报道，这些媒体与报道形成良好的互动和传播。但是能够作为参考和研究资料的外文报道非常匮乏，这为资料数据的收集和对比研究带来了挑战。

三、研究方法与创新

1. 研究方法

（1）文献资料分析法。对已有文献资料进行筛选归类和提取，分析、考证敦煌壁画、乐舞、书法、服饰、数字化的敦煌动画及城市宣传片等地域文化元素对"敦煌文博会"品牌形象建构的价值。

（2）实地调查法。充分搜集第一手资料，分析敦煌文博会的现状、品牌认知、品牌传播及其对敦煌沿线地区旅游产业的带动作用。结合相关部门的官方统计数据，探究"敦煌文博会"品牌塑造、推广方面的难点和要点，并有针对性地提出改进建议。此外，广泛搜集敦煌文博会的文化创意产品样本，探究会展品牌塑造对文化产业链的延伸作用，进而论述其对敦煌及其周边地区在经济发展、文化交流与形象再造方面的效用。

本研究的访谈地点集中在合作市（第三届敦煌文博会开幕式地点）和敦煌市，通过随机调查方式展开，共访谈79人，同期录音109段，录像1057段、拍照1100多张。访谈对象的选择兼顾了年龄、性别、职业等因素，被采访人群覆盖敦煌文博会举办方、展商、参观者、现场工作人员及来甘肃旅游的游客。访谈不局限于访谈提纲所列问题。

问卷调查是指通过制定详细周密的问卷，请被调查者据此进行回答以收集资料的方法。本研究从敦煌文博会认知度、满意度、忠诚度等方面来客观衡量"敦煌文博会"品牌塑造情况、对丝路文化的应用情况。课题组共发放调查问卷511份，回收487份，回收率95.3%；其中，有效问卷共472份，有效率为92.4%。调查数据通过SPSS软件进行分析，并与访谈内容进行对照分析。

（3）文本分析法。主要分为两个方面：一是对敦煌文博会的"两微一端"与网站上相关报道进行内容和策略的分析，探究敦煌文博会影视内容、纪录片所呈现和传播的敦煌文化与会展情况；二是研究敦煌文博会内容构建、传播对其品牌传播、文化赋能和甘肃地域形象认知的作用。在多元文本分析基础上，结合访谈资料和调查数据，提出"敦煌文博会"品牌传播与提升战略和策略。

在"敦煌文博会"品牌形象塑造和传播所引致的甘肃地域形象的建构和推广方面，我们将充分利用第一手资料，结合民族学、传播学、经济学、公共关系学等方面的理论知识，系统分析西部会展经济落后和品牌传播无力的深层原因，寻求以鲜亮"品牌"带动国内外媒体聚焦"敦煌文博会"、聚焦"甘肃"、聚焦"丝路"的策略与方案。

2. 研究创新

（1）研究视角具有开拓性。国内当前对敦煌文博会的研究成果主要集中在敦煌的文化遗产研究方面，而本书以敦煌文博会为研究对象，分析其品牌塑造、传播现状，提出以品牌促地域形象提升的策略，是一个全新的、开拓性的研究。

（2）综合运用多种研究方法。本书将文献资料分析法与实地调查法相结合，既有营销管理、会展经济、传播效果等理论支撑，又有问卷、访谈、实地观察等方式获取的第一手资料，还有对敦煌文博会相关媒体报道、影视产品等文本的梳理和分析，同时将"敦煌文博会"品牌与国内其他比较成功的会展品牌进行对比。这样几种方法综合使用，改变了以往运用单一研究方法对会展品牌进行探究与分析的模式。研究成果视野宽阔，考虑问题比较周全，有较高的参考意义与实践运用价值。

第四节　理论基础与概念界定

俄国哲学家赫尔岑说："人类总是在不断地以新的兴趣、新的眼光和新的思维重新理解历史。每次都在其中看出新的方面，每次都以新近走过的道路的全部经验来补充对过去的理解。"[1] 每当开始一项新研究、承担一项新任务时，我们都期待创新与突破，但创新离不开对已有研究的继承。我们深知，前辈先哲们的研究成果是我们搭建"楼阁"的基石。

一、理论基础

1. 文化传播的相关理论

会展业是一种以会议和展览活动为核心，带动相关产业发展，直接或间接地带来经济效益和社会效益的新兴服务产业。[2] 会展活动具有传的天然属性和文化交流的基本特征。因此，文化传播的相关理论依然适用于分析"敦煌文博会"品牌的塑造与传播。

其实，在文化人类学视域，文化传播经历了从进化论到播化论的论争和演变，曾在欧美学界产生过很大影响，并在一定程度上指导了欧美会展经济的发育和成长。"进化论所采用的研究方法是人类史，是一种大规模的文化断代的历时性排列组合；而传播论则采用地理空间的概念，对人类文化的类型进行排比、列序。"[3] 传播论观点认为，研究人类文化必须以文化的地理传播为使命，"因为所有的历史事件都是在空间中发生的，所以我们应该可以

---

① [俄] 霍米亚科夫、[俄] 赫尔岑等：《俄国思想的华章》，肖德强、孙芳译，人民出版社2013年版，第68页。

② 刘阳：《澳门会展业发展水平的测度与产业带动效应研究》，硕士学位论文，暨南大学，2018年，第1页。

③ 王铭铭：《西方人类学思潮十讲》，广西师范大学出版社2005年版，第5页。

通过度量历史事件发生的空间范围来度量历史事件的时间流变，或者说可以用地球的钟摆来度量时间"①。传播学派试图把人类文化史归结为文化移动、接触、冲突和借用的演变史，主张文化人类学者的主要任务在于寻找历史上各民族相互接触、文化流传的线索，把人类文化丰富多彩的现象，归结为一个古代文化中心向外扩散、流传的结果。②杜威认为大众传播是变革社会的工具，大众传播在改造社会方面具有巨大的潜在力量，新的传播技术将导致社会价值体系的重构，社会发布信息且通过传播这一特有的行为和渠道，由此，社会才得以形成。③"社会不仅因传递与传播而存在，更确切地说，它就存在于传递与传播中。"米德认为象征符号是社会生活的基础。人们通过语言、文字、手势、表情等象征符号进行交往，达到共同理解，社会意义建立在对别人行为的反应基础上，"自我"源于社会相互作用，象征符号在其发展中起重要作用。④而法兰克福学派将媒介传播的大众文化称为"社会水泥"和"文化工业"。马尔库塞指出媒介技术不但受到社会的全面控制，而且技术本身就是预先按照统治者的意志和需要设计出来的，设计本身就包含了统治的先验性和控制的欲望。⑤布迪厄在《关于电视》一书中揭示了电视制作的奥秘，并阐释了传媒的社会功能异化的过程，他认为电视在资本主义社会中的两大基本功能是反民主的象征暴力和商业逻辑制约的他律性。⑥让·波德里亚（中文译名还有鲍德里亚、布希亚等，本书采用"波德里亚"）认为大众传媒、时尚、技术等本身都是当代资本主义消费社会中的商品化形式和消费形式，同时，大众传媒又为资本主义社会创造了"拟像世界"。⑦

从19世纪"传播"一词进入公共话语时起，美国文化中就一直存在着两种不同的传播概念：传播的传递观和传播的仪式观。⑧其中，传递观出于控制的目的在地域范围拓展信息，而仪式观以共同的身份把人们吸引到一场神圣典礼中去。詹姆斯·W.凯瑞说："社会作为世界的替代向我们展示了一个完全不同的存在，它是社会共同体所创造的理想的投影。""当我们以传播的

① [德]弗里德里希·拉采尔：《人文地理学的基本定律》，方旭、梁西圣译，华东师范大学出版社2022年版，第234页。
② 王铭铭：《西方人类学思潮十讲》，广西师范大学出版社2005年版，第6~9页。
③ [美]约翰·杜威：《民主与教育》，薛绚译，译林出版社2012年版，第28页。
④ [美]乔治·H.米德：《心灵、社会与自我》，赵月瑟译，上海译文出版社2005年版，第126页。
⑤ [美]马尔库塞：《单向度的人》，张峰译，重庆出版社1988年版，第13页。
⑥ [法]皮埃尔·布迪厄：《关于电视》，许钧译，辽宁教育出版社2000年版，第6页。
⑦ [法]让·波德里亚：《消费社会》，刘成富、全志钢译，南京大学出版社2000年版，第9页。
⑧ [美]詹姆斯·W.凯瑞：《作为文化的传播："媒介与社会"论文集》，丁未译，华夏出版社2005年版，第4页。

传递观审视报纸时，发现媒介是一个发布新闻与知识，有时也提供娱乐的工具，它以越来越多的版面报道着空间上越来越遥远的事件。问题产生于它对受众的影响：新闻到底是洞启了现实还是遮蔽了现实？是改变了态度还是强化了态度？是带来了可信还是产生了怀疑？问题也来自新闻与报纸的功能：它维护了社会的整合还是反而使人产生对社会的不适应感？它在维护稳定或造成个性不稳定方面究竟起正面功能还是负面功能？这种机械的分析通常与传播的传递观有关。"① 其后，新兴传播技术逐渐被视为征服空间和人类的理想之物。佩里·米勒在分析电报对社会变迁的历史功用时说："电报和印刷业使新教徒各教派达成了一致，乍一看好像完全不可思议。电报和报刊传递并刊登了'基督教徒为带来这一巨大恩典的消息而激动万分，每个城市的民众都不约而同地举行集会，实际上这种祈祷的精神交流使国家联成一体'。这绝非偶然，大西洋电缆开通时也出现了类似的活动，因为两者都是'终极精神胜利的预兆'，1858 年的这一启示其重要性在于，它第一次使美国人见识了一种宗教化的技术。"② 后来，随着戈夫曼"情境理论"的提出，他关于媒介的"前台"与"后台"及"拟剧论"的分析，将媒介与社会发展互动关系研究推向深入。他在《公共舆论》一书中认为现代社会越来越巨大化和复杂化，人的行为已经不再是对客观环境及其变化的反应，而成了对新闻机构提示的某种"拟态环境"的反应。"拟态环境"是传播媒介通过对象征性事件或信息进行选择和加工、重新加以结构化之后向人们提示的环境，这种拟态环境便是媒介化现实或者媒介化世界的最初原型，人们依赖于大众媒介制造的媒介事实来认识围绕在自己身边的"真实世界"，并以这样的认识来达成自己的判断，得出想法，并指导行动。③ 美国学者约书亚·梅罗维茨在《消失的地域：电子媒介对社会行为的影响》等著作中提出了"媒介三喻"："媒介是容器"，"媒介是语法"，"媒介是环境"。④ 哈罗德·亚当斯·英尼斯认为，电子通信的速度与距离扩大了社会组织的规模。受麦克卢汉思想影响，波德里亚认为大众传媒的出现改变了我们生活的最基本的性质，"电视不单单是把世界'展现'在我们面前，还日益在界定着我们实际生活于其中的这个世界"⑤。

---

① [美]詹姆斯·W.凯瑞：《作为文化的传播："媒介与社会"论文集》，丁未译，华夏出版社 2005 年版，第 5 页。

② 张孟媛：《佩里·米勒的清教研究》，中国社会科学出版社 2011 年版，第 53 页。

③ 郭庆光：《传播学教程》，中国人民大学出版社 1999 年版，第 126 页。

④ [美]约书亚·梅罗维茨：《消失的地域：电子媒介对社会行为的影响》，肖志军译，清华大学出版社 2002 年版，第 164~176 页。

⑤ [英]安东尼·吉登斯：《社会学》（第 4 版），赵旭东等译，北京大学出版社 2003 年版，第 585 页。

随后，肯尼斯·伯克认为现实不是已知的，语言也不是现实苍白的折射，相反，是传播通过符号形态的建构、理解与利用创造了现实，并使现实成为一种存在。如果我们追随杜威，便会发现传播的问题与社会问题有关，与围绕着我们创造并生活在其中的社会性质有关。格尔茨在《巴厘人的斗鸡》中明确阐释了一个原理，即"一个民族的文化是一种文本的集合体，这些文本自身也是集合体，而人类学家则努力从这些文本的当然拥有者的背后去解读它们"[①]。

在文化传播的现代化理论阶段，媒介角色理论的代表人物是丹尼尔·勒纳。他认为传播系统的变动既是整个社会系统变动的结果，又是其变动的原因。而罗吉斯也认为传播是社会变革的基本要素，这种变革有内生型和接触型两种，其中，它将接触型改革看作创新和发明的传播扩散过程，大众传播是这一扩散过程的催化剂。[②]

在文化传播的发展理论阶段，媒介角色理论代表人物是美国学者赫伯特·席勒。他从社会的整体形态与结构、传播体系与政治经济制度的关系、国际政治经济秩序与传播秩序的关系等方面开展研究，形成了"媒介帝国主义"（Media Imperialism）理论。而约翰·汤普逊在吸收哈贝马斯理论的基础上，分析了传媒与工业社会发展之间的关系，指出："传媒从早期的印刷形式到现在的电子通信，一直在现代社会体制的发展中起着至关重要的作用。"[③]

以上是对文化人类学中有关传播与社会发展变迁理论的简要梳理，虽然戈夫曼、麦克卢汉、梅洛维茨等学者的理论被学界认为具有浓厚的技术工具主义色彩，但他们的真知灼见对我们进行品牌文化传播研究有重要的参考和启发意义。

2. 整合营销传播理论

整合营销传播（Integrated Marketing Communications，简称 IMC）理论是对营销实践的总结和对营销趋势的预测，是传统营销理论与快速转型的市场相碰撞的衍生物。[④]1992 年美国西北大学出版了全球第一部关于 IMC 理论的著作《整合营销传播》，该书作者唐·舒尔茨将整合营销传播明确界定为："整合营销传播是一个业务战略过程，它是指制定、优化、执行并评价协调的、

---

① [美]克利福德·格尔茨：《文化的解释》，韩莉译，译林出版社 1999 年版，第 453 页。

② [美]埃弗里特·M.罗吉斯、[美]拉伯尔·J.伯德格：《乡村社会变迁》，王晓毅、王地宁译，浙江人民出版社 1988 年版，第 309~310 页。

③ [英]安东尼·吉登斯：《社会学》（第 4 版），赵旭东等译，北京大学出版社 2003 年版，第 586 页。

④ 马庆栋、张书贞：《IMC 理论的缘起与演进：一个分析框架》，《商场现代化》2006 年第 20 期。

可测度的、有说服力的品牌传播计划，这些活动的受众包括消费者、顾客、潜在顾客、内部和外部受众及其他目标。"[1]美国科罗拉多大学的汤姆·邓肯教授在理解整合营销传播时更加强调其战略价值，把整合营销传播建立关系的终极追求归结为品牌资产。[2]他认为，组织与其所有相关公众之间的交流与沟通，是一种具有战略意义的整合。[3]

整合营销传播理论强调要以顾客为中心，通过对不同媒体的组合传播，以富有特色化的传播符号对信息进行传播，其目标就是与顾客建立良性互利的社会关系。[4]消费者需求是整合营销传播的重要导向。消费者在整个过程中处于核心地位，对于组织的传播活动具有重要的导向意义，组织的传播活动需要围绕消费者展开。[5]要想全面深入地了解消费者，准确地判断出消费者的需求，就需要组织建立起顾客资料库，并在此基础上记录和更新消费者的相关信息，从而实现与顾客之间的良性沟通。在传递信息方面，整合营销传播理论主张持续向消费者传播本质上一致的信息，保证信息在本质上的一致性能够有效提升消费者对品牌的认知程度，加深品牌在消费者头脑中的印象，这对于品牌的有效建构具有重要的意义。与此同时，通过整合广告、促销及公共关系等多种传播手段与工具，以多种方式、从多个角度向公众传递信息，从而在提升传播效果的同时实现与消费者的良性沟通，培育顾客的品牌忠诚度。整合营销传播主要包括五个步骤：第一，明确现有顾客和潜在顾客；第二，评估现有顾客和潜在顾客的价值；第三，生成并传播信息与激励计划；第四，评估顾客投资回报；第五，预算、资源配置和效果评估。[6]

3. 企业识别系统理论

企业识别系统（Corporate Identity System，简称 CIS）是现代企业在营销活动中，通过主动展示企业多种个性特征以获取公众标准化、差别化认知和印象的操作过程。特别指以企业标志（CI）为中心、以理念识别（MI）

---

① 郭国庆：《营销理论发展史》，中国人民大学出版社 2009 年版，第 334 页。

② [美]唐·舒尔茨、[美]史丹立·田纳本、[美]罗伯特·劳特朋：《整合行销传播》，吴怡国、钱大慧、林建宏译，中国物价出版社 2002 年版，第 3 页。

③ 卫军英：《整合营销传播观念的理论建构》，博士学位论文，浙江大学，2007 年，第 31 页。

④ Kitchen Philip, Brignell J. Joanne, Li Tao, Jones Grahan Spickett, "The Emergence of IMC: A Theoretical Perspective," *Journal of Advertising Research*, 2004, no. 4.

⑤ Kevin Lane Keller, "Mastering the Marketing Communication Mix: Micro and Macro Perspectives on Integrated Marketing Communication Programs," *Journal of Marketing Management*, 2001, no. 2.

⑥ [美]唐·舒尔茨、[美]海蒂·舒尔茨：《整合营销传播：创造企业价值的五大关键步骤》，王茁、顾洁译，清华大学出版社 2013 年版，第 67 页。

为基础、以行为识别（BI）为指导、以视觉识别（VI）为表现，通过理念识别、行为识别和视觉识别展示企业个性与形象的操作过程。

企业理念是指企业在长期生产经营过程中所形成的、企业共同认可与遵守的价值准则和文化观念，以及由企业价值准则和文化观念决定的企业经营方向、经营思想和经营战略。企业行为识别是企业理念的行为表现，包括在理念指导下的企业员工对内和对外的各种行为，以及企业的各种生产经营行为。

理念识别是企业生产经营过程中设计、科研、生产、营销、服务、管理等经营理念的识别活动，是企业对当前和未来一个时期的经营目标、经营思想、营销方式和营销形态所做的总体规划和界定。主要包括：企业精神、企业价值观、企业信条、经营宗旨、经营方针、市场定位、产业构成、组织体制、社会责任和发展规划等，属于企业文化建设范畴。

行为识别是依据企业实际经营理念与创造企业文化的准则，对企业运作方式所做的统一规划而形成的动态识别活动。它是以经营理念为基本出发点，对内建立完善的组织制度、管理规范、职员教育、行为规范和福利制度，对外则开拓市场调查、进行产品开发，通过社会公益文化活动、公共关系、营销活动等方式来传达企业理念，以获得社会公众对企业识别认同的形式。

视觉识别是以企业标志、标准字体、标准色彩为核心展开的完整、系统的视觉传达体系，将企业理念、文化特质、服务内容、企业规范等抽象语意转换为具体符号，塑造出独特的企业形象。视觉识别在企业标志系统中最具有传播力和感染力，最容易被社会大众接受，具有主导地位。

企业识别系统理论不仅在企业形象识别方面具有较强操作性，还对品牌形象塑造具有一定的借鉴意义。因此本研究引入该理论，从理念识别、行为识别、视觉识别三部分入手，研究敦煌文博会在品牌塑造过程对丝路文化元素的应用。

4. 品牌资产金字塔模型理论

凯文·莱恩·凯勒从消费者的视角出发对品牌资产的概念进行了详细的阐述，将其定义为：消费者品牌知识所导致的对品牌营销活动的差异化反应。[①]他认为品牌资产的定义由三个部分组成，分别是差异化效应、品牌知识和消费者对营销的反应。差异化是使品牌具有价格竞争力的基础，品牌知识取决

---

① K.L. Keller, "Conceptualizing Measuring and Managing Customer-based Brand Equity," *Journal of Marketing*, 1993, no. 3.

于消费者对品牌的认知程度，最终差异化反应体现在消费者对营销的态度上。在提出了品牌资产的知识模型之后，凯勒在《战略品牌管理》中在原有概念基础上提出了品牌资产金字塔模型，只有金字塔尖才算是具有多重价值的品牌资产。[①]

品牌显著度是品牌资产金字塔模型的基石，是品牌资产金字塔模型的第一个阶层，考察的是消费者对品牌的认知程度。品牌认知的深度和广度可以帮助消费者树立潜意识形象，了解品牌的含义。第二个阶层是品牌功效和品牌形象。品牌功效一般包括效果、产品、服务、设计和价格五个方面；品牌形象是指消费者对品牌的感知和理解。第三个阶层是品牌判断与感受。品牌判断是消费者通过对质量、信誉、考虑和优势的了解形成自己对产品的判断；品牌感受是指消费者对该品牌的情感折射，是基于对品牌的认知和判断产生的消费者内心的印象和感觉。如果在接触品牌后消费者能产生积极反应，就会形成正向品牌感受，品牌感受是品牌资产形成的关键一步。最后一个阶层是品牌共鸣，品牌共鸣聚焦于品牌与消费者之间的关系，品牌共鸣的产生代表消费者与品牌之间具有和谐的相处模式，能够驱动消费者产生购买和使用行为。

本书将以凯勒的品牌资产金字塔模型为理论支撑，调查"敦煌文博会"品牌塑造的传播效果，在此基础上分析"敦煌文博会"品牌塑造过程中存在的问题，并提出相关品牌提升策略。

5. 原型批评理论

原型批评诞生于 20 世纪初，流行于五六十年代，是 20 世纪文学批评的重要方法和流派，一度和"马克思主义批评"与"精神分析批评"在西方文论界形成"三足鼎立"的格局。"原型批评的产生，与人类孜孜以求现代人与原始文化的精神相联的本源分不开，这种返回自我的寻根意识是伴随着人类生存活动的永恒冲动。"[②]原型批评倡导的"远观"（Stand back）方法是一种宏观的全景式文学眼光，具有很强的系统性。它要求把单个文学作品的研究置于整个文学大系中，把文学的各种要素，如体裁、题材、主题、结构等，置于文化整体中去考察。品牌推广作为文化传播的一个重要组成部分，其创意手法却与文学创作有许多相似之处。广告文本作为一种特殊文学文本，

---

① [美]凯文·莱恩·凯勒：《战略品牌管理》（第 3 版），卢泰宏、吴水龙译，中国人民大学出版社 2009 年版。

② 胡经之、王岳川主编：《文艺学美学方法论》，北京大学出版社 1994 年版，第 112 页。

同样可以借鉴弗莱把原型理论运用于文学批评的方法，将原型理论用于广告批评和广告研究当中。因此，一方面可以拓展"敦煌文博会"品牌传播的理论视野，另一方面以"远观"的方式，跳出对"敦煌文博会"品牌个案的广告创意、主题、结构、情节等单一视角分析，从而探寻出这些广告文本创作的内在需求、塑造规律和传播逻辑。这些对"敦煌文博会"品牌构建和持久提升都将大有裨益。

6. 结构主义符号学理论

20世纪60年代的法国巴黎，涌现出结构主义运动思潮，席卷了艺术、文学、哲学、社会学等人文学科。"在结构主义者看来，意义的制造比意义本身更为重要。"[1]品牌的意义系统不是"自在之物"，它是由广告活动建构和赋予的。广告活动既是一种商业实践活动，也是一项符号操作的表征实践活动，它通过符号操作来创造信息与传播信息，也因符号的意义差异创建出不同的品牌。戈尔德曼和帕普森指出："广告是一种建造商品符号的文化装置，广告通过把拥有社会和文化价值的形象加到商品品牌之上，从而增加该品牌的价值：品牌商品＋形象意义＝商品符号。"[2]美国传播学家马克·波斯特认为："站在符号学的制高点上，消费主义的新代码很容易被破译……喝百事可乐与其说是消费一种碳酸饮料，还不如说是在消费一种意义、一个符号。"[3]

结构主义符号学所提出的"读者以某种互动形式识别信源并参与意义构建"的观点对研究"敦煌文博会"品牌意义的生产机制有很大的启发。运用结构主义符号学的方法，可以帮助我们分析出敦煌文博会意义如何进入品牌形象，并探析消费者如何解读这些意义并"共谋"参与品牌意义的建构。研究"敦煌文博会"品牌意义建构的内在机制，可为这一会展品牌的推广与传播提供强有力的理论支撑。

7. 公共选择理论

公共选择理论是一个集政治学、经济学、法学和哲学等多学科于一体的理论体系，研究对象是政府运行机制，它的核心部分是对政府行为的分析。该理论的代表人物为布坎南。公共选择理论认为，在政治生活中，政府及其

① 胡经之、王岳川主编：《文艺学美学方法论》，北京大学出版社1994年版，第232页。
② 王宁：《从苦行者社会到消费者社会：中国城市消费制度、劳动激励与主体结构转型》，社会科学文献出版社2009年版，第286页。
③ [美]马克·波斯特：《第二媒介时代》，范静哗译，南京大学出版社2001年版，第146页。

工作人员都是"经济人"，是利己的，即追求经济利益最大化，政府的公共性是从利己性中衍生而来的，公共选择的过程是各种利益之间"缔约"的过程，所以公共选择的结果也是各个利益主体博弈的结果。[①] 公共选择理论是对"政府万能论"的重新思考。这启发我们深入思考作为政府推动型会展的敦煌文博会的未来发展之路及品牌主导诉求。

8. 城市经营理论

城市经营理论指的是城市政府将城市看作资源，一种具有资本效益的资源，然后通过市场化运作，盘活城市的物质或非物质的特有资源，从而实现城市资源的最优配置，达到城市经济、社会及环境效益的最大化，提升城市的核心竞争力，促进城市经济的快速、健康、可持续的发展。[②]

城市品牌具有凝聚力、吸引力和辐射力，这些力量集聚在一起能够增强城市的竞争力，因此，城市品牌是一座城市的无形资产，拥有巨大的价值：对内可以完善城市自身管理，增强城市凝聚力；对外可以吸引城市外部顾客，带动旅游业的发展，增强城市的辐射力；还可以发挥城市的要素整合功能，增强城市竞争力。所以塑造城市品牌无论对该城市的政府、市民，还是对该城市的投资者、旅游者和其他利益相关者都具有重要的作用与意义。20世纪80年代末、90年代初，城市经营理论在美国形成。城市经营指的是城市政府运用市场经营方法，对城市的经济、政治、文化等要素进行整合规划，找到符合市场经济规律的发展道路，从而增加城市的知名度，提高城市利益相关者的满意度及城市的综合实力与竞争力。城市经营包括城市的硬环境和软环境，具体有四个方面：自然资源、依附在自然资源上的人力资源、人文资源和延伸性派生资源。[③]

二、概念界定

1. 丝绸之路

本书所言"丝绸之路"特指西北丝绸之路，即德国著名地理学家费迪南·冯·李希霍芬在19世纪70年代来到中国西北考察旅游后，在《中国：亲身旅行和据此所作研究的成果》一书中提出的"丝绸之路"，也指李希霍

---

① [美]丹尼斯·C.缪勒：《公共选择理论》，杨春学等译，中国社会科学出版社1999年版，第69~70页。
② 竺乾威：《经济新常态下的政府行为调整》，《中国行政管理》2015年第3期。
③ 刘彦平：《城市营销战略》，中国人民大学出版社2005年版，第978~990页。

芬的学生、瑞典探险家斯文·赫定 20 世纪 30 年代来中国考察的成果《丝绸之路》这本书中描述的主要经过西北地区的古丝绸之路。

丝绸之路（The Silk Road）普遍被认为形成于公元前 2 世纪至公元 1 世纪，由西汉时期张骞两次奉命出使西域所开辟。李希霍芬对丝绸之路的定义是：从公元前 114 年到公元 127 年间，中国与河中地区（指中亚的阿姆河与锡尔河之间的地带）及中国与印度之间，以丝绸贸易为媒介的这条西域交通线。① 此后中国学界一直沿用李希霍芬的定义。丝绸之路以长安为起点，罗马为终点，经甘肃、新疆等地，全长 6440 公里，甘肃境内有 1600 多公里。鉴于"丝绸之路"所形成的文化结晶极其丰富，同时考虑研究主题，本书将重点放在"丝绸之路"甘肃一段。其实，"丝绸之路"甘肃段汇集了丝路文化中最具代表性、典型性、多样性的文化。

2. 丝路文化

本书采用李二和在《海上七千年》一书中对丝路文化的定义：沿丝路传播和衍生的文化。实际上丝路文化包括了陆上丝绸之路和海上丝绸之路两部分所形成的文化。但本书中所提到的丝路文化特指在陆上丝绸之路甘肃段形成和传播的区域文化，包括从历史上传承下来的各种文化形态，其核心是在丝绸之路甘肃段诞生或交融传播的、至今对区域民众产生深远影响的宗教与各国各民族文化的融合形态。

3. 品牌

关于品牌有多种定义，美国市场营销协会定义委员会认为品牌的目的在于确定一个卖方或一群卖方的产品和服务，并将其与竞争者的产品和服务区分开来。它可以是一个名称术语、标记、象征或设计，又或者是它们的组合。广告专家琼斯认为品牌指能为顾客提供顾客认为值得购买的功能利益及附加值的产品标记。凯勒认为品牌就是区别一个产品与别的产品的特征。特拉维斯认为，品牌除识别功能外，还有其他意义，而这些意义或许比识别功能更加重要。他认为品牌是体现产品内在价值的一种不成文的契约，是人们对产品性能的期望，是与其使用者一起做出的、保证优良品质的承诺或者说一种品质的保证。

本书认为品牌是多种关键要素的多层次组合，是关于企业的产品或者服

---

① [德] 费迪南德·冯·李希霍芬著，[德] E. 蒂森选编：《李希霍芬中国旅行日记》，李岩、王彦会译，华林甫、于景涛审校，商务印书馆 2016 年版，第 59 页。

务在人的大脑中共同作用并生成的一系列独特联想。这一系列独特联想使得产品可以在人的大脑中建构一个清晰的产品形象，比如人们关于产品的观念、感受和态度，而这些观念、感受和态度总结了公众眼中品牌所体现的含义或者寓意。

4. 地域形象

"现代营销学之父"菲利普·科特勒是较早提出地域形象的学者，最早这一概念的提出也跟营销学有关。科特勒在《欧洲地区营销》中给出了地域形象的定义："人们加工和提炼地区大量原始数据的产物，对相互关联的地区信息的精炼简化，从而形成的对地区看法、观念和印象的总和。"[①] 他指出：地区形象设计应遵循的方针有如下五个方面：（1）现实的，一个地区追求的目标形象不能脱离现实；（2）可信的，目标形象要能反映真实的情况，让地域购买者相信；（3）单一的，地域如果为自身散布多种形象只能带来疑惑不解；（4）有说服力的，目标形象必须能够说明为什么人们要选择在这里生活、投资、工作和旅游；（5）有特色的，形象要与一般情况有最大的区分度，避免那些常用的陈词滥调。[②]

目前，关于地域形象国内尚无公认的定义，本书结合学者研究的诸多成果，将地域形象定义为由区域的内在特点所决定的外在表现，是一个地域内部公众和外部公众对该地域内在综合实力、外显前进活力与未来发展前景的具体感知、总体看法和综合评价。地域形象是一定区域内的一种无形资产，旨在通过吸引内外部公众达致良好的区域知名度和美誉度。

5. 文化产业

联合国教科文组织对文化产业进行了综合概括，认定对文化产品进行生产、包装、供应和传播的整个过程都可以称为文化产业。[③]2003 年 9 月 4 日，文化部明确指出文化产业的内涵，即提供文化服务、生产文化产品的营利性产业。本书采用文化部对文化产业的界定。

6. 品牌形象

品牌形象是指消费者或受众头脑里对品牌的直觉，它包括一系列联想、

---

① [美]菲利普·科特勒：《欧洲地区营销》，俞利军译，华夏出版社 2003 年版，第 67 页。

② [美]菲利普·科特勒：《科特勒看中国和亚洲》，俞利军译，华夏出版社 2004 年版，第 198 页。

③ J. Friedman, *Cultural Identity and Global Process*, Sage, 1994, p. 195.

记忆、期待和其他感受。[1]

7. 城市品牌

关于城市品牌概念，国外学者研究较多，也比较深入。主要涉及城市品牌形象的设计、测试和管理策略。凯文·莱恩·凯勒认为，某个地理位置或空间区域和商品一样，也可以成为一个品牌。但是城市品牌的名称通常就是城市的地理名称，塑造城市品牌就是让人们认识并了解一座城市，并将该城市和一些美好的联想联系在一起，从而提升这座城市的竞争力和生命力。[2]中国城市科学研究院张佛利认为城市品牌是根据一座城市所特有的经济产业、历史文化、民俗民风和城市特色等差异化要素，塑造成由此可以感受到"形神合一"附加值的外在符号或联想。

8. 消费社会

"消费社会"概念是法国哲学家波德里亚首先提出的。他认为，消费社会颠覆了以往以生产为中心的社会结构，把消费和消费行为置于社会的主导地位。消费社会具有两个特征："一是消费的符号化；二是消费价值观的变化。"[3]在消费社会里，"消费者们消费的并不是商品本身，而是商品所包含的意义和所代表的符号"[4]。

---

① [美]西蒙·安浩：《铸造国家、城市和地区的品牌：竞争优势识别系统》，葛岩、卢嘉杰、何俊涛译，上海交通大学出版社 2010 年版，第 6 页。

② [美]凯文·莱恩·凯勒：《战略品牌管理》（第 3 版），卢泰宏、吴水龙译，中国人民大学出版社 2009 年版，第 23 页。

③ 杨魁、董雅丽：《消费文化理论研究——基于全球化的视野和历史的维度》，人民出版社 2013 年版，第 17 页。

④ [法]让·波德里亚：《消费社会》，刘成富、全志钢译，南京大学出版社 2000 年版，第 48 页。

第二章　我国会展业发展与敦煌文博会概况

　　会展起源于 1851 年在英国举办的万国工业博览会，经过一百多年的摸索，会展业不但拥有了世界性的会展组织机构——国际会展联盟（UFI），还成为文化产业的重要分支。[1] 会展业以 1：9 的带动效应（即一个单位的本行业经济收益可以带动九个单位的其他行业经济收益）和绿色环保的特质被称作"城市面包"，是现代经济产业改革中的一个不可分割的部分。会展的定义可以分为广义和狭义两种。狭义的会展强调"会"和"展"，即会议和展览，侧重信息交换[2]；广义的会展则偏向交易会[3]，基于展品的出售，更倾向于一种商品贸易行为。国际上将会展称为 MICE（Meeting，Incentives，Conference and Exhibition），就是较为广义的说法。

　　我国目前将会展业列入服务业。2015 年 4 月 19 日国务院发布《关于进一步促进展览业改革发展的若干意见》，指出：我国会展业发展仍存在滞后

---

① 刘显世：《山东会展业发展研究（1990—2014 年）》，博士学位论文，山东大学，2017 年。

② 郭牧：《会展与区域经济的发展——以中国义乌国际小商品博览会为例》，中央编译出版社 2008 年版，第 131 页。

③ 郭翠萍：《专业会展品牌塑造研究——以中国国际瓦楞展为例》，硕士学位论文，上海师范大学，2014 年。

问题，要本着坚持深化改革、科学发展、市场导向的原则[①]，争取优化发展环境、提升市场化水平、提升国际化程度。目前，会展业已经形成了四种成熟的主导模式：政府推动型、市场主导型、协会推动型、政府市场结合型。[②]

第一节　我国会展业发展概况

一、我国会展业的发展

我国会展业经历了四个发展时期。1951 年 3 月，中国国际贸易局促进委员会派团参加了"莱比锡春季博览会"。这一举措促进了中国对国际经济和科技成果的吸收，刺激了我国会展业的形成，为后续我国会展业蓬勃发展打下坚实的基础。1953 年到 1985 年，我国举办了"德意志民主共和国工业展览会"后，许多国家展商来华举办展览会，这一时期是我国会展业的起步阶段。展会由中国贸促会统一举办，办展的目的相对单一，主要以国家的形象宣传为主。1985 年，中国国际展览中心（老馆）建成，我国终于有了一座专业的会展中心，这标志着中国会展业逐步与国际接轨。1985 年之后，我国市场经济体制逐步建立，依托市场，我国会展经济进入快速发展期。展出的方式也从单纯的国家形象宣传转向与贸易相结合；主办单位由政府机构（中国贸促会）主导转向多主体主办。20 世纪 90 年代开始，我国会展行业逐步走向成熟，展馆数量激增，设施不断完善，一些城市深耕会展经济，区域影响力不断提升，国际地位日益凸显。

据中国产业信息网统计，2011—2016 年，我国举办的各类展览数量从 6830 场增加到 10519 场，展览面积从 8120 万平方米增加到 13264 万平方米，会展经济直接产值从 3016 亿元增长到 5612 亿元。[③] 自 2013 年至 2018 年，我国专业会展中心增加了 148 个[④]，从地理位置来看，呈现出分布渐趋均匀的

[①] 《国务院印发〈关于进一步促进展览业改革发展的若干意见〉》，新华网，2015 年 4 月 19 日。
[②] 常春光：《国际会展业成熟运作模式及启示》，《学术交流》2007 年第 6 期。
[③] 《2018 年中国会展行业发展现状及发展趋势分析》，产业信息网，2018 年 6 月 4 日。
[④] 魏明乾等编：《中国展览指数报告（2018）》，微博，2019 年 10 月 24 日。

态势。

《中国展览经济发展报告（2019）》显示，2019年，我国境内（不包括港澳台）共举办经贸类展览 3547 个，同比下降 6.5%；展览总面积为 13048 万平方米，同比增长 0.8%。说明我国会展业的发展已由高速发展阶段逐渐转入高质量发展阶段[1]，会展类型趋于多样化，会展的影响力也在不断提升。

二、我国政府推动型会展情况

"政府推动型会展是市场经济体制下我国各级政府积极利用会展活动，以会展项目为载体实施公共服务的一种重要方式，也是中国会展业的一个独特的现象和重要组成部分。"[2] 由于我国市场经济特性和会展业初始投资及运作协调等因素的影响，政府推动型会展目前在我国会展业中占有相当大的比例。据统计，2009 年到 2010 年举办的 100 个政府推动型会展的样本中有 23 个是综合性展会，比例超过了 23%。[3] 我国政府推动型的会展大多有一定的对政府的辅助目标，这既是政府推动型会展的意义所在，也是综合型会展的数量一直居高不下的主要原因。政府推动型会展使我国会展业迈出了高端化、综合性会展的新步伐，虽然目前体系尚不成熟，品牌塑造能力也亟待提升，但在我国高端会展业发展的初始时期，政府推动型会展既保证了主办单位稳定、资源统筹能力较强、会展内容丰富和影响力持续扩展，也为其他类型的会展提供了规范性样本，发挥了启示和带动作用，对我国跨国、跨区域开展文化传播和沟通发挥了重要的桥梁和纽带作用；也使我国在举办会展中认识会展，不断培养我们的会展品牌的美誉度、知名度和忠诚度，持续累积并强化我国会展的品牌意识。

会展品牌的美誉度不仅能够帮助政府塑造良好的形象，还可以促进会展营收增加并使区域经济更上一层台阶；会展品牌的知名度可以扩大政府的影响力，促进区域大众文化建设；会展品牌的忠诚度可以为会展可持续发展提供不竭动力，帮助政府主导的会展品牌在会展专业化、多样化的竞争中占据有利地位，提升市场占有率。2016 年 6 月 20 日，国务院办公厅印发《关于发挥品牌引领作用推动供需结构升级的意见》，表示要"树立自主品牌消费

---

[1] 《中国展览经济发展报告（2019）》，《中国贸易报》2020 年 1 月 15 日，第 1 版。
[2] 应丽君：《会展绿皮书：政府主导型展会发展报告（2010）》，人民日报出版社 2010 年版，第 8 页。
[3] 应丽君：《会展绿皮书：政府主导型展会发展报告（2010）》，人民日报出版社 2010 年版，第 5 页。

信心，满足人们更高层次的物质文化需求"①。该意见的出台标志着我国对品牌会展建设和发展提出了更高的要求，也意味着我国会展业进入从粗放式运作转入精细化经营、从注重实物展销到无形资本累积转变的新阶段。在这种语境下，政府主导的会展业开始紧跟时代变化和社会需求，提升品牌形象，强化品牌传播力。但根据《中国展览经济发展报告（2019）》公布的数据，2019年我国举办的会展中相当一部分仍然是政府主导型会展，这些会展中能够形成品牌效应并取得UFI认证的很少。

当然，取得UFI认证的会展数量很少并不能否定我国政府主导的会展品牌化发展所取得的进步。特别是2018年以来，由商务部和上海市政府主导的首届中国国际进口博览会（简称"进博会"）和不断完善的中国义乌国际小商品（标准）博览会（简称"义博会"），在品牌化发展上已迈出实质性步伐。义博会1995年举办第一届，经过近30年的艰辛探索，跨越了起步期和提升期，目前已迈入成熟阶段，并通过了UFI认证，成为一个国际化的交易博览会。首届进博会以"新时代，共享未来"为主题口号，吸引了172个国家、地区和国际组织的3617家企业参展，展出面积合计30万平方米，达成意向成交额578.3亿美元。②进博会由政府主导，是全球博览会中唯一以"进口"为主题、以"开放"为目标的博览会。另外，已经成功举办十三届的杭州文化创意产业博览会（简称"杭州文博会"）运用灵活的市场化机制，逐渐形成了"政府主导+市场化"的模式。进博会、杭州文博会既借助政府力量，不断规范完善文化会展业的相关政策，又锻炼了会展业的自我运作和自我创新能力，持续激发出文化创意产业的内在活力，给我国会展开创了一个可资借鉴的新路径。

三、甘肃会展业的发展情况

截至2017年，甘肃的会展行业集中分布指数仍然很低，全国平均值为9.74，而甘肃的会展分布值小于3.0③，离全国平均值还有很大差距。起步较晚是甘肃省会展经济发展的主要劣势，但目前发展势头良好，前景可期。

兰州的会展场馆主要有甘肃国际会展中心、甘肃省博物馆、兰州国际博

---

① 《国务院办公厅印发〈关于发挥品牌引领作用推动供需结构升级的意见〉》，新华社，2016年6月20日。
② 《首届中国进博会一年累计意向成交达578.3亿美元》，《新京报》2018年11月11日，第A11版。
③ 杨友宝、彭安琪：《基于行业分布的我国省域展览业结构分异特征及其优化路径》，《企业经济》2020年第1期。

览中心、兰州体育馆展览中心,甘肃省其他地市平均各有一个专业的会展场馆。以甘肃国际会展中心公布的数据为例,2019年举办了"2019兰州国际广告节""2019第十二届中国(兰州)国际珠宝展""第十二届甘肃农业博览会"等14个会展,平均每月举办1.17场。与此相比,同年北京中国国际展览中心(老馆)举办了88场会展,可以看到,甘肃国际会展中心的展出场次数量明显偏少,会展规模局限性和区域性更明显,展品种类较少,展馆利用率很低。这说明2019年甘肃的会展经济增速缓慢,主要以甘肃和西北展商参展为主;会展品牌影响力比较弱,缺乏典型的国际会展品牌入驻。这也反映出,甘肃的会展业刚刚起步,会展知名度较小,未来在品牌塑造、传播和内涵发掘、特色凝聚、媒体推介等方面还有很长的路要走。

第二节　敦煌文博会举办情况分析

敦煌文博会由文化和旅游部、国家广播电视总局、中国贸促会与甘肃省人民政府主办。这是我国政府目前举办的唯一一个以"一带一路"文化交流为主题的高端论坛和文化展示平台,是我国"一带一路"倡议有效落地的重要内容之一。自2016年以来,敦煌文博会已成功举办六届,但第五、第六届敦煌文博会受新冠疫情影响,组织形式以线上为主,参展企业和文化团体数量有限,其规模、影响力和文化魅力也受制于此。因此,本书主要分析前四届敦煌文博会。从前四届来看,敦煌文博会的规模和影响力在不断提升,也逐渐暴露了一些不容忽视的问题。

一、敦煌文博会的发展历程

自2016年首次举办以来,经过四年的发展,敦煌文博会的规模和影响力不断提升,每届都有不一样的主题、不一样的侧重点和不一样的成果。

1. 首届敦煌文博会:"中国风"与"国际范"兼收并蓄

首届敦煌文博会于2016年9月20日在敦煌召开。此届会展紧紧围绕"推动文化交流,共谋合作发展"这一主题,以"论、展、演"三项活动为主体,以商贸、主题论坛、文艺演出等分支活动为支撑，集中展示了各国丰富多彩的文化，体现出别具一格的"中国风"与"国际范"兼收并蓄的鲜明特点。根据丝绸之路（敦煌）国际文化博览会官方网站提供的数据，首届敦煌文博会共有 85 个国家、5 个国际和地区组织的 95 个代表团应邀出席；66 个外国机构，434 位国外宾客参加论坛、文化年展和文艺演出；国内 23 个代表团共计 1700 多位嘉宾参会；6 位外国政要、前政要出席了开幕式并发表演讲，23 个国家的文化部部长或代表出席了圆桌会议。首届会展讨论并通过了《敦煌宣言》。国务院时任副总理刘延东在敦煌文博会开幕式上宣读了习近平主席的贺信并在高峰会议上作主旨演讲，她在主旨演讲中指出："敦煌文博会是目前唯一的以'一带一路'国际文化交流为主题的综合性博览会，将为各国文化合作和人文交流搭建一个重要的平台，打造一个永不落幕的文化博览会，让文明交流互鉴成为各国人民友谊的桥梁，推动人类进步的动力，维护世界和平的纽带。"[1]

首届敦煌文博会参会人员阵容强大，中国国家主席发来贺信，足见敦煌文博会在"一带一路"倡议的大背景下，对于中国乃至世界的重要意义。据不完全统计，从 2016 年 9 月 20 日到 10 月 10 日，仅 21 天时间，参展人数逾 13 万。在文艺演出方面，被誉为中国经典舞剧的 2016 年版《丝路花雨》拉开了文艺演出的序幕，随后，法国、西班牙、阿根廷等国外舞蹈节目与《相约敦煌》《又见敦煌》等国内节目轮番登台。25 国艺术家、1400 多名中外演员、13 项演出，让文艺演出高潮迭起，令人目不暇接。文艺演出为敦煌文博会增添了文化内涵，对外传播了博大精深的丝路文化，同时也增进了沿线国家人民的情感。

习近平在贺信中指出：这次文博会以"推动文化交流，共谋合作发展"为主题，为丝绸之路沿线各国合作交流提供了一个重要平台。要坚持多样共存、互鉴共进、合作共享，加强文化交流，倡导文化平等，保护文化遗产，推动文化创新，加强文化合作，让人类创造的丰富多彩的文化造福更多民众，让世界更加美好。[2]可以说，这封贺信为敦煌文博会的发展指明了方向。此外，首届敦煌文博会还发表了《敦煌宣言》，多样文化交流互鉴与创新发展是敦煌文博会的核心诉求与使命。

首届敦煌文博会备受国内外权威媒体的关注。会展期间，《人民日报》、新华社、中央人民广播电台、中央电视台等中央媒体共刊播《习近平向首届

---

① 《首届丝绸之路（敦煌）国际文化博览会开幕》，中国新闻网，2016 年 9 月 20 日。
② 《首届丝绸之路国际文化博览会开幕　习近平致信祝贺》，央广网，2016 年 9 月 21 日。

丝绸之路国际文化博览会致贺信》《敦煌文博会：丝路文化穿越千年》《八千多件"丝绸之路"文化珍品亮相敦煌》《敦煌宣言打造沿线国家文化交流共识》等报道 380 多篇，其中，会展期间，中央电视台在"新闻联播"等重点栏目播出相关报道 9 条。新浪、搜狐、一点资讯等网站和客户端均开设了敦煌文博会专题，直播、转播了敦煌文博会开幕式等视频，积极报道文博会盛况，共刊发文博会相关报道 1500 多篇。在海外媒体的报道中，敦煌文博会新闻稿在亚太、北美和欧洲 20 个国家以 14 种不同语言同时发布，并在第一时间被海外 350 家主流媒体、门户网站及重点新闻信息服务商刊登转载。[①]据统计，国内外报刊、广播、电视等媒体共刊发、转载首届敦煌文博会相关报道 1.2 万篇（条），点击或阅读量超过 4 亿次，各类社交媒体也被敦煌文博会"刷屏"。国内外媒体对敦煌文博会的集中报道，是甘肃全方位呈现丰富的文化底蕴与改革开放新成就、新形象的新机遇和新窗口，也是世界了解中国西北、了解甘肃的新平台。这些报道为敦煌文博会走向国际化、塑造国际知名会展品牌奠定了扎实的基础。

2. 第二届敦煌文博会：增加"创、贸、游"三大主体活动

第二届敦煌文博会于 2017 年 9 月 20 日在敦煌召开，此次文博会以"加强战略对接，深化务实合作"为主题，共有 51 个国家、3 个国际地区组织的 582 位中外嘉宾及 2100 多名参展商、知名企业代表、演职人员受邀参加。大会设立了高级别论坛和 4 个分论坛。

第二届会展在首届"论、展、演"的基础之上又增加了"创、贸、游"三大主体活动，为文博会注入了新内容、新元素和新形式，丰富了文博会的内涵。所谓"创"即"创意"，"贸"即"经贸"，"游"即"旅游"。代表性的活动有 "文化旅游宣传推介、对接洽谈及签约""丝绸之路国际文化产业合作推介会""文化艺术品与收藏品拍卖会"等。可见，第二届敦煌文博会在重视文化交流与合作的基础上，开始开发敦煌文博会平台的经济价值，重视会展平台对旅游产业的开发与带动作用。统计结果显示，第二届敦煌文博会共开展旅游景点与产品发布活动 124 场（次），重点推介旅游产业开发项目 362 个，达成意向性投资 300 多亿元，会展现场销售文旅产品 823 万元。[②]

第二届敦煌文博会突出创意产业，以"四板块、一活动"为主要内容设计文化创意展，设立了"意会丝路·中外美术精品""印象丝路·中外文化

---

① 尹永生：《"一带一路"广电融入发展新图景》，《发展》2017 年第 8 期。
② 《壮丽 70 年·奋斗新时代》，《甘肃日报》2019 年 9 月 30 日，第 7 版。

精品""创意丝路·中外创意设计精品""游历丝路·中外旅游产品荟萃"
四大板块。其中，"意会丝路"板块由对话大师、敦煌故事、版画丝路、朝
圣敦煌、丝路虹霓等8个展区组成；"印象丝路"包括唐蕃古道、大国巨匠、
记忆之门、丝路印记、丝路之邮等6个展区；"创意丝路"融入博物馆文创开发、
艺术品创意衍生、手工技艺展演、动漫设计及游戏体验等4个展区；"游历
丝路"板块则是对中外旅游产品的一次荟萃呈现。同时会展以"加强战略对
接，深化务实合作"为主题，举办高端主题文化论坛，云集海内外专家学者，
共同探讨数字时代文化年展、文化演出、文化贸易、文化创意、文化旅游等
问题。

"四板块、一活动"活动以《丝路花雨》开场，以《大梦敦煌》收尾，
充分运用虚拟技术和人工智能技术，将丝路文化经典与可视化的媒介呈现技
术有机结合，酣畅淋漓地展示了深厚的敦煌文化积淀和璀璨的丝路文明成就，
既展示了前沿时尚的 AR、VR 文化产品，又开设了传统文化手工作坊的参与
式体验项目。通过地域文化展，将文化创意和文化旅游融合起来，探索融合
媒介时代丝路文化在文化创意和旅游方面应用的新模式与新形态，为"敦煌
文博会"品牌塑造与传播增加了科技新力量，融会了数字新元素。

据中国网报道，"先后有 42 家媒体、130 多名记者参与了本届文博会的
报道工作。截至 9 月 21 日，中央及省属各级各类媒体累计刊发文博会各类报
道 9000 余篇（条）"[1]。如果说首届敦煌文博会为品牌明确了凸显丝路文化
的基本定位，那么第二届敦煌文博会则为品牌注入了文化应用的新内涵。当然，
由于第二届敦煌文博会是我国探索文化交流与文化产业开发的新尝试，所以，
第二届敦煌文博会虽然做了大量实践和探索，但在文化产业开发方面，无论
在顶层设计、主题凝聚、文化赋能上，还是在文创产品推介的广度和深度上，
仍然存在许多不足。

3. 第三届敦煌文博会：融入科技元素，突出"智慧文博"理念

第三届敦煌文博会于 2018 年 9 月 27 日在敦煌召开，以"展现丝路风采，
促进人文交流，让世界更加和谐美好"为主题，聚焦论坛会议、文化展览、
文艺演出、文创发布四个方面，进一步突出敦煌文博会的人文属性。在论坛
会议方面，以"互鉴共进、和谐共生、增进构建人类命运共同体的文化认同"
为主题，举办高峰论坛。论坛围绕文化和旅游、丝路文物保护、沿线国家文
化产业发展等"一带一路"建设重大课题展开。在文化展览方面，聚焦文化

---

[1]《第二届敦煌文博会成果发布 六大主体活动》，中国网，2017 年 9 月 22 日。

交流互鉴，突出"博""创"两个重点，创建"艺术博览馆"和"文化创意馆"。每日甘肃网评论认为这届敦煌文博会的"艺术博览馆"几乎囊括了丝绸之路从古至今的所有艺术精品，"文化创意馆"展示了近年来优秀的文创作品。[①]文化展览进一步凸显敦煌文博会全方位涵盖丝路文化的品牌形象，同时通过科技深度融入让用户更好地体验丝路文化。在文艺演出方面，以《丝路花雨》领衔，以《大梦敦煌》压轴，从9月18日文博会开幕前一直延续到9月28日，先后演出文艺作品13种。特别是《绝色敦煌之夜》以设计、音乐、演唱、表演等多种艺术形式的融通，集中展示了敦煌文化的魅力，《敦煌》芭蕾舞剧以舞台艺术生动形象地彰显了千年丝路文明。总的来看，文博会的系列文艺演出弘扬了中国文化，体现了国际水准，彰显了甘肃形象。在文创产品展示方面，敦煌文博会集中展示并向国内外推广优秀的文创产品，生动形象地展示了我国文化建设和发展的新成就，有助于扩大品牌影响力，为品牌提供源源不断的原创力，持续增加品牌的丝路文化魅力。

第三届敦煌文博会相较于前两届，最大的亮点在于引入科技元素，突出"智慧文博"。在展览内容上增加了"互联网领域"展区，主要包括"解码敦煌——互联网＋丝路文化探秘展"和"'一带一路'大数据创新成果展"两大内容。其中"解码敦煌——互联网＋丝路文化探秘展"侧重于观众的体验感，通过实体游戏、VR互动展示、体感互动等方式，让观众近距离感受敦煌艺术的魅力；而"'一带一路'大数据创新成果展"则主要以大数据、云计算、互联网等领域的创新产品、技术应用、典型案例为主要内容，展示在"一带一路"和"大数据"叠加战略机遇下，大数据驱动国际产能合作，撬动数字经济发展服务丝绸之路经济带建设的成功经验。[②]

其实，这种新科技体现在敦煌文博会的方方面面：如会展组织方推出的"智慧文博平台"覆盖了会议组织全流程业务，从嘉宾注册、会务提醒、峰会动态、会场导航、同声传译、一键呼叫、旅游服务、落地接待等核心服务，到展品推荐、车辆预约、展览注册、展商管理、VR观展、观展引导、网上展厅等智慧展务服务内容，会展充分借助科技力量，确保会期服务可控、数据在控、沟通畅通、信息共享。同时利用丝绸之路（敦煌）国际文化博览会官网、官方手机应用程序、微信、微博等渠道，形成线上文博推广平台，提升文博会会务服务、展务服务、

---

① 《7000余件展品亮相第三届敦煌文博会 多彩展览全方位展示丝路文化魅力》，每日甘肃网，2018年9月20日。

② 《第三届丝绸之路（敦煌）国际文化博览会》，敦煌文博会官网，2019年2月12日。

综合指挥调度的智慧化水平。① 在第三届文博会上，16 位智能帮手——机器人"小 V"开展的人脸识别、AI 咨询服务、品牌宣传、智能导览等服务也让参展嘉宾眼前一亮。科技元素的加入不仅让敦煌文博会组织工作更加快捷高效，而且进一步凸显文博会的科技化、高端化、人性化服务质量，增加了敦煌文博会的展示度和吸引力。

敦煌文博会在各方的精心培育下，规模越来越大，会展现代化、精细化、专业化、科技化特点日趋凸显，在国内外的影响力不断提升。阿富汗《每日瞭望报》、意大利《晚邮报》、斐济《太阳报》、土耳其《国土报》等国外媒体在报道中给予敦煌文博会高度评价。阿富汗《每日瞭望报》专栏作家、记者萨义德·胡贾图拉·齐亚在接受《甘肃日报》记者采访时表示很荣幸能够采访此次文博会，也非常开心能够听到阿富汗第二副总统穆罕默德·萨瓦尔·丹尼什在文博会开幕式上致辞，甘肃省和阿富汗的巴米扬省是友好省份，"这是两个都具有深厚历史文化积淀的省份，希望借助这次文博会推动两省乃至两国人民与组织之间更多的交流"② 。外国记者对敦煌文博会的称赞和肯定，为文博会开展品牌内涵建设和对外传播奠定了基础。同时，第三届敦煌文博会塑造了丝路文化"博""专"结合的品牌形象，将古老的丝路文化与传播新技术紧密结合，将创新科技成果充分应用于创意产品呈现与互动传播上，使敦煌文博会在深化文化、科技、创意内涵，提升品牌影响力，助推品牌国际化等方面迈出了开创性的一步。

4. 第四届敦煌文博会：首次实现"文化"与"旅游"深度融合

第四届敦煌文博会于 2019 年 7 月 30 日至 9 月 5 日举办。第四届敦煌文博会与第九届敦煌行·丝绸之路国际旅游节有机融合，以"文旅繁荣丝路，美丽战胜贫困"为主题，在"论、展、演、游、贸、创"六个方面共举办了 23 项主题活动。在具有浓郁少数民族特色的九色甘南举办的敦煌文博会开幕式，使敦煌文博会走出敦煌，在更广阔的舞台上拓展影响，探索了双城联办的新思路。

甘南藏族自治州文化类型多样、特色鲜明、资源丰富、积淀深厚，风景优美宜人，民族特色浓郁，但是基础条件差、经济发展水平低，一直都是全国脱贫攻坚的难点与重点。"需要让文化和旅游这个幸福的事业、美丽的产

---

① 《16 台"智能机器人"全新上线服务敦煌文博会》，中国甘肃网，2018 年 9 月 17 日。
② 卢伟山：《外媒记者眼中的敦煌文博会》，《甘肃日报》2018 年 9 月 28 日，第 3 版。

业为消除贫困赋能，为群众增收导流，让绿水青山变成金山银山。"[①]第四届敦煌文博会选择在甘南藏族自治州合作市举办开幕式，突出文化与旅游的深度融合，向国内外推介甘肃"全域旅游""交响丝路·如意甘肃"新形象。

　　第四届会展在"一会一节"安排上，除了坚持以往的文化交流和合作，更加突出了对甘肃旅游产业的推介（见表2-1）。在"一会一节"开幕式期间，"三区三州"文艺展演、九色香巴拉文艺演出暨"百、千、万"游"三区三州"活动启动仪式、丝绸之路旅游商品展及民族特色美食节等特色系列活动，有助于远道而来的嘉宾深入了解甘南的民族文化。

表2-1　第四届敦煌文博会开幕式及"一会一节"活动安排统计表

时　间	活动内容
7月29日15：00—18：00	领导会见
7月29日18：30—19：30	欢迎晚宴
7月29日20：00—21：00	"三区三州"文艺展演
7月29日21：30—23：00	民族团结文化活动
7月30日9：00—12：00	"一会一节"开幕式及九色香巴拉文艺演出
7月30日15：00—17：00	美丽战胜贫困工作论坛
7月30日15：00—17：00	推进智慧广电建设高峰论坛
7月30日15：00—17：00	2019丝路文化旅游产业投资合作论坛
7月29日—8月2日	丝绸之路旅游商品展
7月29日—8月2日	民族特色美食节
7月30日—8月3日	境内外"双百"旅行商考察踩线

注：根据第四届丝绸之路（敦煌）国际文化博览会和第九届敦煌行·丝绸之路国际旅游节活动指南整理。

　　第四届敦煌文博会由于和"一会一节"联合举办，因此在甘肃各市州也举办了30多场分项活动，通过甘肃全域文化活动联动，大大提升了品牌知名度。同时各个市州地共同参与，摆脱了敦煌文博会只属于敦煌的狭隘认知，有效调动了各地文化资源和力量。敦煌文博会不仅是一个区域性的文化盛会，更承担着我国与丝路沿线国家开展文化交流的重大使命，所以，敦煌文博会

---

① 《向全世界发出邀约的"一会一节"为何在甘南举行？》，兰州新闻网，2019年7月3日。

会展设计与品牌建设必须与国家政策、西部区域经济社会发展及文化资源整合相结合，通过敦煌文博会塑造西部会展业知名品牌，带动西部文化旅游，推动民族经济社会繁荣，传播丝路文化。

此外，第四届敦煌文博会继续深入探索丝路文化在文创产品中的应用，首次将敦煌国际设计周纳入其中，让文创产品不再是躺在桌子上的静态物品，等待参观者解读，而是让文创产品"活"起来。例如，通过主持人解读或作者讲述文创产品背后的故事，虚拟技术再现历史事实，模特、舞蹈演员用身体语言诠释西部人文和神话传说。可以说，敦煌文博会为"敦煌国际设计周"提供更具历史纵深的展示平台，"敦煌国际设计周"则为"敦煌文博会"品牌增加了新鲜的血液和国际视野，以系列精品活动彰显品牌原创力、扩大品牌知名度、增加品牌美誉度。

但是，相较于前三届敦煌文博会，第四届敦煌文博会的宣传力度不够，导致会展规模相对较小，开幕式期间嘉宾总人数控制在 800 人以内，并且嘉宾层级较低，也存在展位空缺、参展商参会积极性低等问题。笔者在田野调查中发现，敦煌市民普遍认为第四届敦煌文博会的宣传力度比前三届低，并且市民对此届文博会的关注度也低，甚至有很多市民都不知道此届文博会开幕的具体时间。一个国际知名品牌的塑造要抓住核心，持久发力，敦煌文博会宣传力度不稳定不利于品牌塑造推广和甘肃地域形象的再造。另外，第四届敦煌文博会虽然创新性开发出"敦煌国际设计周"这一活动，但囿于经验不足和高新科技介入乏力，以及设计规划没有聚焦地域文化符号，这一创新没有达到预期的效果，反而在主题驳杂的产品设计与推广中稀释了敦煌文博会的品牌内涵。

综上，敦煌文博会从第一届"论、展、演"三项活动为主导，到第二届扩展为"论、展、演、创、贸、游"六项活动主导，到第三届敦煌文博会与民族地区"文旅带动脱贫奔小康"时代主题相得益彰，再到第四届将敦煌文博会与旅游节深度结合，开展甘肃"全域旅游"推介，活动内容越来越丰富，会展形式越来越多样，呈现形式越来越现代化，会展影响越来越广泛，辐射带动效应越来越突出，文化内涵越来越鲜明。四届敦煌文博会累计接待国内外游客 5174 万人，实现旅游综合收入 405.6 亿元，可以说，有力地再造了甘肃地域形象。"'交响丝路·如意甘肃'文化旅游品牌影响力和知名度进一步增强，全省达到了'文旅繁荣丝路、美丽战胜贫困'的预期目标"①。

---

① 侯佩文：《"一会一节"在甘肃敦煌盛大闭幕》，澎湃新闻，2019 年 8 月 31 日。

二、敦煌文博会举办的频度与主题场馆联动分析

1. 举办频度与主题

敦煌文博会自 2016 年起每年举办一次，并将甘肃省敦煌市设置为文博会永久举办地。敦煌文博会按照双数年为大年、单数年为小年的标准举办，每逢双数年展出规模较大，单数年展出规模较小。

在前四届敦煌文博会的举办主题（见表 2-2）中，"丝路"出现两次，"交流"出现两次，"合作"出现两次。经对比和访谈可见，前三届敦煌文博会的办会主题主要围绕"一带一路"沿线国家的文化交流和合作发展。第四届敦煌文博会与"丝绸之路国际旅游节"合并后，敦煌文博会的"一会一节"经济带动作用逐渐增强。在 2018 年中国会展奖产业金手指奖年度评选活动中，敦煌文博会荣获"十大政府主导型会展"。当然，作为一种政府主导推动的高端会展，相比其他纯商业会展，敦煌文博会更多地承载着丝路文化呈现推广与交流合作的政治使命，因而在敦煌文博会开幕式论坛部分，每届会展都会设置特定主题，如"美丽战胜贫困工作论坛""金融助力文化旅游产业发展论坛"等。这种设计确实凸显了甘肃各级政府目前的核心工作，但也在一定程度干扰了文博会品牌的主要诉求。第三届和第四届敦煌文博会闭幕式期间，笔者在敦煌市进行实地调查时发现，在通往会场的道路两侧贴有敦煌文博会的宣传广告，广告上印有"文旅繁荣丝路，美丽战胜贫困"的字样。但我们对两届敦煌文博会主题的群众认知度调查显示，宣传效果并不理想，大部分市民群众并不了解办会主题，甚至一些参与组织的政府官员对第四届敦煌文博会主题认知也比较模糊。

表 2-2 历届敦煌文博会主题

届 次	主 题
第一届	推动文化交流，共谋合作发展
第二届	加强战略对接，深化务实合作
第三届	展现丝路风采，促进人文交流，让世界更加和谐美好
第四届	文旅繁荣丝路，美丽战胜贫困

2. 会馆选址

前三届敦煌文博会的开幕式、闭幕式均在敦煌市。敦煌市为举办敦煌文

博会专门修建了敦煌国际会展中心，场馆选址在鸣沙山背面，占地 30000 平方米，距市区 6 公里左右。敦煌国际会展中心在建设上将汉唐建筑的经典风格与现代建筑的文化元素融为一体，既有敦煌古建筑中的覆斗式藻井、斗拱结构和飞天文化中的祥云图案，又在墙面加上丝绸米黄石、地面加上海洋米黄石，象征着传统古典文化与现代多元文化在"丝绸之路"上的交汇与融合。敦煌国际会展中心工作人员介绍："甘肃是我国的几何中心，敦煌是古代丝绸之路上重要的一环，也是文明交汇相融的地方。因此在设计敦煌国际会展中心时，我们不仅融入了汉唐的元素，还将伊斯兰、印度、欧洲的一些典型的文明融入了进去，这样可以体现我国文化的包容性，也可以体现我国'一带一路'建设中的文化包容、多元共存、互鉴共享特色。"（访谈编号 GZ01）敦煌国际会展中心场馆的外观是沙黄色的，从北面看过去，与远处的鸣沙山交相辉映，宏大严整。

除了外观设计上的精心规划，场馆在容量上也有前瞻性的考虑。敦煌国际会展中心主场馆可容纳 1500 人。另外，敦煌文博会在会议系统方面进行了特别设计，主场馆配备了多语种同声传译系统，确保国内外嘉宾在敦煌文博会期间顺畅交流。

第四届敦煌文博会会展布展的主场馆分为 ABC 三个馆。

A 馆是会议主题馆，除主办单位邀请的嘉宾之外，其他群体不能进入参观。

B 馆为公益展馆，陈列了丝路文化相关的书画展、摄影展、地区特色展等，展厅分布在上下两层。场馆设计师表示："今年 B 馆的主色调将草原、黄河，还有甘肃十四个州市的特色都融入进去了，这种变化是由于本届会展的主题以'三区三州'扶贫为主，不同的场馆都融入了各市州不同的特色，比如酒泉市就以航天和飞天文化为主，把航天摇篮和飞天故乡的故事串到一起。其实没有给参展商留更多的发挥空间，这主要是怕参展商太杂影响了本届会展主题的传播效果。今年展馆周边的装饰颜色就比较淡，用的是敦煌文化的花纹。"（访谈编号 GS01）设计师在会展设计当中融入了第四届敦煌文博会的"扶贫"主题设计。会展的类型包括"到世界找敦煌——敦煌流散海外精品文物复制展""一眼看世界——丝绸之路历代珍藏钱币展""文化旅游创意创新产品展""中国国家画院画展"等。尤其还根据"文旅繁荣丝路，美丽战胜贫困"的主题布置了"通渭书画展"，帮助贫困县通渭县发扬通渭文化，助推通渭县政府文化脱贫工作。笔者在调查中看到，在第四届会展期间，B 展馆在设计细节上非常用心，整体风格与扶贫主题贴合度很高。但场馆现场文字介绍和说明不充分，布展设计中的艺术美感过于抽象，没有对会展主题场馆和各个分场馆进行有针对性的说明，导致参展者、游客很难体会会场布置的深层次含义。这也从另一个层面说明，由于主办方是政府机构，所以会展所营造的商业氛围不够，缺乏对会展现实或潜在经济效益的深入谋划。如果会展没有给参与各方留下系统的主题认知、鲜明的符号记忆和特色文化触动，就会造成会展主题诉求与受众认知的脱节，这很不利于"敦煌文博会"品牌的塑造与传播。

C 馆的展出大部分为商业展。其中一层由私人参展商构成，需交付场馆费；二层由甘肃省所属市州的特色展馆构成。"C 馆大部分是早几年建好的，今年没有很大的变动。"（访谈编号 GS02）

三、敦煌文博会展商与游客数量情况分析

1. 参展者类型与数量

敦煌文博会的参展者大致分为三种：第一种是举办方邀请的公益参展方，主要以 B 馆的参展方为主；第二种是甘肃省所辖 14 个地级市（包括自治州）参展者，馆内主要陈列本市（州）的特色文创产品；第三种是通过"一会一节"官网报名，交场馆费后进行文创产品销售的私营企业。

从前三届参展的展区数量、参展作品量和展出面积等数据来看，敦煌文博会确实存在双数年（单数届）会展规模大、参展作品多，单数年（双数届）会展规模小、参展作品少的状况。（见表 2-3）敦煌文博会的官方认定是国际性的文化博览会，但实际上经 UFI 认证才能成为严格意义上的国际性会展，认证条件包括境外参展商的比例必须高于参展商总数的 20%、境外参展商展出面积达到总展出面积的 20% 以上、外籍游客数量达到总游客数量的 4% 以上、会场宣传材料尽可能广泛地使用外文、禁止现场销售展品或者现场买卖，并且会展期间不允许进行任何非商业性活动。因此，敦煌文博会在严格意义上还处于国际性会展的培育阶段。而同类型的中国（大连）国际服装纺织品博览会、中国（深圳）国际文化产业博览交易会、中国义乌国际小商品（标准）博览会等都已取得 UFI 认证。UFI 认证的缺失会导致敦煌文博会对参展商的吸引力降低，这可能是前三届敦煌文博会虽然展出面积有所增加，但展出的作品数量总体呈下降趋势的原因，也表明刚刚起步的敦煌文博会尚未达到 UFI 的认证标准。

表 2-3　敦煌文博会展商相关信息汇总表

举办届次	参展商数量	展区数量/个	参展作品数量/件	展出面积/平方米
第一届	2100 名	33	8500	15760
第二届	2100 名	20	3500	13000
第三届	85 家企业	32	7000	28000

文博会安保方面的工作人员表示，第四届"敦煌文博会"的规模相对较小，参展商人数也比较少："今年闭幕式没有境外的参展商过来，记者等比较多，有一百多人吧，也有境外媒体的记者。今年比去年规模要小一些，往年境外的参展商还是很多的，安保方面下了很大功夫。今年要好一些，基本就是维持正常的秩序。"（访谈编号 GZ02）

课题组对第四届敦煌文博会三种不同类型的参展者进行了问卷调查和深度访谈，其中第一类型纯公益的展览，主要访谈了通渭书画展的负责人。据悉，举办方邀请通渭书画协会来弘扬通渭文化，会展期间，所展作品仅供观赏，概不出售。通渭县属甘肃省定西市，是甘肃省深度贫困县，但同时通渭县又素有"中国书画之乡"的美称，通渭县已成功举办八届"通渭书画文化艺术节"，书画资源丰富，且在中国书画界已经形成品牌效应。通渭书画协会的工作人员称："其实文博会也是对我们的一个宣传，我们也希望有更多人能够关注到我们的文化。"（访谈编号 GZ04）定西市文旅局的工作人员介绍："今年我们定西差不多有 80 幅书法作品参展，以楷书为主，我们比较推崇正统的国粹。"（访谈编号 GZ05）据 2018 年通渭县政府经济规划报告，通渭县通过书法文化推行"1431 书画文化扶贫"工程，吸纳 1200 人就业，完成了农村困难户的增收。2016 年通渭县文化产业增值 1.15 亿元，同比增长 15.3%。[①]这只是甘肃地域丰厚文化的一个侧面，从敦煌莫高窟文化、酒泉飞天文化，到嘉峪关大漠文化、通渭县书画文化，用"美丽战胜贫困"作为第四届敦煌文博会的主题，以会展带动地方经济社会全面发展，体现了敦煌文博会与地域发展中心工作紧密结合，这也是 B 馆布展的核心主题。

第二种参展者是 C 馆二楼各地市特色的展馆。这一类展馆大都陈列了各地市特色文化产品，可出售，亦可观赏。展馆布展工艺精美，主题鲜明，类型多样。如白银展馆的工作人员表示："白银馆的设计以枸杞为基调，主要就是想向大家推介白银的地理位置、旅游环境，让大家知道白银都有什么。"

① 《通渭县县域经济发展规划（2018—2025 年）》，通渭县官网，2018 年 12 月 17 日。

这里准备了一些手绘地图、游记，还有一些小礼品，都是宣传资料，都是送给游客的，希望大家来白银旅游。场馆是去年建好的，去年运来了大量枸杞，但展销情况不是太好。今年游客比去年少很多，而且游客基本都不会在会展现场买枸杞。许多游客通过我们展馆才了解到白银这个城市有什么，这样才有机会到白银去旅游。你也看到了，今年白银展区这边来的游客少得很。"（访谈编号 GZ06）据悉，政府要求各地市都要在敦煌文博会的特定展区布展，布展场地由各地市出钱设计，目的是吸引旅游、推介自己，游客除了解甘肃各地市发展情况和特色文化之外，还可能在社交平台发布区域特色信息，形成自发性、多元化的传播。

与其他地市相比，嘉峪关市是古丝绸之路上的重镇和枢纽，是《丝路山水图》的东起点。第四届敦煌文博会嘉峪关展馆就是根据《丝路山水图》设计的。嘉峪关展馆的工作人员称："嘉峪关跟法国的纬度相同，而且日照时间更长，我们当地种植的葡萄品质是比较好的，嘉峪关的葡萄产业发展较快，也形成了特色和口碑。所以，这一次会展，我们就把紫萱葡萄酒放在了展馆的核心区域，同时整个场馆的布局主要是为了宣传紫萱葡萄酒和方特娱乐城。我们的文创产品也卖啊！但是按照主办方的要求，主要是展示。当然，敦煌文博会对嘉峪关市旅游品牌塑造是有帮助的，但是带动效应不太明显。因为'一会一节'圈子太小了，安保又特别严，许多游客和当地市民都进不来嘛，辛苦做了这么多，给谁看？这一点上敦煌文博会就不如深圳和厦门的文博会做得好。"（访谈编号 GZ07）

调查中，课题组了解到，嘉峪关展馆展示的文创产品有的是找文创公司设计的，有的是嘉峪关市文化馆创作的。实际上，嘉峪关市的交通非常便利，经停的动车有二十多班次，飞机航线有十几条，是甘肃省内仅次于兰州市的交通枢纽。而嘉峪关市作为古丝绸之路重镇，文化积淀非常深厚，但由于文化开发理念落后、手段单一、宣传乏力、文化市场发育迟滞等多种因素影响，嘉峪关市文化产业开发没有很好地将丰富的文化资源变成现实生产力。因此，他们非常希望借助敦煌文博会这一平台有效提升嘉峪关的品牌影响力。从四届敦煌文博会参展效果来看，要达到这一点，嘉峪关市仍有大量的基础性短板需要着力弥补。嘉峪关展馆的现状和面临的问题是敦煌文博会各地市展馆的一个典型缩影。

第三种参展者是私营企业。私营企业带着产品来到敦煌文博会，希望在会展上销售产品或达成合作意向。这类参展者主要集中在 C 馆一楼。连续参加了四届敦煌文博会的某茶点企业人员表示："今年的客流量非常小，大家都知道是小年，扣掉场馆费、运输费和人力，不赔本就不错了。往年，尤其是第一年的收益还是很可观的。"（访谈编号 ZS01）课题组在茶叶等特色产品展销区看到，两个多小时里，这个区域游客量很小，且大部分都是简单地瞥一眼，很少有人深入了解或购买。

敦煌文博会的参与者较为集中，主要可分为官方邀请的与会嘉宾、本市居民和外地游客三类。根据调查显示，在敦煌文博会参会游客中，79.6% 的游客是省内居民，只有 20.4% 的游客来自外省。一位参观书画展的游客表示："文博会嘛，还是北京上海做得好，深圳那个做得也不错，上博会感觉更好一些。昨天我们想来看演出，都不让我们进来，气得我们都想给省长打电话，办节会，还不让群众看。今年来参观的人很少，大家的参与度不够。"（访谈编号 DZ05）

敦煌文博会参展商和游客数量偏少，主要有以下四个方面的原因。

（1）安保严格，本区域游客参与度低。敦煌文博会开幕式实行严格的安保措施，普通展商和游客不能进入开幕式现场。在闭幕式期间，普通群众允许进入敦煌国际会展中心区域，但周围实行严格的交通管制。闭幕式结束后，会展还会持续大约一周时间。这段时间里，游客和当地居民都可以进入敦煌国际会展中心，但同样需要经过严格的安检，食品和饮用水都不得带入会馆。游客表示："9月的敦煌还很热，虽然会馆内有空调，但是 B 馆和 C 馆需要打着伞走过去，不让带水这个规定有点不合情理。"（访谈编号 DZ002）实际上，会展中心 B 馆的展品中有字画，有颜色的饮品若不慎洒出可能会破坏展品，食物会导致会馆内有气味，所以食品和饮用水禁止带入展馆。但展馆内有赞助商出售饮用水，可现场购买并饮用。这些措施确实提高了会展的安全性，但给展商和游客造成了极大不便，也影响了会展的氛围和效果。游客参展满意度不高，这种抱怨又会通过手机等多媒体渠道或口碑传播迅速扩散，极大损害了会展的声誉。

（2）会展宣传不到位。敦煌市本身就是一个大的文化 IP。2016 年、2017 年、2018 年这三年的 9 月，仅鸣沙山月牙泉景区的游客参观人数就分别达到 19.7 万、25.6 万和 29.8 万人，每年 9 月份到达敦煌市的游客人数会突破 50 万人。在文博会期间，课题组在这些游客中展开了随机访谈，访谈结果是，大部分游客都不知道敦煌文博会："没有听说过敦煌文博会，现在正在举办中吗？在哪里？现在我们的行程已经安排满了，如果早点知道的话可能会去看一下。"（访谈编号 DY04）有些游客在路边的广告牌上看到了文博会相关信息，但是他们既不了解会展内容，也不清楚前往会馆的途径。莫高窟和鸣沙山月牙泉景区也没有相应的宣传牌告知游客会展信息。对于这些游客来说，敦煌文博会似乎是另外一个世界的事，他们既不知道，也与他们无关。所以每年会展期间，一方面，敦煌市游客如潮，酒店客满为患，另一方面，敦煌国际会展中心门庭冷落，展位冷冷清清。2019 年 8 月，习近平总书记前往甘肃考察，也前往敦煌，强调文化自信。但通渭书画展的工作人员称："今年的规模好像没有往届大，第一届是最大的。今年习近平总书记刚来过甘肃，这么大一个免费广告没有利用好。"（访谈编号 GZ04）敦煌文博会宣传滞后问题非常突出，许多展出活动变成了主办方的自娱自乐。

（3）会馆远离市区，交通不便利。敦煌国际会展中心距敦煌市中心 6 公里，选址比较偏僻，且交通组织效率较低。在敦煌文博会期间，每天只有一条公交车线路，每小时一班接送游客。一位正在展馆参观的青海游客表示："我们完全不知道敦煌文博会呀。我们从鸣沙山路过这里看这建筑很特别，就想顺路过来看看，没想到这里有这么大的会展。其实 C 馆的文创产品价格不是很贵，来旅游的人可以买一点带回去，问题是很多人根本不知道，我们运气好，今天来，碰巧到这里啦。"（访谈编号 DY01）敦煌国际会展中心距莫高窟景区 9.7 公里，距鸣沙山月牙泉景区 20 公里左右。会展期间并没有开设相应的公交车线路或专线班车，因为去会展中心游客较少，加之交通管制，许多出租车、私家车也不愿意前往。

（4）展馆开放的时间不合理。闭幕式期间，敦煌文博会展馆的开放时间是早上 9 点至下午 5 点，但敦煌地处西北，属温带干旱性气候，日照时间长，9 月份，这个时间段正是一天里最热的时候，而且这个时段正好与敦煌市机关学校等单位上班时间吻合。同时，敦煌文博会对大众开放的时间很短，只有一个星期，且交通不便，场馆周围也没有遮阳避暑设施，展馆游客数量较少是可想而知的事。对此，一位市民表示："市政府鼓励市民发展业余产业，但是文博会开放时间太不合理，我们下班了根本来不及过来嘛。"（访谈编号 GD05）

另外，敦煌市的道路两侧均可见敦煌文博会的主题标语和广告宣传，但场馆地址无明显的指示，也没有导流图或示意图。主办方主动传递会展信息的积极性、主动性不够，市民的力量没有得到充分调动，所以，除官方邀请的参展嘉宾外，游客、市民对参加文博会的兴致并不高。

综上，敦煌文博会主办方会通过每届的主题来组织布展，场馆的设计和建设很用心，但由于敦煌文博会的政府主导性质，会展主办方更侧重于敦煌文博会的主题论坛，没有品牌意识，宣传力度明显不够，导致会展对当地经济拉动效应不明显、会展营销策略比较保守、参展的企业和组织人员数量呈逐年下降态势、参展者预期效果不明显，敦煌文博会逐渐陷入政府"独唱"的尴尬状态。这一点需要引发更多思考和关注。

2. 敦煌文博会期间客流量变化分析

敦煌文博会作为政府主导的会展，承担着更多政治意义。2016 年 3 月 27 日，敦煌文博会专家顾问团第一次专题会议在兰州召开，于丹称敦煌文博会是世界通过丝绸之路理解中国的一把钥匙；欧阳坚指出，敦煌文博会是"一带一路"沿线国家和地区唯一以文化为主题的国家级交流平台。敦煌是中国的，也是世界的。那么敦煌文博会的拉动效应究竟如何？是否起到了推广甘肃地域文化的作用？是否提升了甘肃的地域形象？以下从敦煌文博会举办期间敦煌市客流量变化情况来加以说明。

从调查数据来看，2012—2018 年，鸣沙山月牙泉景区游客增长率分别为 1.49%、6.87%、50.73%、16.33%、32.22%、13.49%。鸣沙山月牙泉景区游客增长率最高峰出现在 2015 年，同比增长达到 50.73%。但出乎人们预期的是，在 2016 年首届敦煌文博会期间，这个景区的游客增长下滑至 16.33%，可以看出，虽然从游客绝对数量来看，鸣沙山月牙泉景区的游客数量从 2014 年到 2018 年连续快速增长，并在 2018 年达到游客绝对数量的峰值（见图 2-1），但从游客年增长率来判断，鸣沙山月牙泉景区的游客数量并没有在敦煌文博会期间出现"井喷"式增加。当然，由于国内旅游市场周期性变化因素和相关景区旅游旺季高峰限流机制的影响，这个数值不能完全说明问题。那么我们以 2015 年为对比数据，再从鸣沙山月牙泉景区提供的敦煌文博会举办当月游客数量的变化数据来分析一下。（见图 2-2）

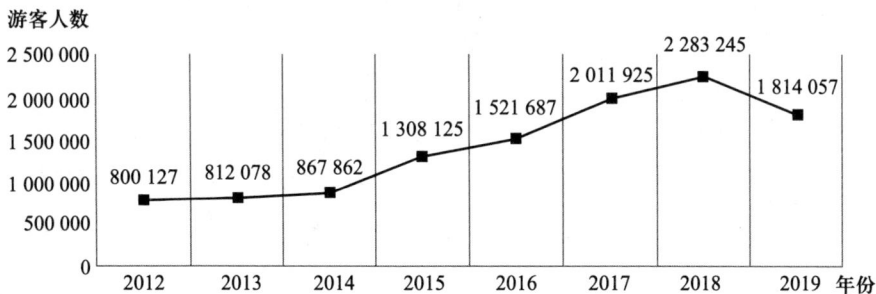

图 2-1 鸣沙山月牙泉景区游客人数年示意图[1]

① 数据来源：鸣沙山月牙泉景区管理委员会（截至 2019 年 8 月）。

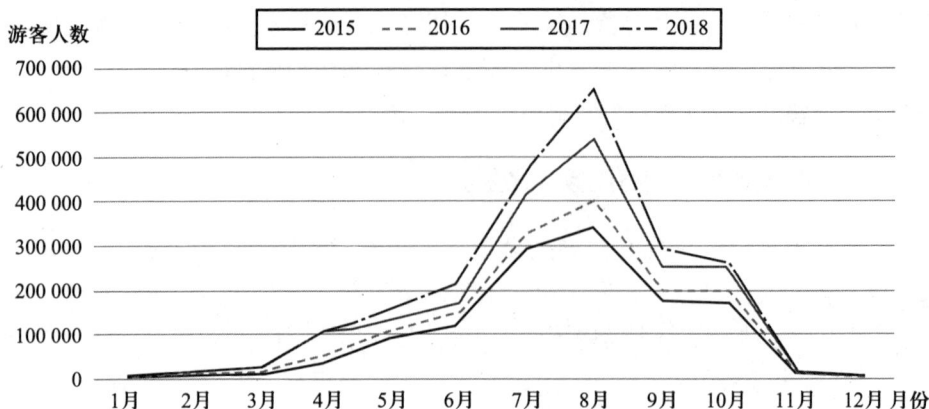

图 2-2 2015—2018 年鸣沙山月牙泉游客人数月变化对比图[1]

　　鸣沙山月牙泉景区的游客高峰期是每年 7—9 月，8 月份游客人数最多。前三届敦煌文博会均为 9 月底开幕，持续到 10 月份，举办时间避开了游客人数的最高峰时期，但 9—10 月仍是敦煌旅游较为适宜的时段。从图 2-2 中可以看到，2015 年鸣沙山月牙泉景区 8 月份的游客量仅比 9 月份多一倍，并且 9 月份的游客量只是略大于 10 月份。以此数据为参照，我们看到，2016 年、2017 年两届敦煌文博会举办期间，9 月份鸣沙山月牙泉景区游客人数下降速度比较明显，并且 9 月份与 10 月份的游客人数变化不大。针对这种现象，当地的出租车司机表示："举办敦煌文博会的时候，游客人数感觉上反而少了。办会的时候对游客有限制，文博会结束之后才会放开，对老百姓也有限制。但是从去年（2018 年）开始这种现象就好多了，今年就更松了。敦煌文博会的现场我们是进不去的，但是经常送游客去看《丝路花雨》《敦煌盛典》《又见敦煌》这种舞台剧。"（访谈编号 DY03）

　　对于前几届安保较为严格，给居民带来一些不便等问题，敦煌文博会的安保人员解释说："前几届敦煌文博会没有经验，总是害怕安保方面会出现问题，因此会比较严格。近两年我们也意识到了要让更多的居民参与进来，所以安保工作调整了许多。"（访谈编号 GZ03）

　　对出租车司机和敦煌文博会工作人员的采访信息可以从一个侧面解释文博会期间鸣沙山月牙泉景区 9 月份游客增长率下降、10 月份游客人数反弹这一情况。

---

[1] 数据来源：鸣沙山月牙泉景区管理委员会（截至 2019 年 8 月）。

四、敦煌文博会的组织与运营情况

1. 主办方

敦煌文博会由文化和旅游部、国家广播电视总局、中国贸促会和甘肃省人民政府主办，由甘肃省文化和旅游厅承办并由甘肃省文博局具体负责。这种由政府部门主导、专业会展机构运营的模式在我国政府主导型的会展当中逐渐成熟，市场化的运作更加灵活，有助于会展打破固定模式，进行创新性发展。但敦煌文博会会展专业人才的培养较为滞后，会展团队的布展工作人员多为设计专业，没有经过专门的会展专业培训和实践，专业化的会展人才队伍缺口较大。

2. 运营方

敦煌文博会由甘肃省文旅厅承办，敦煌文旅集团有限公司负责会展的具体运营工作。其中，展馆布置和会展组织均由文旅厅工作人员负责，各地市的特色展馆大多数也由地市文旅局的工作人员负责，展馆和会场的安保由酒泉市公安局负责，相关布展设计和安装由敦煌文旅集团有限公司承担。

敦煌文博会举办了四届，执行单位由甘肃省委宣传部更改为甘肃省文化和旅游厅，并与"敦煌行·丝绸之路国际旅行节"合并举办，强化敦煌文博会的旅游带动功能。第四届会展将开幕式地点选在甘南州合作市，对此，相关工作人员称："今年将开幕式放在甘南，是从甘肃的长远发展考虑的，可以带动一部分旅游。这个季节刚好是甘肃的瓜果最好吃的时候，游客来了也有的吃有的喝。"（访谈编号 GZ08）但是由于甘南第一次承办大型会展，硬件设施很不完善，有参展商称："甘南开幕式我们也去了，地方比较小，场馆的设施不如敦煌这边好，连个住宿的地方都找不到。"（访谈编号 GS04）另一参展商表示："第一年最大，挣了不少钱。今年是小年，人流量少，又在两个地方办展，大多数都是要赔钱的。我的朋友都知道今年是小年，所以很多展商就不愿意来，甚至还有临时撤展的。"（访谈编号 ZS01）参展商最主要的目的是营利，客流量达不到参展商的需求，既不能营利又没有品牌推介，久而久之参展商就会失去参展的兴趣。会展没有参展商的支持，规模和影响力难以扩大，没有参展商的持续支持，甘肃想做大做强"敦煌文博会"品牌无异于"伐根以求木茂，塞源而欲流长"。另外，开幕式与闭幕式在两个市州举办，极大地增加了会展成本、稀释了会展品牌效应，同时也加大了参展商的耗费、降低了参展商品的推介效果，会展运行监控及效果评估难度加大。长远看，这种做法实际上不利于敦煌文博会的发展，并对其品牌塑造产生了负面影响。

　　总体来看，敦煌文博会已经连续举办了四届，文博会组织及主办方经过不断反思与总结，从一开始"摸着石头过河"，到逐步形成成熟的会展体系和运营模式，虽然仍然存在诸多问题，但敦煌文博会逐渐受到国内外的认可，会展定位逐渐明确，会展品牌开始形成，会展的经济社会拉动效应也初步显现出来。

第三章 "敦煌文博会"品牌构建的地域文化资源

　　文化是国家和民族的精神与灵魂，是国家发展和民族振兴的强大力量。加强文化建设，深化文化体制改革，繁荣发展文化事业和文化产业，关系我国全面建设小康社会奋斗目标的实现，关系中国特色社会主义事业总体布局，关系中华民族伟大复兴。发挥甘肃文化资源优势，为"敦煌文博会"特色品牌塑造与发展夯实基础，并以此带动甘肃文化产业跨越发展，推动甘肃建设文化大省各项工作的全面落实，具有十分重要的现实意义与事关西部振兴的历史意义。

　　英国人类学家泰勒认为："文化，就其在民族志中的广义而言，是一个复合的整体，它包含知识、信仰、艺术、道德、法律、习俗和个人作为社会成员所必须的其他能力和习惯。"[①]《辞海》对"文化"的界定是："广义指人类社会的生存方式以及建立在此基础上的价值体系，是人类在社会历史发展过程中所创造的物质财富和精神财富的总和。……狭义指人类的精神生产能力和精神创造成果，包括一切社会意识形式：自然科学、技术科学、社会

---

① [英]爱德华·泰勒：《原始文化：神话、哲学、宗教、语言、艺术和习俗发展之研究》（重译本），连树声译，广西师范大学出版社2005年版，第1页。

意识形态。"① 伴随着传播技术的飞速发展，现代文化的组织性、计划性和商品性日趋凸显。学者开始提出"大文化"观，认为文化源于人类生存活动的超越性和创造性，体现了人的内在需要和价值取向，是历史地凝结成的生存方式。特定的文化模式是特定民族、特定区域和特定时代人们普遍认同的，由内在民族精神、区域风尚、时代特性、价值取向、伦理规范等构成的相对稳定的行为范式。

在人类漫长的历史文化积淀和演变过程中，我国西部在历史上先后出现过西域伊斯兰文化圈、青藏藏羌文化圈、秦陇儒释道文化圈、蒙宁西夏文化圈、巴蜀儒释道文化圈、滇黔桂多神崇拜文化圈六大文化圈。这些地域特色文化既体现了原始文化、游牧文化、农耕文化对西部的决定性影响，又清晰地反映出历史上波斯文化、印度文化、蒙古文化、罗马文化和中国中原文化等多种文化在古丝绸之路文化传播带上碰撞、激荡、组合与交融的情况。

第一节　以往对甘肃地域文化的负面认知

长期以来，对于甘肃地域文化论述的主基调基本上是负面的。负面评价主要集中在如下几点。

一、甘肃地域文化是一种贫困文化

所谓"贫困文化"，是现代社会中的一种亚文化现象，它特指"社会上多数人均处于中等以上生活水平时，仍有一部分处于贫困状态的人所形成的一套使贫困本身得以维持和繁衍的特定的文化体系"②。美国学者刘易斯认为："贫困文化最重要的特征之一是穷人对社会中主要制度的背离和失调。在贫困文化中长大的人具有绝望、依赖和自卑感，对人生抱着宿命论式的消极态度，他们具有明显的及时行乐取向，往往只顾眼前利益而不考虑到将来。"③

---

① 辞海编辑委员会：《辞海》（第七版 缩印本纪念版），上海辞书出版社2021年版，第2356页。
② 吴理财：《论贫困文化（上）》，《社会》2001年第8期。
③ Oscar Lewis, "The Culture of Poverty," *Scientific American*, 1966, no. 4.

现实客观地分析，由于历史的长期积淀和自然地理条件的限制，甘肃地域文化和我国其他一些区域文化一样，确实存在"贫困文化"的因子和一般特点。第一，甘肃地域文化是中国现代社会中处于西部相对贫困环境下的人们所持有的文化价值体系，它直接源于西部相对落后的经济发展状态，是西部广大区域内人们社会生活方式的普遍反映。第二，甘肃地域文化是几千年小农意识的反映，是西部经济、政治、社会和自然条件长期综合作用的结果。第三，甘肃民众普遍性的生活习惯确实有安于现状的色彩，眼界狭小，依赖性强，缺乏现代化的科学文化知识。

二、甘肃地域文化是一种惰性文化

惰性文化主要是一种安贫守旧、不思进取、得过且过的心态，它是贫困文化在人们心灵中的反映和行为中的呈现。有学者认为，甘肃地域文化的惰性特征包括：消极无为、听天由命的人生观，安贫乐道、得过且过的幸福观，因循守旧、满足现状的工作观，懒散怠惰、等靠依赖的度日观，喝酒赌博、迷神事鬼的娱乐观。这种观点认为，如果社会的主流文化不加以正确的引导、提升而任其自然发展，必然会把人们引向愚昧、麻木、落后和保守，直接压抑西部民众吸取新知识、接受新思想和开拓创新并走向现代化的能力。

三、甘肃地域文化是一种孤岛文化

孤岛文化是一种保守封闭的文化心态。一方面表现为"自我感觉良好""老子天下第一"的自大心理和恋家恋土不远游的行为选择，另一方面表现为歧视、恐惧外部世界，拒绝或难以接受外界事物的盲目排外情绪。特别是改革开放以来，小私有观念、不守信用、难以合作等，几乎成了西部文化氛围（软环境）的代名词。甘肃地域孤岛文化的形成除了与其复杂封闭的地理环境、丰富多彩的语言风俗有关，更主要缘于西部二元经济结构的发展特性：一方面，历史上长期的自给自足自然经济决定了人们的观念具有鲜明的封闭性；另一方面，落后的经济发展状态又使各地区、各企业、各单位形成了典型的技术屏障和体制屏障，造成了一种相对隔离的自我运行机制。

四、甘肃地域文化是一种非理性文化

从西部的现状看，商品经济要素与东部相比很不发达，人们思想观念中与理性经济人相悖的成分很多。迄今为止，西部轻商、歧商的观念并未完全消失。另一方面，人们的欲望本能又在片面的市场经济理念的诱发下极度膨胀——唯利是图、一切向钱看、感情用事、追求排场、讲究阔气、缺乏服务意识和科学精神等。

从上述四种代表性观点中，我们不难发现，目前学界的讨论已不同程度地触及西部文化、特别是甘肃地域文化的深层和本质特征。但由于学者研究方法与思路缺少了历史和现实两大坐标的映照，因而不可能对甘肃地域文化的"现存状态"做出全方位的准确概括。同时，这些观点是以一个地区的经济发展水平作为文化先进与否的标准来评价甘肃地域文化的，没有看到甘肃地域文化的历史意义和现实价值，没有系统分析甘肃地域文化的多元性，因而多为主观的想象性判断。

第二节 作为品牌资本依托——融合传播时代甘肃地域文化的再认知

文化是一个连续统一体，是一系列事件的流程，从一个时代纵向地传递到另一个时代，并且横向地从一个种族或地域播化到另一个种族或地域。在我国市场经济建设的新时期，深厚积淀、多元共生的西部文化体现出巨大的现代共通性，成为西部会展品牌实现跨越式发展的宝贵资本和塑造品牌个性的有力抓手。

自外观之，甘肃地域文化主要表现为三个层面：现实生活中日常文化，记忆中的碎片化文化，现代媒体建构和想象中甘肃文化。如果我们抛弃"东部优越论"和"城市中心论"的偏见，历史、辩证地审视甘肃地域文化，就会发现：这片广阔的西部热土蕴藏着极其悠久的历史文化和丰富多彩的当代文化，这些特色鲜明的地域文化是华夏文明的有机组成部分，它既促进甘肃

经济社会的持续全面发展，又是构建新型地域文化的重要源泉。

一、从历史的坐标看，甘肃地域创造过举世瞩目的历史文化记录

由于历史悠久和民族众多，甘肃地域文化最明显的特点就是多姿多彩。甘肃地理单元的独特性与相对封闭性，造就了甘肃地域文化独特的文化品格。其既有历史的连贯性与延展性，又有多元共生性，且长期处于多种文化的剧烈冲突、融合之中，它们共同构成了华夏文化之"根"。一方面，甘肃地域内传统的民俗民风在礼仪、消费、服饰、饮食、居住、出行、节日、婚丧等方面带有很大的文化异质性；另一方面，新中国成立后近30年的计划经济和40多年的改革开放及市场经济实践，使得西部社会受到了"现代化"的巨大影响。现代经济生活作为文化观念变革的强大动力，一方面以其利益的直接性引导着人们逐渐改变风俗习惯，另一方面，体制改革和教育普及又以其外在的强大力量迫使人们不断更新自己的思想观念。从总体上看，西部文化正处在传统与现代的剧烈冲突和融合之中。

二、从现实的坐标来看，甘肃地域文化具有多元共生、丰富多彩、特色突出、边界清晰、序列完整等个性特点

甘肃地域有丰富多样的民族文化，是中华文明的发祥地之一。从地理上看，雪域文化、沙漠文化、绿洲文化、草原文化、农耕文化、森林文化、高原文化、山地文化、平原文化、石林文化、盆地文化、海洋文化等都毕集于甘肃，与东部、中部的地理文化形成鲜明的对比；在经济方面，狩猎文化、畜牧文化、渔捕文化、旱地农耕文化、水田稻作文化等一应俱全，让人叹为观止。正是基于这一丰厚的文化积淀，甘肃才能够获批成为华夏文明传承创新区，甘肃省委、省政府也适时提出建设文化大省的战略目标。

同时，纵观中国传统和现代冲突融合的历史趋势，就会发现，西部社会总体上还处在农业社会，因而西部文化还未完全摆脱中国传统文化的农业性、血缘性和伦理性特点。这也生成了甘肃地域文化的矛盾复杂、多元共生和持续转型的过渡性文化特征。而这些特点也是甘肃地域迈向现代化、创建先进文化的独特资本。

三、甘肃地域文化是中华文明的重要组成部分，是西部各民族的智慧结晶

文化从内在的精神层面上说是一个民族存续和发展的血液，它对整个民族具有教化、激励和导向功能，在振奋民族精神、增强民族凝聚力等方面有着极为重要的作用。外在的文化产品和文化设施则承载着文化精神与文化传统，能够产生巨大的精神财富，从而增进整个社会的财富，是构成推动社会向前发展的独特的、重要的资源。这也是我们全面提升"敦煌文博会"品牌力量时必须予以重点关注和全面思考的问题。

四、甘肃地域文化内隐性的文化精髓，外显性的价值取向、现代精神和行为模式，与国际化文化会展品牌的向外扩张倾向非常契合

甘肃地域文化共时性的多维向心组合和历时性的动态多变积淀，以及甘肃多民族"插花杂居"的人居环境，养成了甘肃人多元混成、杂交创新的思维品性及包容纳异、整合共赢的规则意识。同时，受文化的长期熏染，甘肃人民既可以在共时性的状态下接纳八方，也可以在历时性的状态下积淀诸朝。表现在"内隐性"层面，即思想精髓上的多元混成、大而化之、崇尚感性、消弭殊异、解构差别，从而也必然极富创新活力，承接远古遗风。表现在"外显性"行为导向上，则是接纳陌生、崇尚"孝义"、整合共赢的利益价值取向。另外，甘肃人因地理环境的"边、远、荒、穷"特色而形成"圈外心理"与边地情怀，使他们容易形成某种守边缘、去中心、尚多样、非正统、民间式的世俗文化心态。这与现代社会崇尚多维多变、执着具象感性的思想品格，鄙薄特殊、追求普遍的"契约文化"意识相契合。

五、甘肃深厚的文化遗存和沉淀既是文化开放发展的前提，又是文化品牌可凭借的巨大资本

文化开放发展的前提是文化的保存和沉淀，甘肃地域看似"山高皇帝远"，却恰恰成了文化样态及其个性得以咀嚼、回味、融汇、保存的首要条件。正是西部长期相对封闭的地理环境，才使传入的文化食粮在"闹中取静"的氛围中得以整理和保存。例如，魏晋南北朝时，中原兵荒马乱，人们携带着儒道互补型的中华文化精华，向西部边陲逃难，在西河一带偏安一隅，形成了

相对稳定的环境，河西走廊上的四大故郡——武威、张掖、酒泉、敦煌由此成为当时人们整理国故、承先启后的最佳处所。西河人不辱历史使命，尊儒重道，阐佛惟创。陈寅恪认为，不了解西河人在此间的文化建设成就，就不能承上启下对中国从汉到唐文化演进历程有一个贯通式的了解。改革开放以来，东部地区凭借便利的交通和政策的倾斜迅速成为我国建设市场经济的先发地区，30 年之后，西部逐渐认识到：与东部相对成熟的市场机制和充裕的资金实力相比，"文化资本"是西部追赶东部、参与市场行为、实现跨越式发展的重要资源。

六、甘肃地域文化与目前国家倡导的和谐发展，特别是人与自然的和谐发展理念一致

改革开放以来，我国社会发展一度过多强调经济发展，而忽视了社会的全面进步和各方面协调发展。其结果是，虽然经济指标上去了，社会全面进步对精神文明的要求却没有协调跟进，从而发生了物役现象、异化现象、两极分化和生态恶化等社会问题。

西部人淡漠血缘、地缘关系，形成了插花交错、交流互动、和谐共处的人居环境，加之恶劣的自然条件，以及绵延不绝的宗教思想，西部人民的心理结构形成了尊重自然、和谐共生的心理特质和价值取向。甘肃随处可觅的前现代文化中天人合一的人文景观、和谐共处的人际景观、心物平衡的心灵景观，"大天而思""从天而颂""敬天保民"的自然中心主义造就西部人民对田园牧歌式的自然经济风光的情有独钟、对天籁之声的悦纳和坚守，作为一道道亮丽的西部人特有的文化风景，正契合了现代人企图突破"物"的"奴役"和"文化膜"的包裹，回归自然，放逐心灵，归真返璞，过上一种闲适随意的生活，达成外物丰殷与内心充实的追求。

七、西部所拥有的丰富的自然资源和人文历史资源是品牌文化产业发展的一个有力支撑点

甘肃地域蕴藏着大量的原始文化资源，为文化产业发展奠定了雄厚的物质基础。西部地区的少数民族文化资源、历史文化资源和自然文化资源，大多处于原始状态，具有巨大的产业化潜力。

甘肃人与其他地区的西部人一样，在长期磨砺中形成了豪放、开阔的心胸，

坚忍、强毅的精神，以及纯朴自然和古道热肠的品性。他们具有与西部大自然和悠久历史血脉相连的优秀文化品格，将是促进甘肃会展业发展的一个积极推动因素，甚至起到重要的支柱作用。

总之，甘肃地域文化始终是一种开放式文化。开放式文化使甘肃地域文化具有众多外来文化基因，令中国西北文化一度处于世界文化交流的中心地位。甘肃不能"抛却自家无尽藏，沿门托钵效贫儿"（王阳明，《咏良知四首示诸生》），不应妄自菲薄，把老祖先的遗德雄风当作包袱，而要把甘肃独有的文化资源变为文化资本，促进资金、人才、技术等要素的科学引进与合理组合，走规模化、集团化、特色化、精细化、品牌化的文化产业发展之路。

本书认为：甘肃地域文化是中华文明的西部形态，是在"西北"这一特殊的人文地理环境中生长起来的多元共生的民族文化，它总体上还未摆脱中国传统文化的农业性、血缘性和伦理性的特点，但已受到全球化和现代化进程的强烈影响，是一种正在从传统走向现代的文化。就内涵来讲，它包括西部各民族历史遗留下来的、今天仍然存活于人们头脑和生活中的传统精神文化，也包括新时期发展起来的现代文化；就外在形态来说，甘肃地域文化既包括人文层面上的物质存在，如各民族的文化教育、文物古迹、生活习俗等，也包括各民族赖以生存延续的自然生态、自然景观。

第三节　甘肃地域文化与"敦煌文博会"品牌塑造

西部是有着悠久历史与文化的"时间"的西部，也是有着广阔地域性的"空间"的西部。甘肃要挑起西部文化发展的大旗，就必须对文化产业竞争新格局下的甘肃地域文化资源状况、位置、竞争力、影响力、辐射带动力、发展潜力有清醒的认识。为此，在分析"敦煌文博会"品牌塑造之前，本书将对甘肃地域文化资源做一个系统的梳理。

历史上，甘肃文化也叫"河陇文化"，是中华文化的重要组成部分，它与中原文明、长江流域文明等一起构成了中华文明的重要源流，在中华文化史上占有极其重要的地位。与祖国中东部发达地区相比，今天的甘肃虽然在经济发展上相对落后，然而历史文化的积淀十分丰厚，曾写下文明的灿烂篇章。甘肃历史文化品位高雅，价值非凡，不仅在全国占有极重要的地位，而且许多方面在世界上都享有盛誉，成为文化品牌开发的超级富矿。

另外，甘肃位于东亚与中亚的结合部，从世界发展史上来看，甘肃又是古老的华夏文明与两河流域文明、古印度文明、地中海文明等的汇流之地，河西走廊更堪称中国走向世界的第一条通道。从目前国内文化资源分布来看，甘肃是国内文化类型最齐全、序列最完整、线条最清晰的省份，国家将甘肃作为华夏文明传承创新区也从一个侧面说明了甘肃文化的丰富多样与传播价值。

一、甘肃地域史前文化密集分布，年代久远，序列完整

甘肃为黄河流域文化的渊薮之一，史前文化遍布。在这片广袤的土地上，我们勤劳、智慧、勇敢的祖先劳动、生息、繁衍，创造了灿烂的古代文明，留存下丰富的遗迹遗物。甘肃境内发现距今 20 万年至 2 万年的旧石器时代遗址多处，新石器遗址则遍布全省各地，达数千处之多，构成了完整的发展序列。天水市秦安县发现的大地湾新石器遗址，发掘清理房址 200 多座、窑址 30 多处，埋藏极为丰富，延续时间长达 3000 年之久。其中一期出土的三足钵将中国彩陶制造时间推前了 1000 年，彩陶上发现的彩绘符号，被认为是中国文字最早的雏形，其中少量的碳化标本也将我国北方旱作农业的起源时间上推了 1000 年。这证明黄河流域亦是世界上彩陶文化和旱作农业的发源地。同时，研究表明，大地湾还保存了我国最早形成系列的原始建筑群，奠定了中国官殿式建筑的雏形。其中，F411 房址地面所绘黑色颜料的地画，是我国目前发现的时代最早的独立存在的绘画，将中国美术史向前推进了 2000 多年。另外，甘肃东部地区也发掘了多处前仰韶文化遗址，其分布之密集、年代之久远，在西北地区独一无二。"黄河文明八千年"，这无疑是甘肃历史文化传播的一大品牌。

二、陇东一带人文始祖文化丰富，影响深远

甘肃人文始祖文化十分丰富。特别是今天水一带，被认为是华夏人文初祖伏羲的发祥地，所以天水又被称为"羲皇故里"。伏羲织网罟，创书契，

画八卦，制嫁娶，立九部，设六佐，作历度，定节气，尝百药，造琴瑟，钻木取火，对中华文化的贡献至巨。其他与伏羲、女娲相关的遗迹遗物，如风台、风谷、风茔、女娲祠、"羲皇故里"石碑，以及麦积山石窟中的伏羲女娲交尾雕塑、卦爻衣着人物塑像和壁画等，应有尽有。由此，唐代大诗人李商隐才感慨："瑶池阿母绮窗开，黄竹歌声动地哀。八骏日行三万里，穆王何事不重来？"（李商隐，《瑶池》）另据《括地志》《元和郡县图志》等史书记载，"帝薨，葬板桥"。在今正宁县东 80 里的五顷原乡桥山仍有黄帝衣冠陵冢。

追寻龙族血脉，探访华夏渊源，伏羲、女娲和黄帝等人文始祖文化在漫长的发展过程中凝聚了一代代华夏儿女的认同意识，产生了两种意识流向：一是包括陇右在内的整个华夏族的民族自豪感，二是华夏民族强烈的寻根意识与恋土情结。这些在秦陇先民身上表现得最为突出，至今仍渗透于陇右民族肌体之中，体现在陇右人生活的方方面面。伏羲文化肇端的陇右文化圈拉开了我国历史的大幕，呈现出辉煌、壮美的乐章，兆示着勃勃生机。甘肃人文始祖文化是当下甘肃会展文化需要着力凝聚的一大文化特色。

"庆阳亦是先王地，城对东山不窑坟。"（李梦阳，《秋怀》）陇东也是周秦两朝的发祥地。《诗经·绵》记载："古公亶父 来朝走马 率西水浒 至于岐下。"周人的先祖公刘在今庆阳一带"修后稷之业，务耕种，行地宜"（《史记·周本纪》），为后来"凤鸣岐山"奠定了坚实基础。秦人起于陇西一带，靠畜牧业发家，司马迁《史记·秦本纪》记载："秦僻在雍州，不与中国诸侯之会盟，夷狄遇之。"周人先祖创造的农耕文化和秦人的游牧文化都兴于甘肃陇东。目前，两地仍保留大量周秦先民文化遗址，如甘肃庆阳仍留存周祖遗陵、不窑故城、周旧帮木坊、公刘殿等遗迹，陇西礼县有大量秦先祖陵墓群。周礼奠定了中国礼仪文化的根基，秦制开创了政治体制文明的基本框架。周秦的典章制度、组织架构对后世王朝及其文明的影响至深且巨。周秦先祖遗迹及其文化底蕴丰厚，是值得深入开发的又一大亮点。

李氏郡望起陇西，甘肃又是姓氏文化发端的源头之一。如陇西被公认为是李氏祖根的所在地。史载李氏远祖肇自轩辕帝之孙颛顼，颛顼三代孙皋陶为尧之大理，遂以官命族为理氏，商周之际改为李氏，递至李耳（老子）九世孙李崇为秦国陇西郡守，被尊崇为陇西房始祖，陇西遂被认为李氏祖根之地。今陇西遗存陇西堂、仁寿山李家龙宫、五李亭、读书堂、太白井、李贺南园、李贺墓、李靖庙等遗迹。秦安县亦有"陇西成纪李氏"遗存。李氏历史文化资源对于联络海内外约 1 亿李氏同胞的感情，吸引世界李氏华人来甘肃寻根敬祖，促进文化会展产业发展，促进祖国统一等方面均有重要价值。

三、甘肃丝路文化举世驰名

丝绸之路是古代沟通欧亚大陆的最重要的通道，数千年来曾为人类物质文明和精神文明做出过巨大贡献，被誉为"世界文化的大运河""推动古代世界历史车轮前进的主轴"。古代丝绸之路贯穿甘肃全境，甘肃是闻名于世的丝绸之路黄金路段和枢纽地带，丝路古道在甘肃东西绵延达1600多公里，占其全程的1/5，甘肃地区在古代是东西方经济文化交流不可替代的桥梁。主要路段有：直道、南回中道、北回中道、陇关道、秦陇南道、灵武道、西兰道、河西道、包绥道、羌中道、唐蕃古道、大斗拔谷道、阴平道、白水道等。东西方文明在这里交融会聚，西传东渐，陇原各地得以长期吸收、汲取这条道路上荟萃的各种文明成果来滋养自己，促进自身经济文化的发展和繁荣。

"丝绸之路"既是中西的商贸之道，也是中西文化的震荡带和"次生林带"。中西多种文化在这条通道上碰撞、交汇、互鉴、融通，青牛西去，白马东来，民族文化与宗教文化璀璨夺目，气象万千。通过丝绸之路传入我国的宗教，主要有佛教、袄教、景教和摩尼教。这些从印度、西亚传入中国的宗教，是丝绸之路上中外文化交流的重要内容。如佛教和佛教艺术自两汉之际经河西、陇右传入我国内地，十六国时众多的西域佛僧来到河西，译经授徒，蔚成风气，凉州、敦煌等地成了我国佛经翻译的中心。蜚声中外的莫高窟等众多的佛教石窟群像明珠般闪烁在丝路古道上，光艳夺目，让世人惊叹。汉唐丝绸之路的繁荣，使武威、敦煌、张掖、酒泉、天水等地发展成为国际性的都会。史称武威"为河西都会，襟带西蕃、葱右诸国，商旅往来，无有停绝"（《大慈恩寺三藏法师传》）；敦煌为"华戎所交一都会也"（《后汉书·郡国志》），西域各道"总凑敦煌，是其咽喉之地"（《隋书·裴矩传》）；张掖"三秦锁钥河山壮，万国车书驿路通"（清朝马羲瑞《登甘州城楼》）。丝绸之路及其丰富的文化遗存无疑是甘肃历史文化资源中最有优势、最具光彩和魅力的品牌文化。

甘肃历史上是祖国许多民族大迁徙、大融合的舞台，民族文化交相辉映。甘肃位处黄土高原、青藏高原、内蒙古高原三大高原的结合带，历史上一直是生活在这些地域以至更大区域范围内的各民族往来、迁徙、交流、争斗、融合非常频繁的地区。陇右地域辽阔，是一个多民族共居的地区，有汉、回、藏、东乡、裕固、蒙、哈萨克、土、保安、撒拉、满等十多个民族。河西走廊正是我国路线最长、历时最久、规模最宏大、文化沉淀最丰厚的民族走廊。

武威在汉唐时代实际上具有河西地区首府的地位，所以它逐渐发展成为国际交往的中心城市之一，大批西方商人留居此地，成为当时国内胡人聚居的重要城市。唐代诗人岑参在其《凉州馆中与诸判官夜集》中曾这样描绘凉州城的规模和民族风习："弯弯月出挂城头，城头月出照凉州。凉州七城十万家，胡人半解弹琵琶。琵琶一曲肠堪断，风萧萧兮夜漫漫。"中西商贸活动的发展，促进了中西文化的交流，当时出现的"西凉伎""西凉乐"等就是中西文化交流、融合的结果。晚唐诗人杜牧的《河湟》诗中说"唯有凉州歌舞曲，流传天下乐闲人"，反映的正是当时凉州乐舞的盛况。

甘肃历史上宗教文化繁盛，保存了一批造型精美、艺术和学术价值极高的寺院庙宇，在全国占有重要地位。始建于 11 世纪末的西夏皇家寺院张掖大佛寺，是一座集塑像、壁画、建筑、藏经和其他文物珍品为一体的佛教艺术殿堂，至今仍完好保存大佛殿、藏经殿、大佛塔等古建筑 20 余座，精美文物万余件，有中国最大的卧佛殿、亚洲最大的室内木胎泥塑卧佛、最完整的初刻初印本《北藏》佛经及般若金经。武威白塔寺遗址是祖国统一西藏的历史见证。山丹大佛寺始建于北魏，内塑佛像为全国最高的室内泥塑佛像，有"天下第一佛"之誉。武威文庙布局宏伟，殿宇巍峨，庙内古柏参天，碑石林立，为西北"学官之冠"。瓜州县新近发现的坛城遗址为目前所见我国唯一存留的地表用砂石堆砌的坛城实物，具有重要的宗教和考古价值。其他如天水南郭寺、静宁清真寺、卓尼禅定寺、贡巴寺、碌曲郎木寺、合作米拉日巴佛阁、武威海藏寺、天祝天堂寺、民勤圣容寺、张掖西来寺、兰州五泉山庄严寺等，皆闻名遐迩。[1]

所以，丝绸之路的开通不仅促进了陇右地区的民族融合与经济发展，而且对陇右文化的繁荣提供了空前的机遇。在中西文化的交流与融合中，陇右本土文化得以蓬勃发展，而交流与融合又使陇右文化的过渡性特点更加显性化和凝固化。天水、兰州、武威、张掖、酒泉、敦煌等城镇的兴起，既是在政治参与下经济繁荣的标志，也是文化大发展的反映。

四、甘肃人文景观璀璨夺目

第一，甘肃是一个文物大省。在漫长的历史发展中，陇原大地上留存下许多价值极高、饮誉全球的文物古迹和遗址名胜。目前全省拥有世界文化遗产 2 处、全国重点文物保护单位 43 处、省级重点文物保护单位 526 处，已查明的文物遗存 1.37 万余处。其中，全国重点收藏单位近百家，各类博物馆 58

---

① 李并成：《甘肃历史文化在中国文化史上的地位》，《陕西社会主义学院学报》2006 年第 2 期。

座，馆藏文物 40 多万件，一级文物 1750 多件，在全国居于前列。[①] 如武威雷台东汉墓葬出土的铜奔马，轰动海内外，一时间"四海盛赞铜奔马，五洲争说金缕衣"，铜奔马也被确定为中国旅游图形标志。又如清乾隆时编纂的《四库全书》文溯阁本今藏兰州。其他如彩陶、长城、石窟、碑铭、古代文书、简牍、古城址、古建筑、古墓葬等文物遗存，争奇斗胜，不胜枚举。

第二，甘肃也是我国彩陶保存最集中、品级最高的地区，彩陶文化悠远绵长。甘肃彩陶是我国绚烂的彩陶文化中独树一帜的奇葩，从 7800 年前的大地湾一期遗址到齐家文化都有大量彩陶出土。其造型精美绝伦，纹饰缤纷多彩，堪称古代艺术的瑰宝，甘肃也因之被誉为"彩陶之乡"。

第三，甘肃堪称世界上独一无二的规模壮观的石窟走廊和艺术长廊，是文化交汇的集散地。莫高窟、麦积山、炳灵寺、榆林窟、马蹄寺、北石窟、南石窟、天梯山、云崖寺等 50 多处石窟群、2500 多座洞窟、16000 余身造像、56000 余平方米壁画,灿若繁星,辉耀陇原。[②] 它们是中外文化友好交流的结晶，是丝绸路上留下的光辉历史足迹。世界文化遗产莫高窟是世界上所存规模最大、历时最长、内容最丰富的艺术宝库，麦积山石窟被誉为"东方雕塑陈列馆"，安西榆林窟俗称万佛峡，还有永靖炳灵寺石窟、马蹄寺石窟群、泾河两岸百里石窟长廊，这些石窟规模宏大，其中的壁画精美，造像生动。石窟艺术是甘肃历史文化资源中最具品位和魅力的资源之一。

第四，甘肃是敦煌学、简牍学、西夏学的重地。甘肃是我国敦煌遗书和汉代简牍的出土地，甘肃出土汉简达 6 万余枚，占全国所出汉简总数的82%。另外，天水放马滩出土了秦简，河西一些地方出土了大量魏晋简和唐代吐蕃简。武威市博物馆清理发现唐代吐蕃文《大藏经》409 函 5317 部 10 万余页，共计 8000 多万字，并有吐蕃木牍等。这些简牍文物在国际上兴起了以研究敦煌遗书、石窟艺术和简牍为主的新兴学科——敦煌学、简牍学。敦煌成为世界上许多学者和游人向往的圣地，简牍也成为甘肃古代文化的又一大特色和优势，使人们从可见可感的文物中体味到中华文化的博大精深，它们是对外文化交流和吸引外国人士前来参观旅游的特色品牌，是一笔无法替代的文化资源。

第五，甘肃古代建筑文化丰富，是我国古代建筑文化的"百花园"。甘肃境内现存古建筑较多，佛塔、钟楼、桥梁、宅院、牌坊、台基等应有尽有，异彩纷呈。如永登鲁土司衙门为西北现存最大的古民居建筑群，渭源灞陵桥

① 李并成：《甘肃历史文化在中国文化史上的地位》，《陕西社会主义学院学报》2006 年第 2 期。
② 李并成：《甘肃历史文化在中国文化史上的地位》，《陕西社会主义学院学报》2006 年第 2 期。

为古典纯木结构卧式悬臂拱桥，享有"渭水第一桥"盛誉。另外，兰州中山桥、陇西威远楼、宁县辑宁楼、永昌钟鼓楼、张掖镇远楼、酒泉鼓楼、宁县政平唐塔、华池双塔、西峰肖金塔、兰州白塔山白塔、白衣寺塔、敦煌白马塔、武威罗什塔、金塔县金塔、张掖木塔、民乐圆通寺塔、陇西文峰塔、环县砖塔等古建筑，造型浑厚，楼姿庄严，塔身高耸，形体雄秀，给浓郁的甘肃历史文化增添了几多光彩，王朝的兴衰、社会的动荡、民族的纷争、科技的进步、宗教的变迁和个人的荣辱等，一点一滴地渗透到这些斑斑驳驳的秦砖汉瓦、雕梁画栋、亭台楼阁之中。

第六，甘肃是中国书画之乡。早在史前时期，华夏先民就在甘肃境内遗留下大量碑石、摩崖石刻。在河西走廊北山一带，如嘉峪关黑山、肃北马鬃山、祁连山脉、西秦岭、民勤北部雅布赖山一带，集中分布了大量巨幅岩画。这些岩画是我国北方岩画的重要组成部分，被称为留在石头上的史诗长卷。成县西峡颂摩崖碑刻为汉代三大颂碑中保存最完整的一处，其碑文和书法均有很高的考古研究和临摹鉴赏价值。全国重点文物保护单位武威《重修护国寺感应塔碑》，又称《西夏碑》，碑石两面分别以汉文和西夏文镌刻，为西夏时期留存至今的唯一佛教石刻，具有珍贵的历史价值。

第七，甘肃口头与非物质文化遗存多姿多彩，美不胜收。甘肃的口头与非物质文化遗存十分丰富，特色鲜明。如洮岷花儿、河州花儿、洮砚、兰州太平鼓、庆阳香包与刺绣、陇东皮影、陇东道情、剪纸、天水雕漆、兰州刻葫芦、羊皮筏子、临夏砖雕、保安腰刀、酒泉夜光杯、拉卜楞寺酥油花、甘南藏戏、白马藏族服饰与习俗、裕固族民歌与服饰、敦煌古乐、敦煌舞谱，以及古典诗词、书画、地方餐饮等。这些文化遗产是文化会展取之不尽、用之不竭的宝贵资源。

第八，甘肃群贤毕至，名流荟萃。陇右自古多名流。除伏羲、公刘及中医学鼻祖岐伯等外，甘肃还涌现出了如李广、霍去病、吴价那样忠心耿耿、驰骋沙场的战将，王符、皇甫谧、牛弘、邢澍、张澎那样学识广博、著述丰硕的学者，窦融、张议潮等维护祖国统一和民族团结、反对分裂的功臣，李白、李益、李贺、李梦阳等杰出的诗人。犹有治世惠民之能吏、廉洁直言之诤士、反抗压迫的起义者，还有许多少数民族的英雄豪杰，众彩纷呈，各具千秋。他们有的品德高尚，有的业绩昭彰，有的劳瘁终身，有的以身殉国，凝聚和体现了中华民族的高尚品德和精神风貌，光耀史册，风流千古。历史名人资源丰富亦是甘肃文学、影视文化资源中的一大优势。今人用自己的生花妙笔、摄影镜头描绘陇原千姿百态的山川风貌、淳朴自然的风土人情、风流人物的传奇故事，并寄托自己对陇原的一片深情。

五、甘肃是长城文化和古城文化的博物馆，生态文化丰富，边塞文化源远流长

战国秦、汉、明三代长城如游龙走凤，至今仍绵延于陇原大地，总长度超过 3000 公里，气势磅礴。甘肃地段的战国秦长城是秦长城中保存最好的地段。敦煌西北的玉门关及其附近的长城塞垣为我国汉长城中遗存最完好、气势最雄伟的地段。长城沿线许多烽隧、城障、关隘遗迹至今亦历历可见。山丹境内汉、明长城相伴并存，古垒烽堠、驿站古道连绵不断，被誉为"中国长城露天博物馆"。同时，甘肃是我国也是世界上古城遗址保存数量最多、类型最复杂、时代序列最齐全、出土文物相当丰富的地区。据不完全统计，省境现存各类古城址不下 200 座，其中仅河西地区遗存的汉唐时期古城址即达 120 余座。[①]这些城址就其类型来看，既有省府、州郡、县城，又有土司城、乡城、村堡、驿站，既有军城、守捉城，又有障城、坞壁、折冲府城、戍所，可以构成一个完整的古代行政、军事城址系列。其他如前沙井文化时期的金昌三角城、瓜州县锁阳城、骆驼城、张掖"黑水国"城、安西六工破城、瓜州县踏实乡破城子、桥湾城、敦煌寿昌城、静宁汉成纪故城、夏河八角城、桑科城、卓尼羊巴城等。这些古城遗址时代序列完整，规模壮观，气势宏伟，瓮城、马面、雉堞、望楼、弩台、龙尾（马道）、羊马城、护城壕、烽隧和环卫小城堡千姿百态，一应俱全。与古城同样壮观的是甘肃境内的古墓葬、墓群很多，有的品级颇高，为全国所仅见。它们也是会展文化产业可资开发利用的重要资源。

甘肃历史上是屏蔽关中、中原的门户和中央王朝势力强盛之时向西发展的重要根据地，边塞文化璀璨。耸立在农牧两大文化区系的分界线上的长城充分证明秦长城的出现是两大文化区系相互联系又相互对峙的必然结果，也是游牧民族逐鹿中原、饮马长江、与农耕文化血火相融的产物。汉、魏、隋、唐、宋、元、明、清各代都把河陇作为整个西北地区的战略支撑点。清朝顾祖禹认为，"欲保秦陇，必固河西；欲固河西，必斥西域"（《读史方舆纪要》）。因此，历代朝廷大都十分重视对河陇的经营开拓：修长城，列亭障，筑关塞，屯兵戍守，徙民实边，广置屯田，大兴农牧业生产，发展对外贸易和对兄弟民族的茶马贸易，以致《资治通鉴》有"天下称富庶者无如陇右"之记载。

---

① 李并成：《甘肃历史文化在中国文化史上的地位》，《陕西社会主义学院学报》2006 年第 2 期。

甘肃大地上因之留下了许多古战场遗迹和著名的边防关塞遗址。如天水、陇南一带仅三国争雄时期遗址就留存不少：街亭古址、诸葛亮军垒、祁山营堡、木门道、铁堂峡等。又如兰州金城关为丝路西行的临河关隘，自古有"滔滔几万里，独秀金城关"之说。与玉门关、阳关齐名的金关位于金塔县北约150公里处的黑河东岸，关址犹存，为进出河西腹地、北通蒙古高原的锁钥。

与此同时，河西地区计有10余处古绿洲沙漠化区域，如民勤西沙窝、武威高沟堡沙窝、张掖"黑水国"、古居延绿洲、马营河摆浪河下游（骆驼城周围一带）、金塔东沙窝、疏勒河洪积冲积扇西缘（锁阳城周围一带）、芦草沟下游、古阳关绿洲等，总面积约4600多平方公里。这些古绿洲中古代城址、遗址遍布，陶片、瓷片、砖瓦碎块等遗物俯拾即是，废弃的大片耕地、阡陌、渠道遗迹历历可辨。昔日壮观的伟墙高垒，今天已成颓垣残堞；昔日富庶的绿洲，今天已满目荒凉，沙浪滚滚。在这里足以观历史沧桑变迁，发思古之幽情，古绿洲是甘肃的一大特色文化资源。

历代文人墨客在甘肃大地上留下了大量诗篇。自汉武帝派张骞通西域，直至唐代安史之乱以前，陇右地区丝绸之路畅通，经济发达，文化繁荣，加之壮丽的山川景象和奇异的民俗风情，曾吸引不少文人奔赴边塞，或建功立业，或壮游苦旅。据不完全统计，《全唐诗》中的2000多首边塞诗中，约有1500首与陇右有关。唐代是中国历代旅陇诗人众多、咏陇名篇迭出的一个黄金时期，著名诗人王维、高适、岑参、王昌龄、杜甫、李商隐等均曾亲至陇上，留下了歌咏陇右山川的名篇。明清两代外省籍旅陇文人也不少，如谪戍陇右的牟伦、郭登、岳正、洪亮吉等，在陇右做官的有杨一清、朱真淤、唐龙、陈棐、冯维讷、吕大器、宋琬、许琰、黎建三、杨芳灿、徐荣庆、朱凤翔等，漫游陇上者有李攀龙、陈皋谟、李渔等。这些旅陇文人均写下了各具风采的咏陇篇章，为陇右文学增色不少。甘肃大地上还广泛流传着苏武牧羊、昭君出塞、霍去病收复河西、文姬归汉、鸠摩罗什传经、法显西行、薛仁贵征西、唐僧西天取经、马可波罗东方探宝等许多脍炙人口的优美故事和传说。

这些古城古墓遗址、诗词歌赋、人文典故、民间传说都是我国古代文明的文化标本，是古丝绸路上留存的一笔丰厚的历史遗珍。

六、甘肃是我国儒释道文化和谐共存、多元并生的代表场所

据记载，崆峒山早在秦汉时就为西北名胜，唐初建有溥沱寺，以后各代佛、道寺观多有修建。全山原有42处寺观，650多间建筑，72处石府洞天，

总称 8 台 9 宫 12 院。今崆峒绝顶之北的隍城保存完整，真武殿、老君殿及传说黄帝问道于广成子的问道宫等凝重典雅，巍峨堂皇，山下凌空塔耸拔庄严。崆峒山既有北方山势之雄，又兼南国山色之媚，集自然、人文美于一体，素享"崆峒山色天下秀"的美誉，现为国家重点风景名胜区、5A 级旅游景区和国家地质公园。省内其他道教建筑如泾川王母宫、天水玉泉观、兰州金天观等亦很有名。

七、甘肃红色文化、现代工业文化昌盛，移民文化多样

甘肃被列入全国 12 个重点红色旅游区，是陕甘宁红色旅游区的重要组成部分，宕昌县哈达铺、会宁县会师楼、华池县南梁、高台县烈士陵园、腊子口战役遗址、岷州会议纪念馆、直罗镇战役遗址、八路军驻兰州办事处旧址等均被列入全国百个红色旅游经典景区名录。甘肃的红色文化见证了我国红色政权筚路蓝缕的艰辛岁月。

甘肃工业发轫于左宗棠 19 世纪中晚期在兰州设立机器局，新中国的第一个五年计划期间，大规模的现代工业才真正开始在甘肃安家落户。石油、钢铁、煤炭、化工、有色金属、纺织等大中型企业星罗棋布于甘肃这片为农业文明所覆盖的土地上。这些现代工业文明缓慢但坚定地塑造了甘肃人民的思维方式、生产方式、管理方式、生活方式。

另外，早在先秦之前，甘肃就是移民、开发、屯边的主要地区，其后由于通婚、战争、流徙等诸多原因，甘肃移民文化历久弥新，影响深远。从史料看，西部的移民早在战国时期就已经大规模进行了，可以说，西部的居民也大多是移民或移民出身。移民不仅带来多样文化的交融互渗，也进一步激发了西部人民创造的激情和智慧。不管他们是出于什么原因来到甘肃，甘肃都养育和庇护了他们，而他们也都深深介入甘肃文化建设事业的洪流中，并成为主力军，他们的努力刷新了这里的文化内容，提高了这里的文化档次，使之进入当代中国文化的较高境界和水平。这是一个互相塑造、相互提升的过程。

从以上梳理可以看到，始祖文化、边塞文化、移民文化、红色文化、军屯文化、知青文化等文化多元共存，甘肃地域文化正是在这样的背景和积淀的基础上生长、发展起来的。它的古今并列、新旧同行、中西相融、农牧共举，以及多民族、多宗教的复杂构成，为它的进步开辟了广阔的前景。甘肃地域文化久远多样、丰厚宏阔，为"敦煌文博会"会展品牌塑造提供了取之不尽、用之不竭的宝库。同时，甘肃地域文化有丰富多彩的文化符号，如：黄土戈壁、

大漠雪山、草原林海、石林雪山、黄河桥隧、水车皮筏、驿道驼队、羊群烽燧、土城断壁、寺观造像、烽燧残台、灯笼古镇、街巷古城、饮食服饰、刀枪剑戟、腰鼓花轿、肥羊瘦马、赶集看戏、家务杂事、高原作物、傩戏道情、饮食起居、婚丧嫁娶、仪式风俗、节庆信仰、人生礼仪、戏剧仪轨、丧祭嫁娶、方言土语、花儿少年、歌谣谚语、舞蹈游艺、信天游、牧羊人、庄稼地、满月酒……这些能反映西部文化事相和魅力符号都是"敦煌文博会"品牌塑造可资借取并展开叙事的符号资源和创新空间。甘肃在开展特色会展活动中，一定要眼光向内，深入发掘并系统呈现这些文化资源，通过对地域特色文化符号的综合运用，打造出别具一格、享誉世界、价值无限的文化会展品牌，以此发挥甘肃在"一带一路"建设和西部文化产业开发中的龙头作用。

第四节　甘肃地域文化的特点

目前，甘肃地域文化还是一个生长、发展、变化着的概念，是一种尚难确定、没有本质化、没有完全实体化的、正在进行而远未完成的、包含了许多具体内容的概念。这是探讨"敦煌文博会"品牌建设时应该明确的首要问题。同时，我们在分析甘肃地域文化特质时，必须明确，当代甘肃地域文化不是独立于整个中国文化之外的，而是当代中国文化的一个有机组成部分。它的独特性是由它的自然地理、社会经济、历史演变、交往流动所决定的，这是"敦煌文博会"品牌建设的认识前提和发展根本。

一、甘肃地域文化在政治上表现为自始至终的融合性

甘肃地域文化是我国西部文化的重要组成部分，早在先秦时期，中国西部文化就呈现出整体文化的特征。魏襄王墓竹简中的《穆天子传》记载："周穆王游行四海见帝台西王母，《图诗》一篇，画赞之属也。"又载："庚长，天子六朝于宗周之庙，乃里西土之教……还归于周，三千里，合行兼数，三万有五千里。"这一记载说明，祖国西部各个民族很早就积极与华夏民族往来，华夏之邦的领主亦主动与西部少数民族联系，先秦以前，中国西部各

民族在不断变迁、融合、进化中呈现出整体化的特点。秦汉以后，西部民族文化进一步向汉民族文化融合，以游牧业为主的西部民族，首次把自己归入中国政治文化之中。南北朝时，魏人汉化，西部各民族与汉族共同生活。北魏和唐朝政治措施的文化显现使文化融合走向高潮，奠定了中华民族相互融合、共同发展的政治基础，打开了唐朝与西部外域民族往来的心理通道。元朝以来实行中外贸易、民族往来的政策，甘肃地区文化特别繁荣，尤其是西部地区陆路来的色目人，渐渐与当地蒙汉藏等民族融合，形成了中国土地上信仰伊斯兰教的回族。与此同时，当地的维吾尔、哈萨克等族，逐渐放弃了原来对佛教的信仰，皈依了伊斯兰教。这种民族融合政策带来了民族的进一步融合，使中国西部、包括甘肃地区率先走上民族共同体的道路。

二、甘肃地域文化在经济上表现为农、牧、商交融发展的综合性

内流水域和外流河源给甘肃地区民族生存提供了基础，草原大漠和起伏的高山给甘肃民族地区提供了纵横驰骋的广阔场所，海路未通之前的甘肃便捷的陆路交通，又为这里的民众提供了从事农业、牧业和商业的便利条件。大量史料证明，甘肃在秦汉时期已经形成了独立的农耕文化系统。农牧生产的高度发展扩大了社会交往和商品交往的范围，并改变了社会内部结构。"博望凿空"后，中原与西域的商业通道被打开，中国的丝和丝织品就沿着古丝绸之路源源不断地输往世界各地，长安以西的天水、陇西等六郡相当发达。"商胡贩客，日奔塞下，乐中国之风，因而宅者不可胜数。"（《洛阳伽蓝记》）因此许多学者把唐代长安的繁荣与当时西北的文明繁盛联系在一起。元朝西征和扩大贸易，西域文化潜入中国西部，经商之人、西征降服之人入居中国西部，使商业之风漫延，他们带来了伊斯兰商人善于经商的传统，这对元朝及后世政治、经济、文化的发展产生了较大影响。此时的西部民族，在经济上充满了活力，他们坚持以农为本、无本不稳，以牧为副、无副不活，以商为业、无业不富，以乡为根、富乡强民的方针。农牧商综合发展，甘肃地域文化在这样的条件下绵延不绝，辉煌不断。

三、甘肃地域文化在传统思想上表现为以儒家正统思想为主流的宗法权力型文化

甘肃自古就是民族聚集地域，少数民族多次入侵，但大都以入侵开始，

以互相融合告终。河西各民族在与汉民族融合中同时接受了汉民族正统的儒家文化，其集体忧患意识成为甘肃各民族宗法权力型文化的共同核心。究其根源，河西走廊一带历史上各民族不断冲突与融合，每个弱小的部落为了本部落的生存，必须首先拥护部落首领的指挥，在其被融合以后，又得无条件服从胜利了的民族。因此，在这冲突与融合绵绵不断的民族发展历史中，宗族首领和长者权威的意见对于民族自身的生存至关重要。宗法权力型文化重义轻利的道德观念与上下尊卑、阴阳贵贱等伦理观念结合起来，成为维护宗法等级关系和民族专制主义政治制度的文化基础。

四、多元开放、兼容并取，儒、道、释精神与伊斯兰教的结合构成甘肃地域文化的亮点

在甘肃地区，尽管各民族文化发展水平不一，但从文化渊源上考察，都有一个十分鲜明的特点，即多元性。也就是说，不论哪一民族，都或多或少、或直接或间接地吸收了古今中外一些民族的文化成分。不仅藏、维吾尔等人数众多的民族如此，就是人数较少的土、撒拉、裕固等民族亦不例外。另外，西北高原本来就是少数民族居住的地方，如氐羌、匈奴、柔然、鲜卑、党项、吐谷浑、突厥、回鹘、吐蕃等都曾在这里生息繁衍。在长期的发展中，通商和亲、驿路延展、战争合纵、移民实边、驻兵屯田、宗教扩散，西部成了汉族和各族共同生息的所在地和民族融合的大熔炉。正如陈寅恪所言："至于陇右即晋秦州之地，介于雍凉间者，既可受长安之文化，亦得接河西之安全，其能保存学术于荒乱之地，固无足异。"[1]

传统文化的"实用理性"决定了甘肃地域文化具有很强的开放性和涵容性。通过千百年的多维向心交汇，我们可以清晰地发现古波斯文化、古印度文化、古蒙古文化、古地中海文化和古中国中原文化在河西走廊不同程度的组合交融。而文化古道则保证了各类文化组织结构的耗散性、开放性。所以甘肃地域文化应看成动态的、开放的文化整合的板块。它有可能在疏离儒道互补文化圈时，较多地保存下自己的多元品格、阳刚之气和创新活力，从而使中国文化有一个新陈代谢、不断发展的原始、原创的动力支持。伊斯兰教兴起后，顺着中西通商之路，将伊斯兰文明向中国西部传播，伊斯兰教顺着商旅之路进入中国西部后，深受儒、道、佛学的影响，在宗法权力型文化的旧经线中，织入了伊斯兰教文明的纬线，形成了更为稳固的西部民族文化。

---

[1] 陈寅恪：《隋唐制度渊源略论稿（外二种）》，河北教育出版社 2002 年版，第 30 页。

五、宗教文化繁盛，文化的内倾性特征明显

甘肃的文化板块形成的原因有三个方面：地理原因、历史原因和信仰原因。特别是宗教文化，使"西部文化"在发展过程中内涵更丰富。甘肃不仅是一个多民族地区，而且是一个多宗教的地区。历史上，佛教、伊斯兰教、萨满教等许多宗教曾在西部地区盛行。正由于多种宗教长期盛行，甘肃民族文化自然受到宗教的深刻影响，直至今天，甘肃各民族物质文化、精神文化、制度文化、组织文化、民俗文化，乃至日常交往流动、婚丧嫁娶等各个方面都打上了宗教文化的烙印。甘肃宗教文化仍是西部文化园地中一朵摇曳的、不容忽视的奇葩。

与此同时，在历史上，甘肃的民族文化大都呈现出封闭性、多元性和开放性并行不悖的发展状态。倘若考察甘肃地区民族文化的发展历史，则不难发现，许多民族在形成及其后的一段时期内，为了丰富自身的内涵、促进不断发展，大量吸收了周围地区民族的许多文化因子，大量的异族文化注入民族文化之中，从而使之呈现出开放性和多元性。但是，当民族文化发展到一定阶段，受宗教文化、自然条件等诸方面的影响，其自身的锁闭机制日趋增强，文化的排他性亦越来越强烈。长此以往，便造成了甘肃民族文化的封闭性。这种封闭性与排他性直到互联网多媒体技术普及之后才逐渐重新走向开放。

甘肃地域文化的内倾性即对中华民族主流文化的强烈依附性。甘肃地域文化根植于中国西北这块广阔的土地之上，因此，它的特点首先同西北地区的山川地理分不开。这里多大山、大川、戈壁、沙漠和草原，还有沟壑纵横的黄土高原，气候寒凉，降水量小。这些地理上的特点，使之在经济、政治、文化、风俗等各方面即反映出自己的特色。同时，耕地少，雨量小，草地多，天气冷，畜牧业发展与中原地区农业相互依赖，这导致甘肃地域文化对中原农耕文化明显的借鉴与依附。

六、甘肃地域文化积淀深厚、类型完整

甘肃在久远的历史长河中兼容并包，创造并形成了包括语言、宗教信仰、自然崇拜、神话传说、故事、歌谣、舞蹈、节日、服饰、建筑、手工艺、礼仪习俗，以及生存理念、生活和生产方式等在内的民族文化。河西走廊是中西文化交流的主要通道，丝路的开通是"西部文化"形成自己特色的又一个重要因素。河西地区被称为中西文化交流的"中继站"与"大熔炉"。著名

学者姜亮夫在论及敦煌艺术时说,敦煌艺术"包罗了中国传统的艺术精神,也包罗了中西艺术接触后所发的光辉,表现了高度的技术,及吸收类化的精沉的方式方法,成为人类思想领域中的一种最高表现。它总结了中国自先史以来的艺术创造意识,也吸收了印度艺术的精金美玉,类化之,发恢之,成为中国伟大传统的最高标准,它是人类精神的最高发扬"①。不独敦煌艺术如此,整个河陇文化亦鲜明地表现出这种特征。众所周知,中原王朝的儒学、道教,以及冶铁、印刷术、火药制造等的西传,中亚及西域佛教、祆教、景教、伊斯兰教,以及音乐、舞蹈、古戏的东来,都是通过丝路实现的,在河西走廊上沉淀下两种文化交流的明显痕迹,这是其他地区所没有的。加之深厚绵延的本土文化,多种文化的共存互渗造就了甘肃地区文化积淀深厚、类型完整的鲜明特色。

从精神文明看,发源于陇东的周文化的"和实生物,同则不继"的和谐思维与公关精神,形成了崇尚礼乐的中华人文精神的原生形态;发源于天水陇西的秦文化具有纳异进取的开拓竞争心态和讲求功利的工具理性主义倾向;汉文化以柔济刚、健顺有为,综合杂多,有开阔恢宏的大家气象;唐文化开放豪迈,悦纳"胡风",转换生成,展现了不断创新的文化自信情怀。所有这些,形成了甘肃地域的动态多变、序列完整、类型多样的文化长廊。本土文化与外来文化的自由交流、东方文明与西方文明的交融汇合使得甘肃历史文化不但是本乡本土的产物,而且成为东西方文化交流融合的范例。

---

① 姜亮夫:《敦煌——伟大的文化宝藏》,上海古典文学出版社 1956 年版,第 3 页。

第四章 政府主导型会展业与品牌建构的逻辑与价值

根据 2021 年 2 月中国互联网络信息中心（CNNIC）发布的第 47 次《中国互联网络发展状况统计报告》，截至 2020 年 12 月，我国网民规模达 9.89亿，较 2020 年 3 月增长 8540 万。手机网民规模达 9.86 亿，互联网普及率达 70.4%。网络视频用户规模达 9.27 亿，较 2020 年 3 月增长 7633 万，占网民整体的 93.7%。其中短视频用户规模为 8.73 亿，较 2020 年 3 月增长1.00 亿，占网民整体的 88.3%。我国网民的人均每周上网时长为 26.2 个小时。[1] 这一数据表明，我国民众主要通过互联网获取信息，他们接触信息的方式已经由媒体的单向传播过渡为如今的互联网、意见领袖、网民共同构建的多级传播语境下的交互传播。这是媒介融合时代品牌塑造与推广的主要社会背景。

---

① CNNIC：《中国互联网络发展状况统计报告》（第 47 次），中国网信网，2021 年 2 月 3 日。

第一节　融媒体时代政府主导型会展业的品牌影响

互联网在我国的快速普及对政府主导型会展品牌塑造的影响，可以概括为品牌形象的塑造、品牌传播渠道的选择、形象会展品牌接触点的控制、会展主办方与游客之间的交互情况四个方面。

一、开拓会展品牌形象塑造的新空间

在媒介融合时代，大众使用媒介的目的和诉求出现了明显的差异化趋向，过去商家投放广告，无法筛选出具体的受众群体，因此许多广告是无效的。商家不仅需要耗费大量的成本资源，而且受限于载体容量的限制，传播的内容不能详尽，在很大程度上不利于会展品牌的形象塑造。互联网时代的到来，给传播载体的容量带来了巨大的飞跃和提升，文字可以缩成字节储存在互联网中，承载会展品牌的图文甚至 3D 效果都非常直观便捷，受众可以随时随地观看。这使品牌塑造有了更多发挥的空间。

人工智能的出现给分众化传播提供了更多技术支持。根据受众的搜索记录和对不同题材文章的点击率，可以迅速地将受众区分为现实的会展消费者和潜在的会展消费者，会展方可以给用户精准画像，有针对性地投放广告和内容介绍。这样可以节省布展方的广告成本，将更多的成本投入更有效的传播当中去，对会展品牌形象的塑造来说意义和空间都十分巨大。

二、会展品牌传播渠道选择更多元

互联网带来了传统媒体向新媒体的变革，受众从每天定时定点阅读一份报纸，获取单向的信息，变成了通过各种各样的社交媒体进行交互式信息传递。形式也从纯文字演变成图文结合、动画、视频等涉及多种感官刺激的信息传递方式。这给会展主办方的信息传递提供了巨大的便利。在传统媒体时代，政府主导型的会展业的信息传递一般通过官方报纸公布，题材较为单一，方式十分简陋。但在互联网的语境下，H5 页面和短视频等传播方式正以不同的形式刺激着受众的感官，这种传播渠道极大地增强了会展品牌的吸引力，拓展了接受面。

同时，社交媒体的出现给人际传播增加了更大的传播空间，身边意见领袖对品牌的理解可以更加直接地影响消费者对会展品牌所产生的共鸣。受众对网络中人际传播的需求甚至大于大众化传播的需求，主办方可以通过更加适合自己受众的传播方式来对自己的品牌进行塑造，能够得到更好的品牌塑造效果。互联网改变了受众获取信息的方式，也为会展品牌塑造渠道的多元化带来了难以估量的影响。

三、会展品牌触点控制更精准

品牌触点即大众能够看到的品牌塑造传播途径的数量。舒尔茨认为触点指的是"消费者体验品牌形象或者某种可传递信息的情景"[1]，传播渠道增多带来的是受众对相关信息的接触面积的增大。德国心理学家艾宾浩斯经过研究发现，同样的信息出现在大脑中的次数越多，越容易被记住。互联网带来的品牌触点的空前增多和深入，可以帮助受众获取更多的有价值的信息，并且产生较为牢固的品牌记忆。这些有效信息的传播可以提升和固化品牌美誉度，政府主导型会展可以通过受众美誉度高的社交平台传播信息，增加受对众的影响力，对于会展品牌的塑造来说是一个多接触点、强影响力的品牌塑造方式。

四、会展主办方和游客之间交互更即时与深入

在融媒体时代，互联网受众与传统媒体受众出现了前所未有的分化，受众碎片化且表现出不同的个体特性和信息认知。社交媒体增强了双向沟通、提高了用户体验、扩大了定制化需求，而"定制化能力和定制化产出可以帮助企业发挥其巨大的产能优势"[2]。用户体验是产品的灵魂，更是品牌影响力塑造与提升至关重要的因素。

会展品牌塑造的知名度、美誉度、忠诚度构建是一个循序渐进的过程。

[1] Don E. Schultz, Stanley I. Tannenbaum, Robert F. Lauterborn. *The New Theories of IMC*, China Water Conservancy and Hydropower Press, 2004, p. 107.

[2] [美] B. 约瑟夫·派恩、[美] 詹姆斯·H. 吉尔摩：《体验经济》（原书更新版），毕崇毅译，机械工业出版社 2012 年版，第 2 页。

互联网能够在传播信息时利用多种渠道、多种接触点和沉浸式体验增强受众对信息的感知，也可以通过后续的精准服务来增强受众的体验感和获得感。互联网使消费者的意见和体验更容易被感知，在品牌与消费者的互动中，对消费者意见反馈的即时吸纳进一步提高了消费者的品牌认知和黏度，最终对提高消费者品牌忠诚度形成深刻而长远的基础性支撑。

第二节　会展业与品牌塑造的内在逻辑

文化产业就是以提高社会效益为目标、以营利为最终目的、以市场为主要发展机制，从事文化产品（包括物质文化产品和非物质文化服务）生产活动。文化产业的发达程度不仅是一个国家文明程度的标志，而且是经济实力与产业结构合理化的重要标志。

我国"十五"计划中，第一次将发展文化产业写入国家发展战略规划。党的二十大报告，进一步强调"繁荣发展文化事业和文化产业"。这就要求我们在全球化背景下中国参与国际竞争的战略高度，进一步认识文化产业的多重属性和功能，把文化产业作为增强我国综合竞争力的重要内容。

一、品牌与品牌传播

在英语世界，"'品牌'（brand）一词源于古挪威语的'brandr'，意思是'打上烙印'"[①]。在人类社会早期，人们将多种多样的符号烙印在牲口或者物品上，以表示对物品的所有权，这是品牌发展的起源。这也说明，"品牌"概念的形成是人类对周遭物品"分类"并赋予不同类别物品不同的意义和价值的过程。在这一过程中，"符号化"的品牌也就逐渐充当了文化理想和价值的指代物，代表着特定物品的档次、信誉，以及消费者的身份、荣耀与消费状态。

"随着第一次工业革命带来生产力、社会的生产规模大幅度提升，生产商试图通过图案来进行品牌的规模化传播，带来更多的影响力，商标随之产生。

---

① [英]保罗·斯图伯特：《品牌的力量》，尹英、万新平、宋振译，中信出版社2000年版，第1页。

随着市场化的不断加剧，生产商希望通过接触性活动推广自己的商品并形成影响力，最终实现商品的品牌化。"①这便有了现代化品牌的含义。这时的"品牌"已经超出单纯的物品所有权意义，更多地体现着消费者对产品的感受，社会大众品牌意识的确立是现代营销逐渐走向成熟的重要标志。研究表明："消费者对品牌广告的共鸣对品牌偏好有着显著的正面影响。……而品牌偏好对消费者购买意愿有着显著的正面影响。"②因此，寻找能够使消费者产生共鸣的品牌意义与情感，成为广告创作的重要任务。在现代社会，品牌使得大众的日常消费及市场交易超越了商品买卖或交换的博弈场所这一狭隘认知，而变为一个特殊的"社会交往"的领域和一种"社会互动形式"，品牌成为构建大众某种现代信仰的巨大力量。

此后，在品牌的商业推广实践中，消费社会的来临导致消费开始体现人的社会化过程和文化适应过程。通过消费，在商品的交换价值和使用价值实现的过程中，品牌开始赋予、转换和消解商品越来越丰富的社会生命和文化生命，开始在社会与文化的意义上塑造"社会交往"的主体和方式。品牌引导下的消费不再"仅仅是一种经济现象，而是一种复杂的、综合性的经济、社会、政治、心理和文化现象"③。正如社会学家卢汉龙所说："由于消费直接取得人们对物质和精神需求的满足，由于服务也已成为一种'产品'供人们'消费'，由于政府和公共部门的管理越来越采用市场化的方式来实现它的效率，由于知识也正已成为一种可以计量商业价值的产品，所以，消费已不是一般的经济环节，而是人类社会价值实现的一种体现，成为推动经济与社会向前发展的一种动力。"④

品牌具有如下三个共同的关键要素。第一，品牌是一种象征。消费者心智是品牌的终极战场，对打造品牌具有决定性意义，真正的品牌是消费者心智中代表特定品类的名字或者符号。品牌"就是在目标顾客的头脑中构筑起绝对的存在意识和不为他所动的专属空间"⑤。一个品牌如果无法与消费者建立亲密联系，给双方带来价值，就丧失了成为品牌的资格。第二，品牌具有个性。品牌个性往往用于传达品牌的核心价值与核心信息。品牌是与竞争对手区隔的关键要素，"致力在广告上树立明确突出性格品牌形象的厂商会在市

---

① [日]田村正纪：《品牌的诞生——实现区域品牌化之路》，胡晓云、许天译，浙江大学出版社 2017年版，第3页。

② 余可发：《消费者品牌广告共鸣的内容、结构及其影响研究》，《上海管理科学》2012年第3期。

③ 刘泓：《从商品社会关系看广告意义的生成与传播》，《广告大观（理论版）》2007年第1期。

④ 戴慧思、卢汉龙：《中国城市的消费革命》，上海社会科学院出版社2003年版，第6页。

⑤ [日]片平秀贵：《品牌本质是发现梦想》，林燕燕译，东方出版社2007年版，第3页。

场上获得较大的占有率和利润"①。第三，品牌具有价值。品牌知名度、品牌认知度、品牌忠诚度、品牌联想是支撑一个品牌、一个组织长远发展的独有资产，"品牌资产既包括属于品牌的感知价值，也包括由消费者积极的品牌行为所产生的经济价值"②。

可见，品牌除使产品具有符号的识别性、方便消费者指认购买、提供产品质量保障、成为企业区别竞争对手的有效手段外，最重要的是通过赋予产品意义系统和形象系统，使产品具有了文化性和情感性，品牌也因此成为具有文化品格、情感象征、意义系统和人格样式的复合体。在商品的象征性附加价值中，品牌具有了社会、文化、意识形态之内涵，并按照某种象征意义的联想范式，进一步突出产品的名声、威信等社会价值，在各种生活方式、思想方式、见解、道德与习惯的一般环境中赋予品牌某种意义，由此也就造就了一种全新的品牌传播形态。

在这种新的品牌传播形态中，消费者一旦和品牌建立起强烈的情感联系，其独特的情感价值就在顾客心中建立起一个神圣不可侵犯的专属空间，这时，品牌不再属于企业而属于消费者。品牌的象征性成为消费者选择产品的标准，这种选择不仅是物质属性的选择，更多的是情感的选择。品牌使商品超越了简单满足人们物质需求的功能价值，而更多地具有了符号意义与符号价值，消费行为成了追寻意义的行为。消费不再只是经济行为，更转化为在种种符码下，以被差异化了的符码为媒介而如语言活动般的文化行为。

从品牌的概念及其属性我们可以肯定，品牌在消费社会和融媒体传播时代的价值日益凸显。"在现代英文里，Consumer（消费者）与Consumption（消费）为普遍通用的描述性名词，意指享用各种各类的货品与服务。"③"享用"过程是人的情感与意识参与的过程，"因使用某物得到满足（或不满足）"都包含了消费者选择的态度及心理与感受，可见消费本身不仅仅是一种经济行为：在其本质上，消费是"人的实现或人的现实"④。作为人类正常的生产和生活活动，消费是生产的前提，也是人类自身发展的需要。而品牌一方面成了社会学意义上人际关系建构与群体认同的原材料，另一方面又是这种建

---

① [美]大卫·奥格威：《一个广告人的自白》，林桦译，中国友谊出版公司1991年版，第92页。

② [美]唐·舒尔茨、[美]海蒂·舒尔茨：《唐·舒尔茨论品牌》，高增安、赵红译，人民邮电出版社2005年版，第156页。

③ [英]雷蒙·威廉斯：《关键词：文化与社会的词汇》，刘建基译，生活·读书·新知三联书店2005年版，第85页。

④ 中共中央马克思恩格斯列宁斯大林著作编译局编译：《马克思恩格斯全集》（第3卷），人民出版社2002年版，第298页。

构与认同的外化和表达。"'我'就是我所消费的东西和我所采取的消费的方式，面对品牌世界，'我'消费什么和怎样消费，是由'我'对'我是谁'的看法所决定的。可见，人们从事品牌消费，实质上不过是创造、维持或改变着自我认同。"① 对于特定的品牌而言，它所具有的社会意义意味着品牌能够体现消费者的社会关系、社会地位、社会价值和社会贡献。而品牌意义不仅体现着消费群体内部通行的价值体系，其中包括情感、知识、思想、经验、意志、观念等内容，而且还包容着消费群体通常认可的规范体系，如道德规范、政治规范、行为规范等。"品牌通过商品以多种多样的传播形式加入社会的进程，并通过包含和融渗在其身的文化传统、规范、符号等信息对人们的生活和社会意识发挥作用，影响着人们的一举一动。"② 因此，在消费社会里，品牌塑造与传播问题日益受到社会各方的重视。

品牌传播（Brand Communication）是指通过媒介手段，将品牌的含义传递给受众，即通过广告、公共关系、新闻报道、人际交往、产品或服务销售等传播手段，最优化地提高品牌在目标受众心目中的认知度、美誉度、联想度。③

在互联网时代，全球经济一体化的趋势愈发明显，网络把全球连接成一个整体，而互联网也使品牌的传播更加可视化。在数字化时代的大背景下，品牌传播成了品牌塑造中不可或缺的一环。品牌因其自身所容纳的社会价值体系和规范体系对人们精神文化的巨大影响，作为信息载体和文化载体的品牌，其传播不仅教育和引导着社会大众的消费观念与文化意识，也呈现着大众的个人价值与身份认同，所以，品牌传播对社会的文明进步发挥着不可忽视的作用。

我国网民对互联网的使用率在不断提升，对网络服务和知识的获取已经到达非常高的水平。在这新传播格局下，品牌传播要取得理想效果，就必须充分地与互联网和先进技术相结合。

二、品牌会展的含义

品牌会展是指已经在一定程度上塑造了品牌形象、具有一定的品牌传播力的展览。有学者认为，品牌会展是指具有一定的规模，能代表和反映该行

---

① 王宁：《消费社会学》，社会科学文献出版社 2001 年版，第 53 页。

② 刘泓：《从商品社会关系看广告意义的生成与传播》，《广告大观（理论版）》2007 年第 1 期。

③ 余明阳、舒咏平：《论"品牌传播"》，《国际新闻界》2002 年第 3 期。

业的发展动态和发展趋势，对该行业具有较强的指导和影响力的会展。[①] 本书认为，"影响力"较为抽象，难以可视化，因此导致对品牌会展的理解多停留在概念比较阶段，没有清晰的界限。但国际社会对会展的规模、影响力等会展的综合实力有一个细化的认证标准，即 UFI 认证，我国目前有 63 个展览取得了 UFI 的认可并通过了认证。

每个会展都会有品牌塑造，或成熟或青涩。品牌会展在品牌塑造的维度上完成得更好。根据 UFI 认证的标准，品牌会展必须具备以下四个条件：（1）举办方要稳定，能够取得国家相关部门的认可，认定其为规模较大的国际性会展；（2）对外国参展商、参展数量、展出面积均有明确要求；（3）举办场馆必须有接待条件，可以保证游客和参展商的舒适度；（4）对会展的连续性也有要求，保证品牌有一定的经验和积淀。最后还有一些对参展商的要求。总的来说品牌会展之所以称为"品牌"，就是因为能够为其他的会展提供一定的借鉴价值，在信息、专业性、服务和基础设施上有更高的水准。[②]

三、品牌建构的内在逻辑

品牌建构即将品牌的内涵与外延联系起来，希望品牌的受众能够迅速地将品牌标识与品牌意义相联系，因此品牌建构在本质上是一种符号学工程。[③] 学者何佳讯认为"品牌化的经典逻辑强调建立品牌要遵循品牌导向（不同于消费者导向），强调一切结果都要在品牌塑造者的控制之中，而今天建立品牌的环境是开源品牌化（open source branding），企业无法控制品牌的一切，消费者则处于主导地位"[④]。

凯文·莱恩·凯勒阐述了基于消费者的品牌金字塔模型（Customer-Based Brand Equity，简称 CBBE），如图 4-1 所示。凯勒认为，按照 CBBE 模型，从上到下可以分为品牌关系（Brand Relationships）、品牌反应（Brand Responses）、品牌意义（Brand Meaning）和品牌识别（Brand Identity）。上述四个层面又依赖于构建品牌的六个维度：品牌特征

---

① 王春雷、冯琦：《国外品牌展览会的移植策略分析——以慕尼黑 EXPO REAL CHINA 2004 为例》，《旅游学刊》2005 年第 2 期。

② 陶树丰：《社会化媒体时代政府主导型展会的品牌建构研究——以"义博会"为例》，硕士学位论文，华东师范大学，2018 年。

③ 李思屈：《东方智慧与符号消费：DIMT 模式中的日本茶饮料广告》，浙江大学出版社 2003 年版，第 1 页。

④ 何佳讯：《品牌的逻辑》，机械工业出版社 2017 年版，第 3 页。

（Brand Salience）、品牌表现（Brand Performance）、品牌形象（Brand Imagery）、消费者评判（Consumer Judgment）、消费者情感（Consumer Feeling）和消费者共鸣（Consumer Resonance）。其中，品牌特征对应品牌识别，品牌表现与品牌形象对应品牌意义，消费者评判和消费者情感对应品牌反应，消费者共鸣对应品牌关系。最基本的品牌识别是建构品牌特征，品牌意义是在强调品牌的表现与形象，品牌反应是基于消费者的评判和情感而来的，最后一步是在消费者与品牌的关系上产生共鸣。CBBE 模型所研究的核心问题是品牌力，而品牌力存在于消费者对品牌的知识、感觉和体验之中。也就是说，品牌力是一个品牌随着时间的推移存在于消费者心目中的所有体验的总和。应该说，CBBE 模型为自主品牌建设提供了关键途径，从建立正确的品牌标识到创造合适的品牌内涵，再到引导正确的品牌反应，最后缔造适当的消费者—品牌关系。由此形成了评价品牌的六个维度：显著性、绩效、形象、评判、感觉、共鸣。

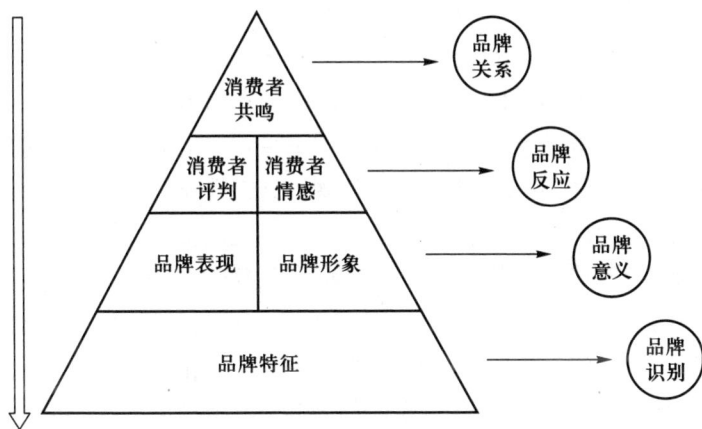

图 4-1 品牌金字塔模型

但是在互联网如此发达的今天，品牌建构已经不仅仅是消费者的被动接受，品牌建构的环境也发生了极大的改变，消费者对品牌的需求对于品牌塑造来说影响更加巨大，互联网给消费者提供了更多表达诉求的渠道，也给消费者之间的信息畅通提供了途径。这些诉求被商家捕捉到，从而影响了品牌塑造的过程。互联网时代的今天，品牌的塑造更加倾向于"逆向金字塔模型"[1]，将消费者与品牌关系的建构放在了首位。

---

① 陶树丰：《社会化媒体时代政府主导型展会的品牌建构研究——以"义博会"为例》，硕士学位论文，华东师范大学，2018 年。

第三节 会展品牌塑造与提升的价值

一、融媒体时代消费文化的转向

1970 年波德里亚出版了其代表作《消费社会》，对西方社会进行剖析与批判，使"消费社会"一词广为流行。消费社会颠覆了以往以生产为中心的社会结构，把消费和消费行为置于社会的主导地位。消费社会具有两个特征："一是消费的符号化；二是消费价值观的变化。"[①] 在消费社会里，"消费者们消费的并不是商品本身，而是商品所包含的意义和所代表的符号"[②]。随着消费社会的深入发展，消费文化也发生了历史性的转向。

1. 从物的消费到符号的消费

菲利普·科特勒曾把人们的消费行为大致分为三个阶段：第一是量的消费阶段，商品短缺，消费者追求量的满足；第二是质的消费阶段，在量的满足的基础上，追求高品质商品；第三是感性消费阶段，消费者在量、质满足的基础上，追求最能体现自己个性与价值的商品。[③] 随着商品的极大丰富，人们的消费需求已经不再仅仅满足于御寒、充饥等基本层次。人的基本的功能性需要在满足以后往往就被遮蔽起来，在感性消费阶段，人们消费的往往是精神符号，而不只是物的功能。消费蕴含了双重过程："一种是显性的过程，即对产品使用价值的功能性消费；另一种是隐性的，即对产品符号内涵的文化 - 社会性消费。"[④] 商品开始具有符号价值和展示功能，消费是"作为一种从经济交换价值向符号交换价值转变的消费"[⑤]。在今天，消费所界定的恰恰是商品作为符号、作为符号价值被直接生产，以及符号（文化）作为商品被直接生产的阶段。从物的消费到符号的消费，商品的品牌价值日益凸显。

---

① 杨魁、董雅丽：《消费文化理论研究——基于全球化的视野和历史的维度》，人民出版社 2013 年版，第 17 页。
② [法] 让·波德里亚：《消费社会》，刘成富、全志纲译，南京大学出版社 2000 年版，第 48 页。
③ 转引自周婧《感性消费时代"探险家"原型的广告策略》，《当代传播》2011 年第 3 期。
④ 王宁：《从苦行者社会到消费者社会：中国城市消费制度、劳动激励与主体结构转型》，社会科学文献出版社 2009 年版，第 501 页。
⑤ 罗钢、王中忱主编：《消费文化读本》，中国社会科学出版社 2003 年版，第 31 页。

2. 消费观念的演变

居伊·德波在《景观社会》中认为，"景象对人的征服就是经济对人的征服。经济对社会生活的支配走过了两个阶段。在第一个阶段，是马克思曾经说到从存在转向占有的堕落，……第二个阶段则导向了从占有向炫示（Appearing）的堕落，特定的物质对象让位于其符号学的表征"①。从"使用"到"占有"，从"占有"到"炫示"，人们的消费观念已经发生了巨大的变化。英国人类学家玛丽·道格拉斯指出，我们之所以能够通过物的使用来确定我们的社会关系，是因为物的秩序直接反映着社会的秩序，所谓"衣分三色，食分九等"正是特定历史时期社会等级区分的产物。"选择物品和消费可以为我们提供微妙的线索，确定社会等级的性质和一个文化内部的权力。"②可见消费成了一种确定社会身份的行为，消费活动既是私人化的行为，又具有了公开性和展示性，包含了地位显示和地位竞赛的意蕴。当消费打上了文化的烙印，商品所具备的符号意义与价值就凸显了出来，商品必须通过符号价值来彰显其社会文化功能。炫示性消费对符号价值的需求催生了品牌建设与品牌传播。品牌成为商品"符号价值"的最佳载体，使商品的符号价值得以实现并产生认同，成为炫示性消费者的指认代码，品牌的象征意义代表了消费者的声望、品位、个性，成为新的社会分层标准。

3. 生活的审美化

1988 年 4 月，迈克·费瑟斯通正式提出"日常生活审美化"的概念。"今天的审美活动已经超出所谓纯艺术/文学的范围、渗透到大众的日常生活中，艺术活动的场所也已经远远逸出与大众的日常生活严重隔离的高雅艺术场馆，深入到大众的日常生活空间，如城市广场、购物中心、超级市场、街心花园等与其他社会活动没有严格界限的社会空间与生活场所。"③金元浦说："当代文化艺术不在'深闺'中，就在今日青年的'随身听'中；美不在虚无飘渺间，就在女士婀娜的线条中；诗意不仅在诗文卷帙里，也在楼盘销售的广告间。"④审美泛化成为 21 世纪文化发展的显著特征，日常生活的美学化成为重要的消费趋势。媒介的"内爆"（麦克卢汉语）使真实成为一种"仿真"的、"审美的"存在。"商品登上了使人膜拜的宝座，时尚则确定了被爱慕

---

① 转引自周宪《视觉文化与消费社会》，《福建论坛（人文社会科学版）》2001 年第 2 期。
② 罗钢、王中忱主编：《消费文化读本》，中国社会科学出版社 2003 年版，第 38、14 页。
③ 张飞龙：《迈克·费瑟斯通的消费文化理论研究》，博士学位论文，北京语言大学，2009 年。
④ 金元浦：《审美泛化与审美空洞》，《光明日报》2005 年 7 月 1 日，第 11 版。

的商品希望的崇拜方式。"①消费者在追逐时尚的游戏和凭借品牌的"符号化"生活中完成了对自我身份的区隔。

伴随着消费者的消费观念从"使用"到"占有"、从"占有"到"显现"的变化，以及消费具有的空前的意义表达能力，广告也发生了从"商品广告"到"品牌广告"的转变。"消费者的需要和欲望"导向产生了现代市场营销学的"创意革命"，品牌形象至上观念被企业普遍接受。与此相适应的是，企业的营销活动整体转向满足消费者的需求，营销活动从产品的功能性推销转向品牌形象的塑造，从传播产品能给予消费者的实际物质利益转向注重消费者的心理感受、诱发情感共鸣。所以，广告不再直接追求短期销售效果，转而追求告知、劝服、诱导的"传播"和"营销"双重功能的发挥。品牌形象被放置到广告活动更高的层次，开始全方位突出"品牌个性"，强调品牌的个性差异。"品牌个性化理论"实际上就是突出品牌人格化，品牌形象的本质差异来自品牌个性的差异，品牌形象开始具有了性格。相应的，品牌成为具有意义依附的符号，凸显出品牌的符号价值，成为显现消费的外在指认符码。"当我们设计的传播刺激唤起存在于观众或听众心中的意义时，共鸣就产生了。而传播的信息所代表的意义，则是由观众或听众依据以往他自己对传播者的刺激所获得的经验来决定。"②

二、消费社会下会展品牌塑造与提升的价值

1. 有利于塑造政府主导型会展的品牌形象

良好的品牌形象是品牌塑造是否成功的重要标准。政府主导型的会展有天然的主办方和媒体优势，合理利用互联网和人工智能技术可以帮助主办方迅速并精准锁定会展的受众，通过大数据分析建立起差异化的会展品牌定位。在此之后，建立科学适用的品牌识别系统，使符合目标受众认知的品牌识别系统助力品牌的高效力传播。而互联网多传播途径、多触点接触的特征可以增强会展主办方和受众之间的有效沟通，并通过品牌塑造的三个维度——知名度、美誉度、忠诚度来塑造品牌会展的形象。以杭州文博会为例，其通过调查进行了受众的分众化定位，对会展品牌和其主要受众人群进行了精准定位。凯普福乐认为，基于公关学的品牌塑造包括四个方面：品牌根基（Brand

① 鞠惠冰编著：《广告文化学》，北京师范大学出版社 2013 年版，第 37 页。
② 吕尚彬、兰霞：《人本观广告的崛起》，《兰州大学学报》2002 年第 6 期。

Root）、品牌定位（Brand Position）、品牌主旨（Brand Theme）和品牌执行（Brand Execution），即通过公共关系和各种传播手段来定位受众、传达品牌的形象表达、执行品牌策略。在会展市场化竞争如此激烈的今天，塑造可持续的品牌形象，利用更有针对性的宣传和营销手段完成具有竞争力的品牌架构，是政府主导型会展杀出重围的关键环节。

2. 有利于地域经济的发展

会展产业的投入与产出比可以达到 1 : 9，是一种高回报、绿色可持续的经济行为。会展可以带动城市旅游、餐饮、娱乐、交通等多种产业的全方位发展。为分析我国政府主导型会展品牌的特性，特此将我国较为典型的、品牌塑造较好的政府会展品牌的名称、主办单位整理如下。（见表 4-1）

表 4-1　我国主要的政府主导型会展统计表

会展名称	会展简称	主办单位
中国国际进口博览会	进博会	商务部、上海市政府
丝绸之路（敦煌）国际文化博览会	敦煌文博会	贸促会、甘肃省政府
中国进出口商品交易会	广交会	商务部、广东省政府
华东进出口商品交易会	华交会	商务部、上海外经贸商务展览有限公司
中国义乌国际小商品（标准）博览会	义博会	商务部、义乌市政府
中国国际装备制造业博览会	制博会	商务部、辽宁省政府
中国国际工业博览会	中国工博会	商务部、上海市政府
中国（深圳）国际文化产业博览交易会	深圳文博会	宣传部、商务部、广东省政府
中国国际航空航天博览会	珠海航展	促贸会、广东省政府
中国北京国际科技产业博览会	科博会	商务部、北京市政府
中国国际高新技术成果交易会	高交会	多个政府部门、深圳市政府
中国 - 亚欧博览会	无	商务部、新疆维吾尔自治区商务厅
中国 - 东北亚博览会	无	商务部、吉林省政府
中国 - 东盟博览会	无	中国和东盟十国经贸部门、广西壮族自治区政府

资料显示,欧洲发达国家会展业的产值可以达到国民生产总值的2%左右。对我国所有政府主导的会展品牌而言,带动产业发展、拉动经济提升均是其办展主导目标。会展作为招商引资的一个重要的平台,通过政府的主导,成为拉动区域经济和相关产业的窗口,形成乘数效应。[①]纵观近20年媒体报道的与会展有关的新闻,一个基本的内容就是,通过会展达成的交易达到相当高的数量,以此说明会展的成功或会展影响力的巨大,也以此说明我国政府部门主办的会展活动在促进区域经济的发展方面发挥了极大的作用。

3. 有利于政府形象的塑造

政府形象是政府行为的一种综合的大众主观画像[②],由建筑形象、事件形象和工作人员形象构成。政府相关部门主办会展是一种政府行为,会影响大众对政府行为的主观感知,从而影响政府形象的塑造。

政府主导的会展,既是政府行为的延伸,也是政府视觉形象的延伸。因此,这一类会展在办展风格与执行上和商业会展有明显不同。政府主导的会展,大众在获取会展信息、参与会展、展后信息传递与满意度调查上均会对政府行为有所感知。运作成熟的品牌会展可以促进政府行为系统的想象与塑造,对帮助政府打造服务型政府、树立良好的政府公信力有巨大的帮助。同时,政府主导的会展在办展过程中,涉及许多政府标识、公务人员着装服饰、相关政府部门车辆等外在符号,这些软性信息在会展中的传播能够产生巨大的品牌黏性,更容易为大众所接受。所以,品牌会展是政府形象塑造的机会之窗。

4. 有利于地域形象的提升

有专家指出,城市形象的塑造要发掘城市营销的核心价值。[③]会展营销就是其中一个重要部分,通过会展推销产品来再造并推介城市形象,逐渐成为现代市场活动中广受政府青睐的一种低投入、高回报的地域形象塑造方式。

品牌会展拥有良好的知名度、美誉度和忠诚度,有独立的形象识别系统,是城市名片的一部分。政府主导型会展在拉动内需、增加投资、带动产业发展和区域经济发展的同时,促进了地域之间的文化交流,是展示城市开放发展的窗口,对地域乃至国家、民族形象的提升有很大的帮助。

---

① [英]约翰·梅纳德·凯恩斯:《就业、利息和货币通论》(重译本),高鸿业译,商务印书馆1999年版,第28页。

② 廖为建:《论政府形象的构成与传播》,《中国行政管理》2001年第3期。

③ 何国平:《城市形象传播:框架与策略》,《现代传播(中国传媒大学学报)》2010年第8期。

　　政府主导的会展可以体现政府形象，而政府形象是城市形象的重要构成部分，在城市形象建设中处于主导地位。① 从这个角度来看，会展已经成为政府行为中的一个"符号"，可以帮助政府塑造一个平民化、服务化的形象，提升政府的知名度和美誉度，将政府执行力和亲和力更多地展现给大众。尤其是国际性的高端会展，邀请各国嘉宾与会，全球媒体聚焦，可以极大地促进政府间的交流，并塑造、传播独特的地域形象。

---

① 廖为建：《论政府形象的构成与传播》，《中国行政管理》2001 年第 3 期。

第五章 "敦煌文博会"品牌塑造与传播调查

自2016年至今，敦煌文博会成功举办六届，已累积了一定的品牌知名度。但总体来看，"敦煌文博会"品牌的塑造工作还处于起步阶段。只有明晰品牌定位、持续完善品牌内涵、凸显品牌个性，品牌才能得到受众的喜爱并产成忠诚，进而实现品牌的辐射和联动价值。

第一节 "敦煌文博会"品牌的内涵与特征

美国著名市场营销专家菲利普·科特勒在《营销管理：分析、计划、执行与控制》一书中对品牌的定义是："品牌是一个名称、名词、符号或者设计，或者它们的组合，其目的是识别某个销售者或某群销售者的产品或劳务，并使之同竞争对手的产品和劳务区别开来。"[1] 通俗地讲，品牌就是消费者对

① 转引自崔晓文主编《广告策划与实务》，清华大学出版社2016年版，第5页。

产品的认知程度，品牌是建立在消费者心目中的，成功的品牌可以抓住消费者的心。然而品牌塑造是一个长期且复杂的过程，并非一朝一夕就可以形成，品牌塑造的核心是品牌知名度、美誉度和忠诚度。敦煌文博会目前举办六届，已经形成了自己的品牌。

一、"敦煌文博会"的品牌内涵

关于会展品牌的研究非常广泛，但学术界对其概念界定一直未达成一致。钟颖认为，展会品牌是指展会项目之无形资产的总和，物化可视的是展会的名称、标识、吉祥物等，抽象可感的是好的联想和亲近感。展会品牌的实质是展会项目的差异化，这种差异化建立在满足参展客商需要、定位清晰、形象鲜明、卓有成效的基础上。[①] 谭宏等人认为，会展品牌是一个会展与其他会展相区别的某种特定的标志，是具有一定规模、能代表这个行业内的发展动态并对该行业有指导意义的具有较强影响力的会展标识。[②] 不管是哪种界定，学者均强调会展品牌代表着特定会展的名称、标识、吉祥物等，代表着会展提供的产品和服务，强调会展品牌在会展业中的重要作用。本书认为：会展品牌是以文化交流、文化推介为主体内容，以具有地域特色和文化内涵的名称、标识设计、会展风格等各种因素组合为载体，能够为参展商、投资商、与会人员提供优质产品和服务，为组织者带来溢价并且产生增值的一种无形资产。

"敦煌文博会"品牌作为会展与品牌的结合体，既具有会展交流、沟通的特性，又具备品牌的特征。"敦煌文博会"品牌体现出以下三个方面的特点。

第一，"敦煌文博会"品牌具有强烈的特色文化象征性。不管是外在的场馆风格的设计（唐代风格建筑）、场馆外部空间的利用及场馆内部的布局，还是敦煌文博会的标识、主题、理念等各个方面，均体现着敦煌文博会独有的特色。

第二，"敦煌文博会"品牌具有稳定性。敦煌文博会每年一届，且每届办会宗旨和目的一致，有助于树立自身品牌文化和品牌风格，进而提高顾客的辨识度和忠诚度。

第三，"敦煌文博会"品牌与纯粹的商业品牌有所不同。"敦煌文博会"

① 钟颖：《基于品牌展会评价标准的展会品牌战略管理思考》，《商场现代化》2007年第22期。
② 谭宏、田书芹：《试论品牌会展塑造的三层面方法》，《企业经济》2008年第8期。

品牌在发挥其经济效益的同时，更要注重品牌的文化功能及品牌在国际合作中的桥梁作用。会展期间的与会人员、参展商、工作人员、当地群众等均是"敦煌文博会"品牌的核心组成部分。"敦煌文博会"品牌打造充分体现了"以人为本"的原则和宗旨，体现了推进文化共享的意识与诉求。

二、"敦煌文博会"的品牌定位

所谓品牌定位是指，让品牌在消费者心智阶梯中占据最有价值的位置，并使品牌成为某个产品新品类的代表。[①]品牌定位理论出现在"信息传播过度"的时代背景下，信息的巨量性和便利性大大增加了信息识别难度和信息淘汰速度，识别成本和风险大大增加。[②]艾·里斯和杰克·特劳特在充分吸收独特销售主张理论（USP）和品牌形象理论的基础上，提出了"定位理论"。定位理论是第一个应对过度传播信息情况下信息不被接受这一难题的理论体系。[③]定位理论的出现意味着，消费者不再被视为广告信息试图影响和改造的客体，而是决定广告信息的主体。[④]随着新媒体技术的不断发展，"定位理论"逐渐显现其优势，即注重消费者的主观能动性，强调消费者在品牌形成过程中的积极作用。因此，在品牌定位中，一个全新的"生活者"[⑤]形象被构筑起来，重视和激发在多元框架下品牌的形成，努力了解"生活者"的心智，注重情感沟通，最后形成品牌价值共创的共同体。

首先，从品牌标识来看，敦煌文博会的标志从整体看是一个"文"字，它直观地表达了敦煌文博会是以文化交流共享为主的会展活动；"文"被设计成两条相互交错的彩色丝带，增强了灵动感，寓意不同文化的交流与融合。（见彩插1）诺贝尔文学奖得主莫言在首届敦煌文博会举办的论坛上曾说："敦煌文博会的标志看起来像是一位挥舞着丝带奔跑的女性，这种奔跑像是东方人奔跑着向西方学习，同样也像是西方人奔跑着向东方学习。丝绸之路正是这样一条思想文化交汇之路，互相学习、互相借鉴之路。"[⑥]这个标志十分准确地表达了敦煌文博会文化交流的品牌定位。

其次，敦煌文博会的主题始终紧紧围绕丝路文化交流这一定位，以论、展、

① 王家华：《定位时代下的品牌传播策略研究》，硕士学位论文，上海外国语大学，2012年。
② 刘艳：《过度信息市场环境下品牌识别系统模型的建构》，《系统工程》2008年第2期。
③ 刘常亮：《基于定位理论的中国生鲜农产品品牌识别研究》，硕士学位论文，兰州大学，2013年。
④ 李珂、曲颖：《"定位理论"及其形成脉络探析》，《合作经济与科技》2019年第11期。
⑤ 胡百精：《敞开的品牌》，中国人民大学出版社2016年版，第99~101页。
⑥ 莫言：《在首届敦煌文博会分论坛上的主题演讲》，每日甘肃网，2016年9月20日。

演、创、贸、游等形式和丝绸之路沿线各国的政要、学者、参展商、知名企业代表、演职人员、游客等进行文化交流与共享。

最后，会展活动塑造的品牌形象总是和其所担负的使命息息相关。敦煌文博会的使命是推动文化交流，共谋合作发展。在这一使命的要求下，以丝绸之路精神为纽带，以文明互鉴共享与文化交流合作为诉求，从而实现民心相通，着力打造一个国际化、高端化、专业化的国家级文化博览会，使敦煌文博会成为中国与丝绸之路沿线国家开展文化交流合作的重要平台、推动中华文化走出去的重要窗口、丝绸之路经济带建设的重要支撑。[1] 从敦煌文博会的使命可以看出，"敦煌文博会"的品牌定位始终围绕文化交流展开。

三、"敦煌文博会"品牌的核心竞争力塑造

所谓品牌核心竞争力是一品牌区别于另一品牌的独特优势所在，具有难以复制的个性特点。20 世纪 50 年代，美国罗瑟·瑞夫斯率先提出了独特销售主张理论（USP）。该理论强调广告必须要向消费者陈述一个明确的主张，告知销售理由及消费者购买的理由，并且这个产品必须是独一无二的，是同类产品当中没有提到过和表现过的，应具有强大打动力和吸引力。[2] 经过长达半个多世纪的发展，独特销售主张理论依旧具有鲜活的生命力，商品销售也越来越注重"独特卖点"的塑造与推介。对于"敦煌文博会"品牌而言，其独特卖点主要体现在三个方面：第一，敦煌文博会的会展专业性；第二，敦煌文博会的平台资源优势；第三，敦煌文博会的历史文化及社会资源优势。

1. 敦煌文博会的会展专业性

现代会展业在我国已经有几十年的发展历程，随着我国市场经济水平的不断提高，市场竞争日趋激烈，会展已成为诸多城市、省份提高当地经济发展水平、改善地域形象的重要方式。目前，国内成熟并且影响力较大的品牌会展较多，比如深圳文博会、杭州文博会、北京文博会等。它们经过多年的办展积累，在会展组织、协调模式、会展品牌推广等方面形成了成熟稳定的流程。而对于甘肃而言，举办敦煌文博会这种高规格的世界性的文化博览会

---

① 《丝绸之路（敦煌）国际文化博览会准备工作会 14 日在敦煌举行》，《甘肃日报》2015 年 10 月 11 日，第 1 版。

② 张金海、程明主编：《新编广告学概论》，武汉大学出版社 2009 年版，第 21 页。

还是首次。甘肃地处祖国西北，经济发展水平、基础设施、办展理念、思维模式等方面相较于发达地区存在不小的差距。并且，敦煌文博会的永久会址定在毫无会展经验的敦煌市，这对于甘肃、对于敦煌来讲，是机遇，更是挑战。要想打造"敦煌文博会"这一会展品牌，就需要着力凝聚出独特的主题、内涵、诉求与特色。

2016年以来，敦煌文博会虽然举办时间短，但敦煌国际会展中心的设计与规划、展馆内部重要会议大厅的布置和安排、场馆内部基础设施建设、安保力量等方面都达到了国际水准。如敦煌大剧院整个建筑设计分地下两层（局部三层），音频系统使用的是国内顶尖设备，具备模拟信号和数字信号之间自动相互备份的功能，建筑面积38200平方米，与国家大剧院的舞台相近，可容纳1200多人；敦煌国际酒店也是专门为敦煌文博会期间接待外宾建设的；在基础设施方面，为保证与会嘉宾能够顺利抵达敦煌，加快建设敦煌机场，开设国际专线，开通"兰州—敦煌"直达动车……会展工作组织有序、高效标准，并且创下"敦煌速度"。从首届会展开始，敦煌文博会都紧紧围绕"丝路文化互鉴与共享"这一主题，不断创新形式、丰富内涵。敦煌文博会的特色和影响力也在不断增强。2018年11月，在"第十七届中国会展（会奖）产业年度评选金手指颁奖盛典"上，敦煌文博会荣获"十大政府主导型展览会"奖项[①]，足见国内外会展界人士对敦煌文博会的认可。"敦煌文博会"品牌逐渐形成，成为向世界展示甘肃风采的名片。

2. 敦煌文博会平台资源优势

敦煌文博会是目前国内外唯一以"一带一路"国际文化交流为主题的综合性博览会。敦煌文博会虽然地点设在甘肃，但是它实施的是国家战略，承担的是国家使命，是国家层面的活动。敦煌文博会受到国内外的关注，参展嘉宾、展商及会展规模不断扩大。同时，横向比较可以看到，在同类文博会中，深圳文博会商业运作的痕迹更明显，邀请的参会嘉宾中，政府人员仅占三分之一左右，其他为参展商与民众的主动参与。而敦煌文博会在邀请的参会嘉宾中，政府人员或学者超过60%，可见，政府在会展中发挥着更多的资源整合优势，参展商可以借助敦煌文博会获得更多的国内外政策性资源。"敦煌文博会"品牌在国内外政府间的不断交流和碰撞中走向世界，在完成历史使命的过程中愈加彰显。

[①] 施秀萍：《敦煌文博会荣获"十大政府主导型展览会"大奖》，《甘肃日报》2018年11月14日，第1版。

3. 敦煌文博会历史文化与社会资源优势

会展活动的竞争力高低同样与会展举办地有着密切的联系。如深圳举办文博会最大的地域优势就是毗邻香港，有助于推进深港两地间的合作，这种地域优势是其他城市会展所不具备的，也是其品牌差异化发展的重要资源。敦煌文博会虽然在西北内地举办，但甘肃作为古丝绸之路的核心地带，是古丝绸之路发展历程的见证者和丝路文化的塑造者。古丝绸之路千年发展历程为甘肃留下了敦煌莫高窟、麦积山、嘉峪关、玉门关、悬泉置等大量的文化遗产。敦煌是中西千年文化交流和碰撞的枢纽，积淀并承载着丝路文化、边塞文化、民族文化、长城文化、游牧文化、沙漠文化、石窟文化等多种多样的文化样态，敦煌是中西文化的交汇与集中之地，是中国西北的重要缩影，也是"丝绸之路经济带"倡议落地的关键和先行示范区。甘肃厚重的文化底蕴及在古丝绸之路中扮演的重要角色等，均是敦煌文博会的核心竞争力塑造与提升的重要资源。敦煌与河西走廊独特的历史、地理、人文、文化等优势成为"敦煌文博会"品牌竞争力提升的关键。敦煌文博会期间大量国内外媒体齐聚敦煌，通过文字、图片、视频等形式的会展报道，让国内外大众更好地了解丝路、了解甘肃、了解敦煌。

经过几年的发展，敦煌文博会的独特优势已经显现，敦煌文博会逐渐将丝路文化、甘肃地域形象融入"敦煌文博会"品牌的构建当中，品牌初步形成，"敦煌文博会"品牌成为推介甘肃地域形象的主要手段。

第二节 "敦煌文博会"品牌塑造情况调查与分析

近 10 年来，我国会展经济蓬勃发展，产生了一批具有世界影响力的会展品牌。甘肃以 2013 年习近平总书记提出建设"丝绸之路经济带"倡议为契机，在 2016 年开始举办敦煌文博会。敦煌文博会提出以"推动文化交流、共谋合作发展"为宗旨，逐渐成为国内具有一定影响力、知名度和美誉度的会展品牌。

由于敦煌文博会刚起步,品牌塑造与推广还处于起始阶段,在品牌管理与运营等方面还存在诸多问题。为深入了解"敦煌文博会"品牌价值、塑造现状和存在的问题,本书通过细致的数据挖掘、深度访谈和理论总结,希望为这一品牌的提升、推广和增值提供建设性意见和建议。

一、调查基本情况

本调查按照大卫·艾克(又译戴维·阿克)提出的品牌价值塑造的四个过程[①](品牌知名、品牌认知、品牌联想与品牌忠诚)和敦煌文博会的实际情况,从品牌认知度、品牌知名度、品牌美誉度、品牌忠诚度、品牌联想度五个维度展开量化研究。共发放调查问卷200份,其中回收有效问卷147份。样本的选取采用非概率抽样中的滚雪球抽样方法。

在有效样本中,男性80份,占比54.4%;女性67份,占比45.6%。18岁以下11份,占比7.5%;18~29岁70份,占比47.6%;30~44岁46份,占比31.3%;45~59岁19份,占比12.9%;60岁以上1份,占比0.7%。受过小学教育的1份,占比0.7%;初中教育20份,占比13.6%;高中教育24份,占比16.3%;大学教育102份,占比69.4%。本地(甘南、敦煌)居民65份,占比44.2%;非本地本省居民52份,占比35.4%;外省居民30份,占比20.4%。调查对象结构合理,分布均匀,反映情况的典型性和代表性较高。

二、"敦煌文博会"品牌塑造情况

敦煌文博会作为国际化、高端化、专业化的国家级文化博览会,从设立之初,就希望成为中国与丝绸之路沿线国家开展文化交流合作的重要平台、推动中华文化走出去的重要窗口、丝绸之路经济带建设的重要支撑、展示甘肃地域新形象的重要渠道。按照业界普遍认可的会展分类,敦煌文博会属于政府主导型会展,是"我国各级政府积极利用会展活动,以展会项目为载体实施公共服务的一种重要方式,也是中国会展业一个独特的现象"[②]。

---

① [美]戴维·阿克:《品牌资产管理》,奚卫华、董春海译,机械工业出版社2006年版,第9页。
② 应丽君:《会展绿皮书:政府主导型展会发展报告(2010)》,人民日报出版社2010年版,第8页。

1. "敦煌文博会"品牌认知度分析

品牌认知度指的是大众对品牌的理解和认识程度。敦煌文博会由政府主导,其权威性不言而喻。基于"敦煌文博会"品牌创建时间较短,以下首先分析品牌认知度的塑造程度,来判断"敦煌文博会"品牌的大众认知程度。

(1) 对"敦煌文博会"品牌定位的认知

会展品牌定位,一方面有助于增加会展的影响力,吸引优质外来资本进入,或吸引大量的展商前来布展,促进会展的可持续发展;另一方面会展品牌化也有助于充分发挥品牌效应,带动当地相关产业的发展。"敦煌文博会"品牌定位是打造国际化、高端化、专业化的丝路文化交流平台。一个品牌在市场上具有高信誉度、高美誉度、高品质等特质就决定了品牌的主导性。品牌独一无二的风格特点及其区别于其他产品的优势一旦被消费者认可,就会在整个消费市场领域起到举足轻重的作用。"敦煌文博会"品牌定位由"论、展、演、创、贸、游"六类 23 项主体活动来展现,"高峰论坛""文化年展""创意展""文艺展演"均属于敦煌文博会期间的活动内容。调查显示,大众对"敦煌文博会"品牌定位并不是很了解,他们的关注点更多取决于媒体报道情况,从以往四届会展来看,大众最关注的是"今年哪位重要领导来讲话"、来了多少外宾,至于对会展专业化的认识还十分模糊。(见图 5-1)这在一定程度上说明了"敦煌文博会"品牌定位的针对性、可辨识度和解读性还存在明显的问题。

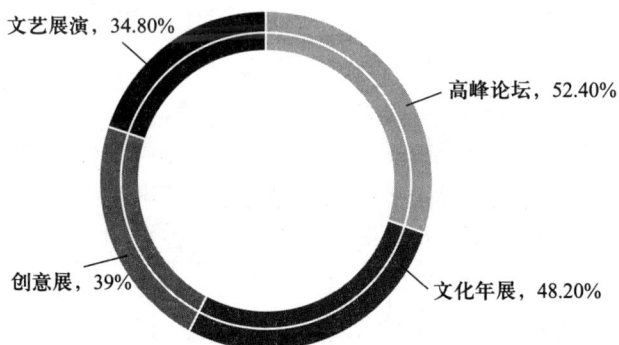

图 5-1 受访者对"敦煌文博会"品牌活动的了解情况

(2) 对"敦煌文博会"品牌规模的认知

品牌规模认知是反映品牌价值的重要指标。品牌的价值性体现在品牌所有者可以凭借品牌优势源源不断地获取利益，可以利用品牌的资本内蓄力、形象扩张力及市场开拓不断发展壮大。调查结果显示，在147位调查对象中仅有24.4%的人参加过四届敦煌文博会，甚至还有18.9%的人一届都没有参加过。（见图5-2）"敦煌文博会"品牌诉求之一是搭建一个丝路文化的"亲身体验"平台，如果参与率过低，大众就很难对"敦煌文博会"品牌形成准确、客观、全面的认知，从而影响品牌的价值及其成长空间。

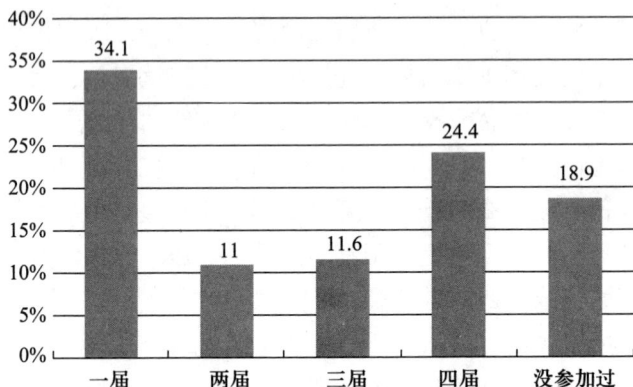

图 5-2 被调查者四届敦煌文博会参与情况统计

同时，从敦煌文博会参展商、参展作品数量和展出面积对比，可以看出前四届敦煌文博会，确实存在双数年规模大、参展作品多，单数年规模小、参展作品少的状况。数据波动幅度较大，另外，由于敦煌文博会举办时间有限，规模化不足，目前尚未取得国际展览联盟的认证，因此，前三届敦煌文博会虽然展出面积有所增加，但展出的作品数量总体呈下降趋势。（见表2-3）

（3）对敦煌文博会主题的认知

展会主题是会展品牌建构的核心要素之一，品牌建构即将品牌的内涵与外延联系起来，希望接触品牌的受众能够迅速将品牌标识与品牌意义相联系。因此品牌建构在本质上是一种符号学工程。[1]调查表明，大众对四届敦煌文博会的主题认知程度不够，品牌在建构上政府主导色彩明显，政治意义强于市场逻辑，缺乏顾客导向，前四届敦煌文博会的主题与品牌定位匹配度存在问题。

---

[1] 李思屈：《东方智慧与符号消费：DIMT模式中的日本茶饮料广告》，浙江大学出版社2003年版，第193页。

（4）对敦煌文博会内容与性质的认知

我们在调查和访谈中发现，大部分群众对敦煌文博会性质缺乏明确认知，甚至一些参与组织的政府官员都不十分清楚。调查显示，59.2%的受访者认为"敦煌文博会"是大型的文化博览会，选择"国际论坛"和"政府行为"的比例也相对较高，分别为29.9%和25.9%。在文博会的内容上，受访者选择比例分布相对均衡，选择"国际论坛"所占比最高，达到65.3%。大众对敦煌文博会的定位和内容了解较多，知道敦煌文博会的整体构造，对敦煌文博会有着较为立体的认识。

会展经济是由会展商品生产、流通、交换、分配各个环节组成的，由各种经济组织及相关经济活动主体共同构成的。"敦煌文博会"品牌认知是一个十分复杂的系统工程，它既和品牌设计、定位、推广力度密切相关，同时也与媒介的参与程度和广度、与大众的口碑传播密不可分。从调查结果来看，大众对敦煌文博会的整体影响力认知、规模认知、内容认知和性质认知比预期要好，但与政府和展会主办方的愿望还存在明显距离。

2. "敦煌文博会"品牌知名度分析

品牌知名度是指大众认识到或者记起品牌的能力，是认识度的进一步深化。品牌知名度主要靠媒体的反复报道给大众累加重复感。敦煌文博会已连续举办了六届，国内外媒体对敦煌文博会进行了大规模集中报道，敦煌文博会的知名度已经树立起来。但最终将这种品牌的知名度变现为市场影响力，还需要参与敦煌文博会参展商和游客的良好体验和口碑传播。从调查数据来看，有32%的受访者非常同意敦煌文博会的名气很大，40.8%的人同意敦煌文博会的名气大，可见敦煌文博会在受访者中的知名度很高。进一步思考敦煌文博会高知名度与媒体宣传报道的关系，我们发现，随着互联网的普及和移动端使用互联网的便利性不断发展，敦煌文博会的宣传途径逐渐丰富，大众获取敦煌文博会相关信息的机会也与日俱增。表5-1显示：通过手机网络获取敦煌文博会信息的受访者最多，占比61.9%；其次是电视，占比42.2%。可见移动互联网客户端已经逐渐成为大众、特别是青年群体获取信息的主要渠道。61.9%的受访者认为敦煌文博会的宣传途径丰富，路牌广告、人际传播、报纸、广播的占比均超过10%，可见敦煌文博会的宣传途径广、渠道多，大众对敦煌文博会的知名度感知较强。

表5-1　大众获取敦煌文博会信息的主要途径

对敦煌文博会信息的获取渠道			对敦煌文博会宣传途径的了解情况		
选项	次数	百分比/%	选项	次数	百分比/%
报纸	29	19.7	非常多	37	25.2
电视	62	42.2	比较多	54	36.7
广播	23	15.6	一般	42	28.6
手机网络	91	61.9	不多	10	6.8
朋友之间交流	44	29.9	非常少	4	2.7
路牌广告	54	36.7	总计	147	100.0
没看到过	15	10.2			

在品牌影响方面,敦煌文博会的主题明确,展会定位为政府主导的沟通交流平台和带动经济增长的引擎。敦煌文博会由于是政府主导,其品牌形象由相关政府机关塑造,主流媒体集中报道,因而较容易建构品牌认同感,形象较为正面。但"敦煌文博会"品牌传播方式较为单一,媒介传播不生动。

"敦煌文博会"品牌标志诞生后,相关活动就必须规范使用品牌标志,同时也需要利用大众媒介大力传播这一品牌的标志及其内涵。但课题组在现场随机采访了几位参观者,他们均不同程度地表达了不知道"敦煌文博会"品牌标志及含义。经常到敦煌出差并参加过两届敦煌文博会的受访者LYF表示:"我没见过'敦煌文博会'的品牌标志,就是你手中卡片上这个图形啊,这么小的,谁看得见呀!"问起他是否知道敦煌文博会品牌标志的含义,他说:"我就知道这像个行走的人,又像丝带,但不知道这个标志有啥子含义,也没看过有关解读的文章、视频、推送啥的。"从调研结果和检索相关报道结果来看,品牌标志的传播效果并不如人意。尽管在每届敦煌文博会的宣传过程和宣传产品中都会使用这一标志,但由于缺乏针对标志的宣传和解读,没有持续性对品牌标志进行维护,导致民众对敦煌文博会品牌标志无感。后续可以选择在敦煌文博会举办前期集中开展品牌标志文化内涵宣传,比如通过抖音等媒介讲述品牌标志背后的故事。

受访者对第四届敦煌文博会参会人数及级别的感知度明显低于前三届,认为"参会人数非常多"的比例低了8.2%,认为"参会人数比较多"的比例低了 8.8%，认为"参会人数比较少"的比例增加了 13.6%。第四届参会人数感知度的降低可能导致敦煌文博会知名度会出现一定程度的波动。

3. "敦煌文博会"品牌美誉度分析

美誉度指的是用户对品牌的赞誉程度和信任程度，也是大众对品牌认可度的重要体现。只有参与敦煌文博会的大众数量持续并规模性增长、体验感增强，美誉度才会随之增加，因此美誉度是知名度的延伸。

政府办展，既是政府行为的延伸，也是政府视觉形象的延伸。政府主导的会展品牌，在办展风格与执行上与商业会展品牌不同，大众在获取会展信息、参与会展、展后信息传递与满意度调查上均会对政府行为有所感知。好的会展品牌可以对促进政府行为系统的形象塑造、帮助政府转型为服务型政府及树立良好的政府公信力等方面有所帮助。因此，品牌美誉度对会展经济的联动效应的达成至关重要。

从调查数据看，敦煌文博会美誉程度比例最高的选项是视觉元素的设计，其次是会展的选题／主题，再次是文化氛围的体现。在以上数据中，评价最差的是敦煌文博会的日常安排，差评率为 7.5%。对敦煌文博会活动内容认可的选项比例均超过 50%，可见受访者对敦煌文博会活动内容的美誉度较高，但多数选项都以二度选项为主，所以在内容上面仍有进步的空间。（见表 5-2）

会展业是一个复杂的系统工程，影响其品牌评价的因素也非常多，用户评价存在以偏概全的情况，也存在先入为主的"刻板成见"情况。调查证实了这一点，对敦煌文博会主办方的评价，好评率达到 81%，说明大众对该展会的主办方美誉度很高。其中差评主要集中在住宿餐饮、参会便捷性、信息获取平台滞后、商品价格问题和会展活动安排不合理等方面。对敦煌文博会的举办效果和品牌传播效果，受访者的差评数据较低。结合访谈可知，差评主要是因为是敦煌文博会举办时间与敦煌旅游黄金期有部分重叠，这一方面有利于对会展品牌的认知与拓展，另一方面对主办地的基础设施和服务质量带来了极大压力。

第四届敦煌文博会首次将开幕式放在敦煌之外的地方，据大众评价结果分析，对场馆建设的评价稍有降低：好评的比重由 70% 降至 66%，但基本维持稳定，多数人对敦煌文博会展馆建设表示满意。受访者对此届敦煌文博会场馆服务的评价相较于往届略有下降。大众对场馆服务的评价不增反降，可见服务质量提升不明显，影响了大众对"敦煌文博会"品牌的美誉度评价。

表 5-2 受访者对敦煌文博会的美誉度评价

品牌内容		品牌活动		文化氛围		丝路文化呈现效果		日程安排		会展选题/主题		视觉元素设计	
选项	百分比/%	选项	百分比/%	选项	百分比/%	选项	百分比/%	选项	百分比/%	选项	百分比/%	选项	百分比/%
非常满意	25.9	非常好	25.9	很浓	29.9	非常好	28.6	非常满意	26.5	非常好	32.7	非常好	33.3
满意	40.1	好	44.2	比较浓	31.3	好	46.3	满意	55.1	好	53.1	好	40.1
一般	27.9	一般	25.2	一般	26.5	一般	20.4	不满意	10.9	一般	6.8	一般	11.6
不满意	3.4	不好	1.4	比较淡	7.5	不好	0.7	非常不满意	7.5	非常不好	7.5	不清楚	15.0
非常不满意	2.7	非常不好	3.4	很淡	4.8	非常不好	4.1	总计	100.0		100.0		100.0
总计	100.0		100.0		100.0	总计	100.0						

4. "敦煌文博会"品牌忠诚度分析

忠诚度是大众接触到会展品牌对其进行认知和评价之后，对会展品牌产生的行为偏向。忠诚度会影响大众积极获取品牌的相关信息、主动接触品牌、再次参与、参会及购买品牌关联产品等行为，是品牌价值的核心。忠诚度强调会否再一次选择该品牌，所以参加过敦煌文博会的届次是考察忠诚度的一个重要的认知标准。这个调查数据可参考图 5-2。

是否愿意将品牌推荐给周边亲友并进行口碑传播、是否已经推荐过品牌展会也是评判大众对品牌忠诚度的重要标准。从调查数据看，愿意推荐敦煌文博会的比例高达 89.8%，推荐过"敦煌文博会"的比例为 81.6%，可见敦煌文博会良好的口碑传播态势已形成，品牌忠诚度已经形成良好的基础。（见表 5-3）另外，亲友推荐是影响受众态度变化的最重要因素[1]，参与过敦煌文博会的受众可以发散地影响周围人群对该展会的态度。当肯定的态度相遇之后，便会形成螺旋式的上升，形成品牌忠诚度。

表 5-3　受访者对"敦煌文博会"品牌忠诚度的感知

是否推荐过敦煌文博会			是否愿意推荐敦煌文博会		
选项	次数	百分比 /%	选项	次数	百分比 /%
经常推荐	54	36.7	愿意	132	89.8
偶尔推荐	66	44.9	不愿意	1	0.7
从未推荐过	27	18.4	态度模糊	14	9.5
总计	147	100.0	总计	147	100.0

获得感体现在大众参与敦煌文博会之后内心情感的变化，获得感可以转化为幸福感，是判断大众是否从满意购买者进一步转化为情感购买者和忠诚购买者的重要标准，是衡量品牌忠诚度的重要维度。数据显示：有 34.7% 的受访者认为参加本届敦煌文博会有"很多收获"，认为"有收获"的受访者比例高达 86.4%，获得感评价颇高。可见受访者可以在敦煌文博会中得到信息、服务、衍生产品等方面的满足感较好。"获得"的越多，代表大众再次参与敦煌文博会的意愿度越高，较高获得感会培养大众对"敦煌文博会"品牌的忠诚度，激发敦煌文博会的市场活力。

[1] 林远珣、廖文利：《人际传播对品牌建设的影响》，《中国广告》2008 年第 1 期。

5. "敦煌文博会"品牌联想度分析

会展品牌联想是指在目标受众(展商和顾客)记忆中形成的联想,包括对展会的类别、品质、服务、价值等判断和想法。[①]敦煌文化是敦煌文博会的核心亮点,最易产生品牌联想。敦煌文博会可以充分利用这一点,进行周边产品的延伸。品牌联想是品牌的核心竞争力,是区别于其他品牌的重要维度。其中,参会动机最能体现品牌的吸引力,考察大众参加敦煌文博会的目的,判断敦煌文博会的价值特性,从中能够发现大众对敦煌文博会的价值认可。在参会动机中,"丝路文化的吸引"占到了 70.7%,以绝对优势成为最具吸引力的参会动机;而提到敦煌文博会,受众印象最深刻的也是丝路文化,占比 72.8%。由此可见,丝路文化是"敦煌文博会"品牌的核心价值,要塑造"敦煌文博会"的品牌联想度,丝路文化是至关重要的一个部分。

内容联想是大众到了展会现场之后,经过对展会品牌的感知产生的联想。从数据来看,大众对敦煌历史的了解最为突出,占比 61.9%;在对文化的了解方面,则是地域特色文化的吸引力最强,占比 52.4%,与敦煌文博会的初衷不谋而合。(见图 5-3)但值得关注的是,其他文化关注度的占比相对较为平均,可见大众通过敦煌文博会了解文化的需求是很强的。无论是参会动机分析中的首要动因"丝路文化",还是内容联想分析中占比最高的"敦煌历史",都属于"地域特色文化",可见敦煌文博会的差异性就体现在地域特色文化上,这也是敦煌文博会的独特性和差异性,即"敦煌文博会"品牌的底色与成色所在。

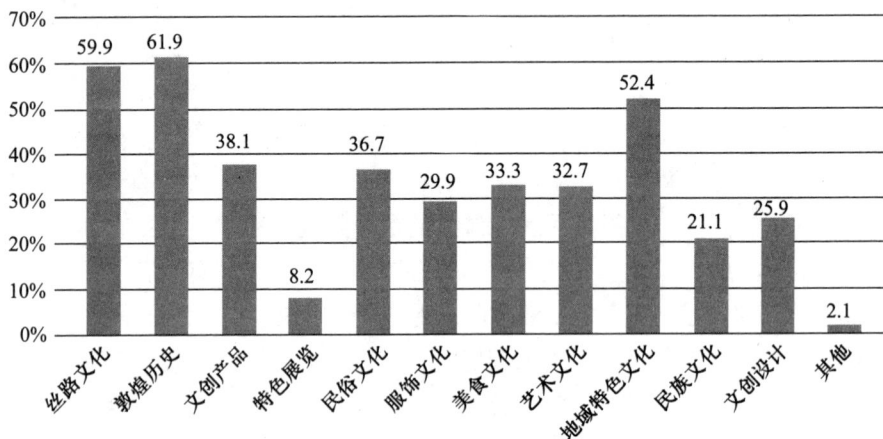

图 5-3 受访者对"敦煌文博会"的品牌联想

[①] 李艳娥:《科技会展品牌资产的提升途径与对策研究》,《科技管理研究》2013 年第 22 期。

三、调查发现和结论

品牌塑造是会展品牌资产的核心部分[1]，其作用是让大众认识和了解会展品牌，知晓会展品牌的独特性和不可替代性，从而对会展品牌产生好感、依赖甚至情感共鸣，最后转化为购买力和再次参会动力的过程。目前，"敦煌文博会"品牌已经初步塑造完成，大众对敦煌文博会的认知较为全面，并且转化为一定的知名度，产生了较高的美誉度。高忠诚度表示敦煌文博会具有良好的口碑，并且可以进行高质量的人际传播。敦煌文博会以丝路文化积淀为依托，在联想度塑造中，大众对丝路文化的联想度非常高。文化交流平台是敦煌文博会的主要定位，所以敦煌文博会的效益度主要来源于文创产品。在文创产品的售卖上，敦煌文博会表现亮眼。

敦煌文博会会展品牌的塑造由四年的运营逐渐积累而成，根据调查问卷的数据，第四届敦煌文博会的运营呈现下降态势，需要更加重视广告传播和传统媒体的传播，营造营销态势，通过整合营销传播，使大众对敦煌文博会产生立体印象，形成情感认同和联想，建立品牌形象，提高品牌的美誉度和忠诚度，最终形成效益度。

由于敦煌文博会更偏重政府行为、针对大众的宣传明显不足、目标受众的群体小等原因，游客量少，参展者无法达到自己的目的，久之可能会对敦煌文博会失去信心，这一点需要引起主办者更多的重视和关注。

会展业属于第三产业，且经济价值高，绿色环保、可持续发展。敦煌文博会的举办带动了当地产业的转型升级。敦煌文化是一个巨大的文化IP，但敦煌文博会对旅游业的挖掘深度不够，不能真正体现敦煌文化的价值内涵。需要通过对敦煌文化的深度挖掘促进敦煌经济自我扩张和产业结构调整，推动敦煌经济健康发展。

在新的社会环境和互联网语境下，我国文化会展业普遍面临着客流量减少、时空限制、用户审美疲劳等危机。敦煌文博会需要挖掘文化会展品牌的特殊价值，重新审视消费者的地位，加强营销手段的更新，采取更加符合大众接触信息习惯的方式来重构自己的会展品牌，完成会展品牌的战略发展选择。

敦煌文博会这个国际性的文化交流、合作平台以"文化"为核心议题，文化来源于人民，由广大人民群众在实践中创造。因此在"敦煌文博会"品牌的定位过程中必须重视"生活者"的作用，他们可能是参展商、与会嘉宾

---

[1] 林丽青：《品牌管理视角下的展会品牌构建与发展策略研究》，《智库时代》2019年第22期。

或者当地居民等，他们对"敦煌文博会"品牌的态度直接决定了"敦煌文博会"品牌的影响力和未来的发展潜能。因此，在"敦煌文博会"品牌定位的过程中，除了发挥自身"丝路文化"资源优势，还应该注重"敦煌文博会"品牌节日化的发展方向，通过打造节日化的活动引导市民参与其中，营造非同寻常的体验感和参与感。

目前，"敦煌文博会"品牌节日化的打造主要体现在两个方面。

其一，敦煌文博会闭幕式结束后，鼓励当地市民去敦煌国际会展中心参观展品。在田野调查中发现，当地市民在前两届敦煌文博会中参观积极性非常高，并且对课题组讲述他们看到了来自法国等地的名贵展品，市民在参展中感受到了获得知识的满足及对当地举办敦煌文博会的自豪感。

其二，打造"敦煌小镇"，在敦煌文博会期间举办"甘肃好味道"敦煌美食节，其目的是让老百姓也能够参与到敦煌文博会氛围的营造当中，让老百姓成为"敦煌文博会"品牌的构建者和价值共创者。中国银行甘肃分行员工在访谈中称，敦煌文博会对当地来说，就像一个节日一样，过完年就开始筹备，办完了也快要过年了。"一年一度的节日在城市经济和文化发展中，已经被证明是一种主要的引人瞩目的并且至关重要的因素。"[1] 因此，"敦煌文博会"品牌打造的带有浓浓生活气息和人情味的节日化内容，将成为展示甘肃地域形象和风貌的重要形式。

相较于专门的商业文化产业博览会，在挖掘展会经济效益的同时，"敦煌文博会"品牌更具政策优势和资源优势，更具世界胸怀。从各届主题来看，"推动文化交流，共谋合作发展"，"加强战略对接，深化务实合作"，"展现丝路风采，促进人文交流，让世界更加和谐美好"，"文旅繁荣丝路，美丽战胜贫困"，"敦煌文博会"品牌将"和平合作""开放包容""互学互鉴""互利共赢"的丝路精神注入其中，凸显"敦煌文博会"品牌的温度和情怀，将"一带一路"精神发扬光大，这样更有助于向世界展示甘肃积极走向世界舞台、积极为实现共同幸福而努力的正面形象。

从产品到产业是一个更深层次的塑造过程，根据五层商业理论[2]，会展是一个产业的推手，将产业可视化、可触化地推到大众视野里，但是会展业最终的目的还是促进产业的发展、带动人文交流。敦煌文博会主办方要转"会展思维"为"产业思维"。"敦煌文博会"品牌塑造不能将视野局限在品牌自身，而忘记塑造价值链条、顺应产业的发展规律。好的会展品牌会形成会

① [澳]阿德里安·富兰克林：《城市生活》，何文郁译，江苏教育出版社2013年版，第195页。
② 崔桂林、王盼：《从产品思维到产业思维的五层跨越》，《清华管理评论》2019年第Z2期。

展生态，并将受众与品牌塑造成相互成就的圈层。敦煌文博会的组织者要充分认识会展产业结构，将会展品牌与产业结构深度结合，并有效驾驭。

第三节　"敦煌文博会"品牌传播

所谓品牌传播，就是品牌制造者找到自己满足消费者的优势价值，用恰当的方式持续地与消费者交流，促成消费者的理解、认可、信任和体验，产生再次购买的愿望，不断维护对该品牌好感的过程。[①]品牌传播是品牌塑造的关键。"敦煌文博会"品牌传播效果直接影响"敦煌文博会"品牌在众多会展当中的知名度和美誉度。

1948年，美国学者拉斯韦尔在《社会传播的结构与功能》一书中提出了著名的"拉斯韦尔模式"，指出传播过程的五个基本构成要素：谁（Who），说了什么（says what），通过什么渠道（in what channel），对谁（to whom），取得什么效果（with what effects）。[②]因为这五个要素都包含一个英文字母"W"，所以又称"5W"模式。虽然"5W"模式被认为存在着"孤立性""直线性"的缺陷，但是不可否认的是，"5W"模式第一次比较详细、科学地分解了传播过程，为传播学开辟了五大研究领域，即传播主体、传播媒介、传播内容、传播受众及传播效果，为传播行为的研究提供了具体的指导思路。本节接下来将从前四个方面对"敦煌文博会"品牌传播的基本情况进行系统分析，传播效果则在后章详细探讨。

一、"敦煌文博会"品牌传播主体分析

所谓传播者，是传播行为的引发者，是以发出信息的方式主动作用于他人的人。[③]敦煌文博会与一般商业会展不同，是政府主导型展览会，政府在"敦煌文博会"品牌传播过程中占据主导性的位置，但是参展商、与会代表、当

[①] 陈先红：《试论品牌传播的消费者导向原则》，《现代传播》2002年第1期。

[②] [美]哈罗德·拉斯韦尔：《社会传播的结构与功能》，何道宽译，刘海龙、胡翼青评介，中国传媒大学出版社2013年版。

[③] 郭庆光：《传播学教程》，中国人民大学出版社2011年版，第58页。

地居民等利益相关者对"敦煌文博会"品牌的宣传也做出了一定贡献,是品牌传播过程中不可忽视的力量。

1. 政府部门的组织传播

甘肃省政府是敦煌文博会的主办方之一,全权负责敦煌文博会事宜,包括项目落地,筹集项目资金,敦煌国际会展中心的搭建,敦煌市市容市貌的整治,敦煌文博会举行前期准备、中期协调与后期总结,以及"敦煌文博会"品牌的构建与传播等一系列工作。因此,甘肃省政府在"敦煌文博会"品牌构建与传播过程中的整体思路和格局直接影响着"敦煌文博会"品牌最终的传播效果。

通过对前四届敦煌文博会总体方案的深入分析,可以发现负责敦煌文博会的政府主体并非指单独的一个部门,而是举全省之力,以甘肃省政府为龙头,调动甘肃省文旅厅、甘肃省委宣传部、甘肃省文博局及敦煌市文博局、敦煌市宣传部等部门人员充分参与、共同举办,共同构成了"敦煌文博会"品牌传播的主体。

其操作流程如下,甘肃省委省政府确定敦煌文博会的总体实施方案,然后由省、市各部门具体负责落实。以"敦煌文博会"品牌宣传工作为例,省委宣传部主要负责对中央主流媒体、省级媒体、网络媒体的邀请工作,敦煌市委宣传部则主要负责组织实施新闻宣传、网络宣传和社会宣传等工作,协调配合中央媒体、省内媒体、新媒体、境外媒体等积极开展宣传报道,配合省市开展敦煌文博会影像资料的收集整理工作,配合做好新闻媒体单位的服务保障工作,制定网络安全和舆情应急预案,做好网络信息安全和舆情监管工作。敦煌市委农办、市住建局具体负责氛围营造工作,包括做好全域无垃圾、城乡环境整治提升工作,完善城市外文标识体系,重要通道、节点、区域的美化工作等。

"敦煌文博会"品牌传播呈现复合主体的特点,相较于单一主体,这种形式有助于提高敦煌文博会各项工作的效率,对"敦煌文博会"品牌传播工作既可以高屋建瓴地宏观把控,又可以具体实施,两者相得益彰。当然,笔者在调查的过程中发现,下级部门对"敦煌文博会"品牌传播的各项工作落实质量参差不齐,可控性较差。

2. 参展商的营销传播

敦煌文博会作为国际型的文化会展活动,参展商的参与是必不可少的。

笔者通过调查，了解到敦煌国际会展中心 B 馆和 C 馆是两个最主要的展区，参展商主要分为两类：一类是直接与甘肃相关，专门做甘肃各市、县文创产品开发的，另一类是依托敦煌文博会平台前来参展的展商。与甘肃省政府相比，这些参展商在"敦煌文博会"品牌传播上力度小、媒体影响力较低、较多局限在自己所涉及的固定领域。这是因为政府与参展商在定位上存在着差异，政府在敦煌文博会期间主要承担了统筹协调和引导服务的功能，并且享有媒体资源优势，而参展商带有更强烈的经济诉求，更看重"敦煌文博会"品牌传播的经济价值，更倾向于选择在自己的优势产品领域内进行"敦煌文博会"品牌的推广。

以第四届参展商神玉艺术馆为例，敦煌文博会期间，该参展商分别在中国经济新闻网、环球财富网、搜狐网、中国紫砂艺术网、中国消费网、中国周刊网等渠道发表了《神玉艺术馆丝路青玉骆驼俑全球首度亮相惊艳敦煌国际文博会》一文，其选择的媒体均与"经济""玉"等内容相关，神玉艺术馆借助"敦煌文博会"品牌的影响力，宣传自己的产品及企业文化。同时，神玉艺术馆在宣传自己的丝路青玉骆驼俑全球首度亮相时，点明"敦煌文博会"这个关键标识，也在对"敦煌文博会"品牌进行有效传播，拓展了品牌传播的领域和范围。

同时，笔者在调查中还发现，会展对甘肃地域形象展示方面做出了重要贡献。敦煌国际会展中心专门设有九色甘南展区、天水展区、兰州展区、张掖展区等，用甘肃各个地域的典型文化制作成书签、笔记本、雨伞、丝巾等文创产品进行集中展示。依托敦煌文博会平台前来参展的展商也会将自己的产品与甘肃当地的文化进行有益的结合，达到既宣传本公司的产品又宣传甘肃当地文化的效果。典型代表是神玉艺术馆在参展前特地针对甘肃本地文化进行参展作品的筛选，带来了一柄"如意"，更好地与"甘肃像一柄如意，镶嵌在祖国的西北大地"结合，更好地融入甘肃本土文化。

3. 与会代表的人际传播

敦煌文博会期间，各省份、各国家的参会代表是不可忽视的重要力量，他们在敦煌文博会所有参与者中占的比重非常大，并且各自拥有不可小觑的资源优势。以第四届敦煌文博会为例，国内有辽宁、浙江、广西、江苏、海南、陕西等地的政协委员出席，国外有日本、澳大利亚、意大利、土耳其、新西兰等国家代表出席，并且部分与会代表还承担着演讲等任务。作为重要的国际文化交流活动，这些活动均以新闻报道的形式见诸媒体，这在无形之中也促进了"敦煌文博会"品牌的传播工作，并且将传播领域拓展到了国外。又因为这些新闻报道以官方渠道发出，因此在当地的宣传效果更佳。同时，甘肃省政府是"敦煌文博会"品牌塑造与推广的主导方，对"敦煌文博会"品牌的宣传也有利于向国内外展示甘肃丰富多彩的历史文化和自然风光，可以有效改善甘肃对外的整体形象。

4. 当地居民与游客的口碑传播

社会化媒体时代品牌与消费者进入了传受合一的时代，二者同时扮演着信息创造者和信息接收者的角色，实现了品牌与消费者、消费者与消费者之间的顶端交流。[①]交流方式由之前的单向传输转为双向甚至多向交流，发声渠道不再是阻碍受众表达的限制性因素，反而激发了受众参与公共事务的热情，增加了受众在媒介话语权中的分量，成为"敦煌文博会"品牌传播中不可忽视的一部分。公众可以通过形式多样的媒介参与到"敦煌文博会"品牌传播的过程中来，从而以强大的舆论的形式影响"敦煌文博会"品牌的建构。

根据对敦煌市当地居民的访谈，敦煌当地居民对"敦煌文博会"品牌的传播主要是通过社交平台、短视频的形式。市民将有关敦煌文博会的信息发布在自己的社交平台上，以"强关联"的形式把敦煌文博会的信息传播出去，吸引他人的注意，从而形成对"敦煌文博会"品牌的认知。尤其是参观过敦煌文博会展览的市民及参与敦煌文博会某项活动的演员、嘉宾、工作人员，将自己拍摄的图片及参与后形成的个人感悟展示在社交平台上，更容易达到品牌宣传和推广的效果。

同时，居民的整体精神状态、形象素质、一举一动等也代表着整个甘肃的形象。他们活跃在敦煌市的角角落落，部分还在敦煌文博会期间担任接待的任务。敦煌市民热情好客，精神状态非常好，给人十分舒适的感觉。他们是敦煌形象、甘肃形象活的广告牌和移动的传播主体。

综上，敦煌文博会的举办涉及的主体众多，由于承担的任务、参与目的各不相同，在"敦煌文博会"品牌传播的过程中所采用的方式、传播力度也有所不同。甘肃省政府在"敦煌文博会"品牌传播中发挥着统揽全局的优势，着眼于全局性和整体性，总体负责媒体的邀约工作，重视发挥中央级、省级媒体在"敦煌文博会"品牌报道中的影响力优势；参展商在当地政策及自身利益的驱动下，参与到"敦煌文博会"品牌传播的过程中来，不仅推广自己

---

① 程明、薛海霞：《自主信息传播时代品牌"制度化"的颠覆与"新制度化"的建构——从垂直设计到交互设计》，《现代传播（中国传媒大学学报）》2016年第6期。

的产品，也推广"敦煌文博会"品牌，同时还集中展示了甘肃地域文化，给当地居民及游客提供了一个更好的了解甘肃文化的平台；与会代表的参与为"敦煌文博会"品牌的宣传锦上添花，有助于将"敦煌文博会"品牌及甘肃的声音带到祖国大江南北，乃至世界各地；当地居民是"敦煌文博会"品牌塑造与传播的重要参与者，市民的精神面貌直接反映了敦煌市及甘肃的整体形象。

二、"敦煌文博会"品牌传播的媒介运用

麦克卢汉曾经提出著名观点："媒介即讯息。""媒介即讯息"强调，从人类社会漫长的发展过程来看，真正有价值的信息不是各个时代的具体传播内容，而是这个时代所使用的传播工具的性质及其开创的可能性。[1] 品牌传播是利用各种传播媒介来呈现创造性的内容，形成品牌声浪，达到告知受众品牌信息、形成购买意愿、建立消费偏好、维持品牌记忆等目的。因此对"敦煌文博会"品牌来说，传播是塑造其品牌的主要途径。以下将通过广告传播和媒体报道两方面来分析四届"敦煌文博会"品牌的传播情况。

在广告传播方面，敦煌文博会品牌共打造两支宣传片。一支是敦煌文博会官方宣传片，主旨在于用和平、开放、共赢的"敦煌精神"点亮祖国西部，点亮敦煌所承载的丝路沿线国家文化互鉴的全新使命。该宣传片立足于首届敦煌文博会这一国际化的特质，整部宣传片构思精巧，以小见大，以敦煌五色沙为隐喻，展现全球文化和谐发展。另一支宣传片是敦煌文博会公益动画宣传片《丝绸之路》。这个宣传片文化色彩相当浓郁，将丝路沿线极具代表性的地方元素和佛教元素相融合，以丝带串联全片，体现了敦煌文博会文化交流的使命。

媒介对人民的生活具有重要的影响，同样，"敦煌文博会"品牌的宣传也离不开媒体的推介和广泛传播。通过对四届敦煌文博会参会媒体手册的梳理，可以发现主办方对媒体的邀请主要集中在以电视、报刊、互联网、户外广告为代表的大众传播媒介方面，涉及以下四个层面：第一，国家级或全国性媒体，如《人民日报》、新华网、人民网、央视新闻、搜狐网等；第二，港澳台及海外媒体，如凤凰网、《大公报》等；第三，省级媒体，如《甘肃日报》、甘肃卫视、中国甘肃网等；第四，敦煌当地媒体，包括市内的报纸、广播、电视、户外广告等。

---

[1] 郭庆光：《传播学教程》，中国人民大学出版社 2011 年版，第 34 页。

在媒体报道方面，笔者以"敦煌文博会"为关键词检索信息，共发现相关报道 5390 篇（检索时间：2020 年 6 月 1 日），在网络上形成了一定声浪。从媒体报道渠道来看，多渠道、全方位的曝光提高了"敦煌文博会"品牌知名度。以甘肃电视台、甘肃广播电视台为代表的电视台，通过多媒体采集、融合式报道、聚合式加工、多产品推出、多载体展示、广渠道传播、体验式反馈等形态，对敦煌文博会进行了创新性报道。以《甘肃日报》《兰州晨报》为代表的报纸利用"两微一端"，以新闻海报、H5、新闻图解、微视频等形式对敦煌文博会进行了全方位的报道。此外，还有利用技术手段实现的现场网络直播。从媒体报道内容来看，在首届敦煌文博会期间制作了一系列传播率极高的作品，比如新华社甘肃分社的 VR 视角下的玉门关、鸣沙山、月牙泉，动漫《奔跑吧，丝路》，沙画《敦煌记忆》等，借助科技手段塑造了"敦煌文博会"品牌的丝路文化底蕴。在此后的三届中，媒体报道的数量虽然有所增加，但报道的内容质量在下降，纯文字图片报道越来越多，缺乏互动性及用户感兴趣的内容。由于宣传具有一定时效性，需要持续不断地进行，因此民众对"敦煌文博会"品牌感知有一定程度的下降。

另外，《人民日报》、新华网、《甘肃日报》等权威媒体对敦煌文博会的报道，对提高"敦煌文博会"品牌传播的知名度发挥了重要作用。但是，这些媒体报道呈现出明显的官方话语特色，在与受众即时互动方面存在明显的不足。笔者通过对媒体关于敦煌文博会的报道情况进行细致的搜索，发现媒体的相关报道存在浏览量不高、部分报道用关键词检索不到等问题。可见，媒体关于敦煌文博会的报道效果和影响范围有限。与此同时，以抖音、火山、快手为代表的短视频社交平台对"敦煌文博会"品牌传播起到很好的推动作用。短视频传播具有文字、图片所不具备的生动、具体、形象等特点，并且平台流量集中，互动参与性强，更能迎合年轻人的信息接收习惯。这些社交媒体相较于大众传播媒介，对"敦煌文博会"品牌的塑造与传播、对甘肃地域形象的提升发挥了更明显的作用，传递的内容也更有助于在受众心目中形成深刻的印象。当然，目前敦煌文博会官方传播账号对社交平台的运用尚处于探索阶段，缺乏专业性营销手段与系统性运用，传播的内容不聚焦，主题不够突出。因此，"敦煌文博会"品牌传播需要在充分发挥大众传播媒介平台影响力优势的基础上，深入挖掘并系统运用自媒体的流量优势。

在调研过程中，无论问卷调查还是访谈，受访对象普遍反映敦煌文博会在品牌宣传方面做得不到位。问卷结果显示，27.5% 的调查对象认为敦煌文博会宣传力度一般甚至较弱，其中，当地居民中 20.5% 的人、本省居民中

28.8%的人、外省居民中34.5%的人认为敦煌文博会宣传力度不够。(见表5-4)从对"敦煌文博会"品牌宣传效果的认知来看,"敦煌文博会"品牌的宣传效果限于本地,还未真正走出去。受访者CJM表示:"这么大的文化会展活动,其宣传推介应该从全国招兵买马,不能只说敦煌,敦煌都说了好多年了。哎呀,你要和甘肃大的文化背景结合,我们有那么多文化(符号),伏羲、天水……你去过云南不,你看人家云南的宣传,人家自己完整的工艺体系呈现出来,再说报纸、电视、网络媒体连丝路板块都没有,怎么宣传丝路文化?"(访谈编号GS07)

表5-4 敦煌文博会宣传力度和认知分析

选项		本地居民	本省居民(非敦煌市、甘南市)	外省居民(含港澳台)	外国人	总计
您觉得敦煌文博会的宣传力度如何?	非常强	45.5%	22.2%	13.8%	50.0%	29.2%
	强	34.1%	48.9%	48.3%	0	42.5%
	一般	18.2%	24.4%	13.8%	50.0%	20.0%
	弱	0	4.4%	6.9%	0	3.3%
	非常弱	2.3%	0	13.8%	0	4.2%
	不清楚	0	0	3.4%	0	0.8%
总计		100.0%	100.0%	100.0%	100.0%	100.0%

三、敦煌文博会传播内容分析

会展品牌传播的内容,其实质是将会展品牌的具体理念通过主题和主体活动以媒介报道等形式传递出去,从而不断增加会展品牌的内涵认知。敦煌文博会每届主题和品牌活动均围绕"推动文化交流,共谋合作发展"这一宗旨展开,并安排"论、展、演、创、贸、游"六项主体活动。其中,开幕式最为关键。2018年、2019年敦煌文博会相继举办的"敦煌绝色之夜""创意丝路·敦煌国际设计周"最受媒体关注,这两项活动与开幕式一起构成了"敦煌文博会"品牌传播的核心内容。在此基础上,媒体围绕六大主体活动,对"敦煌文博会"品牌进行了全面传播。"敦煌文博会"品牌名称、视觉、听觉元素等贯穿于整个传播过程中,甘肃文化资源、自然风光和社会风貌等也得以集中展示。

1. 敦煌文博会的核心内容与品牌传播

在每届敦煌文博会期间，开幕式最受关注，媒体报道焦点也多集中于此。以第四届敦煌文博会为例，人民网、新华网、中国新闻网、澎湃新闻、大众网、中国一带一路网、《人民日报》、《甘肃日报》对开幕式进行了大规模的集中报道。并且，微博账号＠甘肃发布也全程直播了敦煌文博会的开幕盛况，抖音＠甘南广播电视台、＠甘肃公安、＠印象·甘南、＠每日甘肃、＠甘南公安、＠甘肃公共频道、＠酒泉广播电视台、＠甘肃广播电视台等官方账号及个人用户纷纷从不同角度对敦煌文博会开幕式的盛况进行了全方位的呈现。这对于宣传"敦煌文博会"品牌及提升品牌的影响力和知名度非常重要。同时敦煌文博会开幕式直播对甘南的自然风光、民风民俗进行了全景式的展现，成为甘肃地域形象营销的重要平台和窗口。当然，甘南当周草原热闹祥和的场面、怡人的自然美景也为"敦煌文博会"品牌的塑造和传播提供了得天独厚的优势。

"敦煌绝色之夜"2018年首次亮相于敦煌文博会，成为"敦煌文博会"品牌传播的核心内容之一。"敦煌绝色之夜"是一场敦煌文化的盛宴，通过音乐、舞蹈、表演、服饰等形式展现敦煌文化的厚重与绵长，最大的亮点在于对敦煌壁画中服饰的复原，将敦煌美学以实物的形式呈现在舞台上，又赋予了敦煌文化新时代的生命力。丝路文化和敦煌文化是"敦煌文博会"品牌影响力形成的重点，"敦煌绝色之夜"等特色文化产品的传播有助于进一步强化"敦煌文博会"品牌的核心竞争力，丰富"敦煌文博会"品牌的内涵。同时，敦煌文化不仅是"敦煌文博会"品牌的典型符号，而且形成了一个展示甘肃多彩文化的窗口。

"创意丝路·敦煌国际设计周"以"创意服务丝路，创意品质生活"为主题，展现生活之美、丝路之美和生活之美，是"敦煌文博会"品牌传播中的另一核心内容。在第二届"创意丝路·敦煌国际设计周"中，微博用户＠中国新闻网、＠中新视频、＠精彩渝水、＠每日甘肃网等通过图片、文字介绍、短视频等形式对"创意丝路·敦煌国际设计周"中5000余件文创产品进行了传播。这些文创精品来自我国26个省（市、自治区）、340多所艺术院校师生，以及法国、韩国艺术院校学生之手，所有作品的创作都带有丝路文化元素，从多角度展现丝路文化之美。抖音用户＠甘肃文旅、＠酒泉广播电视台、＠白银文旅等官方账号也对"创意丝路·敦煌国际设计周"进行了全方位传播。

在敦煌文博会期间，出自大学生之手、艺术美感与敦煌文化和谐统一的设计精品很多，宛如丝路文化的汇集，同时凝结着新时代的创新与风格。它们赋予了敦煌文博会灵动、创新、有朝气的品牌形象，同时大学生的参与将甘肃丝路文化形象传导到海内外广大的青年群众中。

2. 文化积淀塑造"敦煌文博会"品牌内核

央视新闻在第三届敦煌文博会期间进行了长达1小时15分钟的直播，对敦煌国际会展中心中的敦煌文化进行集中讲解和展示，对敦煌莫高窟、鸣沙山、月牙泉等敦煌元素多次提及。如直播中主持人的开场白："提到敦煌，大家的印象可能是驼铃声声，塞外美景；或是被敦煌莫高窟、鸣沙山、月牙泉这些世界文化遗产深深吸引。但是，我个人认为，在大家可以想到的敦煌元素之外，敦煌更是以开放、包容、互学、互鉴的精神成为丝绸之路上耀眼的明珠"，以非常简练的方式对敦煌的历史和现实进行了描述，指出敦煌在丝绸之路上的重要影响，为观众构建了对敦煌的最初印象。同时，主持人结合"一带一路"国际合作高峰论坛上习近平总书记对丝绸之路的概括，认为敦煌同样具有开放、包容、互学、互鉴的精神，随后将历史与现实进行了即时的串联，将直播的镜头切向不远处的鸣沙山：

> 我背后是鸣沙山，当我们看到鸣沙山的时候，可能会想到几千年前商旅、使节或者老百姓通过这里东行或西去，敦煌是文化的集散地。此时此刻敦煌正在进行第三届丝绸之路文化博览会，全世界的宾客都来到这里。这也使我想起形容丝路精神的一句话："使节相望于道，商旅不绝于途。"这是一个和平、繁荣、和谐的景象。在"使节相望于道，商旅不绝于途"的情况下，世界的文明在这里交汇，擦出火花。

该直播向观众展示了鸣沙山的雄浑与壮美，并且在给观众带来视觉冲击的同时，对鸣沙山的历史进行了回顾和解说，形成了时空的穿越与碰撞。在这一系列铺陈的基础上，该直播引出敦煌文博会核心主题，将"敦煌文化"与"敦煌文博会"品牌顺利衔接，凸显"敦煌文博会"品牌丰富的文化内涵。

第三届敦煌文博会上展出展品7000多件，它们是丝路文化的灵动符号与文明交响的音符，虽历经风沙，依然静静地向游客诉说着千年丝路的璀璨与辉煌，向世界展示华夏文化的博大与精深。在主持人解说了敦煌文博会展示的文物之后，该直播又深入细致地对敦煌壁画中的乐器、色彩、服饰、舞蹈、

3D打印复原出的壁画人物等内容进行推介。整个直播共有23.6万人在线观看，影响范围广泛，极大地推广了"敦煌文博会"品牌内涵，强化了大众对敦煌、对甘肃形象的认知和了解。但是，整个直播过程中，主持人在传播"敦煌"文化时，没有提及"甘肃"。课题组在调研中也发现，对于甘肃地域之外的民众，敦煌的形象远胜于甘肃的形象。

四、"敦煌文博会"品牌传播的受众分析

从传播学的角度来讲，"敦煌文博会"品牌传播属于组织传播的范畴，品牌传播的对象既包括组织内部的受众，也包括组织外部的受众。对组织内部的传播是"敦煌文博会"品牌理念向内积淀的过程，是"向员工灌输以顾客为中心的价值取向"[1]的过程，有助于在组织内部首先建立统一的品牌意识，培养内部公众树立品牌责任感，从而更好地对外传播，赢得外界受众的信服。对组织外部公众的传播则是"敦煌文博会"品牌形象向外扩展的过程，以品牌的核心价值为原则，在品牌识别的整体框架下，选择多种传播方式将这一品牌推广出去，以建立品牌形象，促进市场销售。[2]

在敦煌文博会中，组织的内部传播对象主要是指敦煌文博会的工作人员及当地的赞助商、企业、居民。由于敦煌文博会与他们的利益相关性较高，因此他们参与"敦煌文博会"品牌推广的意愿比较强烈。"敦煌文博会"品牌传播的外部公众主要是指现实的或者潜在的外地参展商、投资者、参会嘉宾等。他们是敦煌文博会要重点争取的对象，也是甘肃地域形象向外展示的重点所在。由于内部受众与外部受众存在着地域差异性，因此在信息接收程度及接受方式上也存在着明显差别。

---

① [美]汤姆·邓肯：《整合营销传播：利用广告和促销建树品牌》，周洁如译，王方华校，中国财政经济出版社2004年版，第211页。

② 邓皓静：《中国节事活动品牌传播研究》，硕士学位论文，湖南大学，2016年。

第六章 丝路文化与"敦煌文博会"品牌塑造的互借与涵滋

  如前所述,"丝绸之路"最早是19世纪由德国地理学家李希霍芬在《中国:亲身旅行和据此所作研究的成果》一书中提出的。他在该书中描述了丝绸之路:从公元前114年到公元127年间,中国与中亚河中地区及中国与南亚地区之间,以丝绸贸易为媒介和主要动力,形成了一条交通路线。[①]实际上,李希霍芬笔下的"丝绸之路"概念并不十分严谨。美国华盛顿大学历史系的丹尼尔·沃教授用"概念考古学"的方法,对李希霍芬的"丝绸之路"一词的使用做了详细剖析,指出李希霍芬对这条从中国到中亚、印度的交通路线,用过"丝绸之路",也用过"交通渠道""丝绸商路"等词。[②]真正奠定"丝绸之路"学术地位的是李希霍芬的学生斯文·赫定,他将"丝绸之路"一词引入国际学术界。通过实地考察,斯文·赫定对李希霍芬提出的"丝绸之路"进行了更加具体和深入的研究,并将这些研究成果汇入《丝绸之路》一书。该书对李希霍芬提出的"丝绸之路"进行了全面阐述,从而使"丝绸之路"

---

① [德]费迪南德·冯·李希霍芬著,[德]E.蒂森选编:《李希霍芬中国旅行日记》,李岩、王彦会译,华林甫、于景涛审校,商务印书馆2016年版,第16页。

② [美]丹尼尔·C.沃:《李希霍芬的"丝绸之路":通往一个概念的考古学》,蒋小莉译,见朱玉麒主编《西域文史》(第七辑),科学出版社2012年版,第295页。

一词为大众熟知。1943 年 2 月 24 日，《申报》在国内首次使用"丝绸之路"一词。丝路文化由此被国内外广泛关注。

第一节　丝路文化："敦煌文博会"品牌个性塑造与提升的独特素材

一、丝路文化的特点与内涵

任何一种文化都是传播的产物，丝路文化也不例外。泰勒在《原始文化》中最早提到"文化传播"这个概念。文化的形成和发展受到传播的影响，传播促进文化整合、繁殖、积淀、变迁。传播对文化的影响不仅是持续而深远的，而且是广泛而普遍的。[①] 文化传播随着人类的产生而产生，随着社会的发展而发展。传播是人的天性也是文化的本性，有人的地方就会有文化和传播，人类发展史也是人类文化传播史。"丝绸之路"之所以能够被世人铭记，也是因为这条路上所传播的璀璨文化及丝路文化对人类文明的深远影响。

文化传播具有社会性、目的性、创造性、互动性和永恒性的特征。丝路文化的形成正是基于文化传播的特征。丝路文化是丝绸之路上商旅、使者、僧人、军卒、游吟诗人等人群为达到贸易、政治等目的而进行社会交往的产物。在这一过程中，由于交往者来自各个国家和地域，文化背景不同，传播者和受传者会将收集到的信息进行选择、加工和处理，并融合创新。丝路文化就是在信息交流、融合、创新下诞生的人类文明结晶。文化的传播是永恒的，它继往开来、生生不息，但并不是每一种文化都能传承下去，很多文化都在历史的长河中湮没了。丝路文化能够历经千年风雨依旧绽放光辉，离不开人、媒介和社会的综合作用。

1. 丝路文化的特点

本书所说的丝绸之路文化，是指丝绸之路上以汉文化为主、沿线各民族

---

① 转引自李岗《跨文化传播引论——语言·符号·文化》，巴蜀书社 2011 年版，第 12 页。

或地域文化传播和融汇下的多元文化，包括雕塑、壁画等各具特色的艺术珍品，规模宏大的古城、各具特色的宫殿、充满神秘色彩的宗教寺庙和石窟等各种建筑遗迹。这些丝路文化遗存无不展示着丝路千年来的民族个性和时代风貌，它们见证了千年丝路上文化的传播与借用，也见证了丝路沿线各民族的交往与互动，它们同样承担了文化传播中的媒介作用。

文化的传播离不开人、媒介和社会的互动，丝路文化作为一种文化，自身就带有传播的特性。丝路文化诞生于中国封建王朝繁荣和昌盛的时期，丝绸之路上往来的使者、僧侣、商人等在进行货物交易的同时，将各民族的文化传播开来，各种文化通过互动，形成了这条丝绸之路上特有的文化记忆。

丝路文化除具备文化传播的社会性、目的性、创造性、互动性和永恒性的共同特点外，还具备自身特点：多元性、开放性和变异性。

多元性是指世界上影响最深的四大文明古国的文化都在这里交汇。季羡林曾言："世界上历史悠久、地域广阔、自成体系、影响深远的文化体系只有四个：中国、印度、希腊、伊斯兰，再没有第五个，而这四个文化体系汇流的地方只有一个，那就是中国的敦煌和新疆地区，再没有第二个。"[1] 东西方诸多种族和族群在这条丝绸之路上进行的迁徙定居活动，以及各民族文化在这里的交流融合，不只丰富了丝绸之路沿线种族、民族的血统成分，还使丝绸之路沿线的文化形式和内涵更为绚丽多彩。

开放性既指地理上的开放，也指民族心理上的开放。丝路文化的根基是西域文化与中原文化的碰撞和融汇，西域是连接中原和西方世界的纽带。在这里时有战争，不断有民族消失或壮大，出现过多次的民族大融合或大裂变，伴随而来的是文化的包容与丰富，这种文化的开放程度在当时世界上是领先的。

变异性指丝路文化不仅可以兼容并蓄各民族的文化来发展自身，也向外界输出自身独特的文化艺术创造和优秀的文化艺术人才，进而推动其他文明的进步。丝路文化具有高度创造性和艺术个性，能产生强烈的感染力和巨大的辐射力，也正因为其巨大的创造性，丝路文化才能够穿越时空，走向世界，备受欢迎，影响深远。

2. 丝路文化的内涵

丝绸之路不仅是一条丝绸贸易之路，而且是一个全方位、多用途的载体，

---

[1] 季羡林著，王岳川编：《季羡林学术精粹》（第一卷），山东友谊出版社 2006 年版，第 105 页。

是连接古代东西方及沿线各国各民族的纽带，是各国各民族互通有无的贸易之路和物种传播之路，也是各国各民族相互学习、彼此涵滋的文化艺术和科技交流之路，更是各国各民族增进彼此友谊、传播地域文化、实现融汇发展的心灵之路。可以说，当时世界各类主要事件、丝路沿线诸国的历史风雨大多都受到丝绸之路这一文化震荡带的影响。

丝绸之路是贸易互通之路。丝绸之路以丝绸著名，在这 7000 千米的长路上，丝绸贸易规模最大，利润极高。丝绸不仅是丝绸之路上重要的奢侈消费品，也是中原历代王朝的一种有效的政治工具，是当时中国强盛文明的象征之一。中原的使节出使中亚、西亚等各国的时候，都会赠送丝绸表示政治友好。此外，中国陶瓷也随着丝绸之路上的商队不断流入中亚、西亚等地区。伴随着中国商品的流出，国外的毛皮、香料、汗血宝马、金银铸品、葡萄等也由丝绸之路传入中原，极大丰富了中国人民的生活。

丝绸之路是文化交流之路。在丝绸之路上进行的文化交流有很多，最值得一提的是佛教的传入。佛教源于印度，经过丝绸之路传入中原，并与中原文化融合，逐渐发展成具有中原风格和特色的中国佛教艺术。文化交流与融合鲜明地体现在绘画、雕塑上，比如飞天艺术形象。中原文化在接受外来文化的同时，也影响着外来文化，比如中国的绘画艺术被中亚、西亚的人们学习，从波斯、阿拉伯的细密画中就可以清晰地看到中国绘画的影响。中国古代印刷术也是通过丝绸之路传播到西方的。

丝绸之路是宗教思想交流之路。佛教、祆教、摩尼教、景教皆通过丝绸之路传入中原。佛教对中国文化，尤其是生死观、世界观等产生了极大的影响。祆教是波斯的国教，在公元前 5 世纪至公元 1 世纪沿丝绸之路向东传播，是最早传入西域的宗教，宋朝后基本消失，但其宗教风俗被维吾尔族、塔吉克族汲取，成为民族文化。景教在李世民统治时期十分出名，与祆教及摩尼教并称唐代"三夷教"，之后慢慢走向衰落。

丝绸之路是农耕民族和游牧民族的交往之路。丝绸之路从河西走廊一直到欧洲草原，北边是游牧民族，南边是农耕民族。游牧民族一贯有迁徙的传统，而且经常性地侵略和掠夺，因此双方的碰撞和交融非常多。

丝绸之路是文化的再生与增值之路。丝绸之路是东西文明的震荡带和次生林带，在这条贯穿东西的干道上，驿道交织，驿吏飞驰，商贾云集，文人唱和，胡笳琵琶二重唱，白马青牛相际会，多种文明碰撞出新的火花，诞生新的文化，被当时的人们所接受，并流传下来。

二、丝路文化的传播与融汇

文化传播作为人类存在和发展的表征和特权，是人类认识世界和改造世界的武器和工具。丝绸之路将四大古文明联系起来，促进了中西方文化的交流，这条路上诞生的丝路文化传达给我们的是超越国界和民族差异的精神共鸣。

1. 宗教文化的传播

宗教文化是丝路文化的重要部分。丝绸之路甘肃段自古以来就是多民族聚居区，各种宗教信仰并存。除道教是中国的本土宗教外，伊斯兰教、佛教、天主教、基督教都是通过丝绸之路传入甘肃，再由甘肃传入中原的。外来文化与甘肃当地民族文化相结合，使得甘肃地域的宗教文化非常丰富。

道教是我国原生的传统宗教，也是汉族主要信仰的宗教之一。道教在甘肃的传播大多集中在秦陇、陇东、陇西、河西一带。道教名山崆峒山就位于甘肃平凉。魏晋南北朝时期，道教受到统治阶级的重视和尊崇，凡清幽佳美之地，必见道观建筑。当佛教传入秦陇地区与河西走廊后，在丝绸之路上形成了儒释道交融共存的发展景象，并且形成特殊的宗教和顺时代。

景教与摩尼教、祆教是当时波斯的三大宗教，并流行中亚。景教是基督教的一支。据《大秦景教流行中国碑》资料，贞观九年（635），景教已经传入中国并开始流行了。贞观十二年在义宁坊建寺，称"波斯寺"。中亚粟特地区是摩尼教的根据地，中国的摩尼教也主要是由粟特人传入的。摩尼教在中国的发展得益于回鹘。安史之乱时，摩尼教借助回鹘在中原的势力，在中国得到一定程度的发展。祆教是大约在公元前6世纪由琐罗亚斯德在波斯创立的，因此祆教又被称为"琐罗亚斯德教"，信仰者主要是中亚各国人民。祆教也是最早传入中国的外来宗教之一。因该教崇尚火天神和日月星辰，因此又称为"拜火教"。祆教是由波斯沿着丝绸之路经中亚传入甘肃的。

学者研究认为，佛教传入我国大概在东汉明帝永平年间，此后，佛教便经西域、河西走廊在中原地区传播开来。佛教传入中国后受到中国古代社会文化的影响而逐渐中国化，形成了独具特色的中国佛教文化。[①] 在佛教最初传入中国的时期，来自西域和印度的胡僧是丝绸之路佛教文化传播的主要推动者，如"开启了系统的佛典翻译并组织了第一个译场"的"中国佛教史上的

---

① 赖永海：《中国佛教文化论》，中国青年出版社1999年版，第2页。

第一人"①安世高，把大乘般若学传入内地的第一人月氏僧人支楼迦谶等。另外来往于河西走廊的商人也是早期重要的佛教传播者，僧人在传经或求法的路上常与商人结伴同行。这些早期的传法者通过译经、讲经、创作并传唱佛教诗歌及搬演佛教戏剧，推进了佛教文化、西域文化和中原文化在丝路的碰撞与交融。史料记载，敦煌"至如八关初，夕旋绕周行，烟盖停氛，灯惟靖耀，四众专心，又指缄默。尔时导师则擎炉慷慨，含吐抑扬，辩出无穷，言应无尽"②。玄奘讲经，"时开讲日，盛有其人，皆施珍宝，稽颡赞叹，归还各向其君长称叹法师之美，云欲西来求法于婆罗门国，以是西域诸城，无不预发欢心，严洒而待"③。其中，丝绸之路对于佛教的传播起到了至关重要的作用，处于西域与中原衔接地带的河西地区是最早受佛教文化影响的地区，其中"列四郡，据两关"的敦煌、凉州、张掖和酒泉就是我国古代佛教文化的重镇。

敦煌位于河西走廊的西端，是古代丝绸之路上的要塞重镇，是中原王朝统治西域的屏障，也是中原文化与西域文化交流的中心，更是佛教东传的中转之地。佛教何时传入敦煌，史籍并没有详细的记载。敦煌悬泉汉简记载："少酒薄乐，弟子谭堂再拜请，会月廿三日，小浮屠里七门西入。"④学者据此推断，佛教大约在1世纪下半叶进入敦煌。

佛教传入敦煌后，除译经、俗讲等传播活动外，也出现了敦煌佛教诗歌、敦煌佛教书法和敦煌佛教戏剧等佛教文化传播形态。敦煌写卷数量十分庞大，是佛教兴盛发展的产物，其中文本类型多样，文白掺杂，体裁丰富，为我们多方面地展示了佛教活动及释门生活的样貌，在民间口口相传，具有很强的宣传作用。不管是佛教义理诗、劝善诗、寓言诗，还是禅宗歌偈，敦煌的佛教诗歌都体现了佛教适应本土文化的积极努力，也是佛教文化和民间文化结合的优秀成果。而敦煌佛教书法主要是指佛教的写经书法体，体现着当时的审美取向，和一定时期的社会审美意识有着重要的联系。⑤佛教的传播促进了书法的形成和发展，反过来书法的发展也促进了佛教的宣扬和兴盛。弘一法师曾说："夫耽乐书术，增长放逸，佛所深诫。然研习之者能尽其美，以是书写佛典，流传于世，令诸众生欢喜受持，自利利他，同趋佛道，非无

① [荷]许理和：《佛教征服中国：佛教在中国中古早期的传播与适应》，李四龙、裴勇等译，江苏人民出版社2017年版，第34页。
② [梁]释慧皎撰，汤用彤校注，汤一玄整理：《高僧传》，中华书局1992年版，第521页。
③ [唐]慧立、[唐]彦悰：《大慈恩寺三藏法师传》，中华书局1983年版，第220页。
④ 郝树声、张德芳：《悬泉汉简研究》，甘肃文化出版社2009年版，第185页。
⑤ 文化：《敦煌佛教写经与士人书法的审美意识》，《敦煌研究》1997年第4期。

益矣。"① 同时敦煌佛教戏剧的出现与俗讲变文和讲唱文学密切关联，还借鉴了唐代的大曲形式。据任二北《敦煌曲校录》记载，敦煌卷子中有佛曲约 280 首。敦煌佛教戏剧同样是中西文化在敦煌碰撞的结晶。

汉晋时期的敦煌地区有胡僧翻译佛经的活动，最著名的是竺法护和竺法乘师徒。《高僧传》中记载："其先月支人，本姓支氏，世居敦煌郡。"② 可见竺法护本是西域月氏人，随先辈迁来敦煌后，世居于此。他师从外域僧人竺高座，跟随师父游历西域各国，学习了外语和大量佛经，回到敦煌后，成为敦煌佛经翻译的主要贡献者，共翻译了 74 部 177 卷佛经。③ 另外，竺法乘、鸠摩罗什、聂承远、道真父子、李应、支晋宝等高僧是敦煌最早接触佛教并促进佛教传播的人，他们对敦煌本地的佛教发展和中外佛教文化的交流起到了巨大的推动作用，对敦煌的佛教文化传播事业功不可没。同时，一批批敦煌僧人到中原及南方地区传播佛教，推动了佛教文化在中原腹地的传播。《高僧传》中收录了于道邃、单道开、竺昙猷等敦煌籍高僧，他们在内地的译经传教活动和取得的成就也从侧面反映出这一时期敦煌佛教发展水平处于中国前列。另外，这一时期，佛教活动不只局限于僧人和僧团范围，佛教开始向普通的民众下沉。伴随着石窟寺院的建造，佛教文化融入社会的方方面面，逐渐发展为河西地区全社会的活动。

五胡十六国时期，敦煌高僧云集，佛教经典璀璨，再加上北凉时期莫高窟的修建，敦煌一时成为无数僧人向往的佛教重地。《魏书·释老志》记载："凉州自张轨后，世信佛教。敦煌地接西域，道俗交得其旧式，村坞相属，多有塔寺。"④ 此外，沮渠蒙逊父子更是以佛教作为治国安邦的统治思想，佛教在敦煌的地位也真正确立，并深刻地改变了当地人的宗教信仰、丧葬习俗和与其相关的艺术实践活动。

敦煌社会呈宗教多元、民族交融、文化融合的大趋势。从佛教文化在敦煌的传播情况，我们可以看到，佛教入华前，敦煌地区民众的伦理观是儒家思想的内容。其伦理基础是"天人合一"的观念，主张道德就在人性之中，也就是个体的"内在道德"。佛教文化传入敦煌后，在一千多年的发展过程中，经历了与中国传统文化的冲突与融合，既保留了原始的印度佛教的义理，也开始了本土化的融合改变，形成了中国化的佛教伦理思想，逐渐完善了自

① [唐] 玄奘文，翁方纲书，《名家大手笔 心经》，世界图书出版公司北京公司 2012 年版，第 87 页。
② [梁] 释慧皎撰，汤用彤校注，汤一玄整理：《高僧传》，中华书局 1992 年版，第 23 页。
③ 吕澄：《中国佛学源略讲》，中华书局 1979 年版，第 297~300 页。
④ [北齐] 魏收：《魏书》卷一一四，中华书局 1974 年版，第 3032 页。

身的内涵和本土风格，并扎根在敦煌的文化土壤之中。

　　敦煌文书中有许多关于孝道的记载，都能说明儒释伦理的融合和发展，如 S.3728 僧人圆鉴的《故圆鉴大师二十四孝押座文》，讲述了宣扬孝道的佛教故事，强调了"须行孝道，便能成佛"①。甚至在唐代，出现了《佛说父母恩重经》等编造的"伪经"来容纳儒家的伦理内容。

　　以敦煌和凉州为据点，佛教文化沿"丝绸之路"，持续向东西双向拓展。从汉至元末，许多敦煌高僧都曾到长安弘教传法，敦煌僧人对长安的佛教复兴运动有着积极的影响。"大教从西得，敷衍愿向东。今朝乘圣旨，起坐沐春风。"（《五言述瓜沙 [州] 僧献款诗一首》）唐朝彦楚的这首诗充分说明了敦煌僧人推动的佛教文化向东传播对长安的佛法复兴有着重要帮助。可以说，敦煌为长安乃至中原地区佛教文化复兴做出过巨大而影响深远的贡献。

　　同时，敦煌的佛教文化最初就是从西域传入，受到西域佛教文化的深刻影响，但是佛教的传播并不是一直都是从西到东"正流"进行的，有时也会"倒流"。敦煌的佛教文化在发展成熟之后，也"回流"到了西域。古代敦煌和于阗（今新疆和田地区）是近邻，唐朝时两地的治所位置十分接近，在政治、经济和文化上都保持着密切的往来。归义军时期，敦煌的佛教艺术文化中有很多与于阗相关的图像元素。在莫高窟和西千佛洞中，有很多于阗国王的供养像和于阗的瑞像图。莫高窟第 95 洞窟主室中有"大朝大宝于阗国大圣大明天子……即是窟主"的字样，榆林窟第 35 窟中有于阗国王和王后的供养人画像。值得注意的是莫高窟第 98 窟中有一幅于阗国王的画像，呈现出中原地区蒙古人种的特点，与其他如莫高窟第 220 窟中"新样文殊"身穿衫袍和毡靴的胡人模样不同，可以看到于阗王李圣天受到中原文化的影响，衣着开始有了中原样式。这也得益于这一时期沙州和于阗建立的和亲关系，于阗王李圣天的皇后就是曹议金的女儿，在莫高窟第 98 窟和第 61 窟中都有"大朝大于阗国大政大明天册全封至孝皇帝天皇后曹氏一心供养"②的字样。莫高窟中还有大量于阗的瑞像图，关于于阗八大守护神的洞窟绘画反映出两地佛教艺术的紧密交往，影响了敦煌的毗沙门天王信仰。汉化程度高的敦煌佛教也传入了于阗本土，唐朝时期，于阗境内出现了很多汉寺和汉译佛典，如在麻扎塔格发现的《大般若波罗蜜多经》。在佛事活动上，于阗人与敦煌民众也趋于一致，写经、造像并无二致。这些都反映出于阗与敦煌乃至整个中原的文化融汇，两地在世俗和宗教层面都联系密切。

① 王重民、王庆菽、向达等编：《敦煌变文集》，人民文学出版社 1984 年版，第 838 页。
② 张广达、荣新江：《于阗史丛考》，上海书店出版社 1993 年版，第 48 页。

"北方五胡君主，崇佛尤殷。"①"西域陆道东传，必至凉州，由凉州东下至长安进洛阳，是为中国佛法之中心地位。"②佛教在中国的传播主要以人际传播与经典（书刊、图片）传播为主，走的是一条文化之道、和平之旅③，其中石窟寺庙是外来的佛教和中国本土文化相结合的一个见证，也是佛教中国化过程中的一个重要特征④。佛教在丝绸之路的传播活动大致分为三个阶段：第一阶段是佛教由印度传入西域的大夏、大月氏等地区；第二阶段是佛教越葱岭传入我国于阗、龟兹等地区；第三阶段是张骞出使西域后，佛教沿丝绸之路传入甘肃地区，从河西走廊传入长安、洛阳等中原地区。在丝绸之路上，佛教文化与儒家文化、道家文化及多元地域文化互学、互鉴、互融，共同谱写了多元文化和谐共生的壮丽诗篇。

2. 文学艺术与造像文化的传播

甘肃是古丝绸之路的重要节点，伴随着宗教的传入，石窟持续开凿，壁画不断绘制，中西方的舞蹈、音乐等艺术也通过这条文明之路交流碰撞，并在这里留下了不计其数的文化遗产。敦煌文物历史之漫长、保存之完好、艺术价值之高世所罕见。魏晋时期，石窟文化随着佛教自西域传入河西，并在甘肃全境兴起和发展起来。丝绸之路甘肃段分布着敦煌莫高窟、麦积山石窟等重要石窟，中、小型石窟超过 100 多处，甘肃成为全国石窟最多的省份。敦煌作为丝绸之路上多种文化的交汇地，敦煌文化相较于其他文化，具有更加鲜明的地域特色与包容品质。

敦煌石窟是古代敦煌地区许多佛教石窟寺的总称，包括敦煌莫高窟、莫高窟北区石窟西千佛洞、瓜州榆林窟、东千佛洞、水峡口下洞子石窟、肃北五个庙石窟、一个庙石窟和玉门昌马石窟等。其中最负盛名也最具有价值的就是莫高窟。莫高窟于前秦建元二年（366 年）开始修建，《李怀让修莫高窟佛龛碑》记载："莫高窟者，厥初秦建元二年，有沙门乐僔，戒行清虚，执心恬静，尝杖锡林野，行止此山，忽见金光，状有千佛，遂架空凿岩，造窟一龛。次有法良禅师，从东届此，又于僔师龛侧，更即营建。伽蓝之起，滥觞于二僧。"⑤这说明僧人乐僔在莫高窟区域开凿了第一个石窟，对敦煌佛教石窟文化起到了奠基作用，后法良也来到这里凿窟，此地是佛教圣地的消

① 钱穆：《国史大纲》，商务印书馆 2013 年版，第 220 页。
② 阮荣春：《东渐、南传与北上——早期佛教造像的传播》，澎湃新闻网，2018 年 11 月 14 日。
③ 戴继诚：《浅析中国佛教的传播方式与特点》，《五台山研究》2008 年第 4 期。
④ 陈庆芳：《从"寺""庙"别异看佛教与中国文化的融合》，《佳木斯职业学院学报》2015 年第 6 期。
⑤ 郑炳林：《敦煌碑铭赞辑释》，甘肃教育出版社 1992 年版，第 10 页。

息传播开来，来此凿窟的人也就越来越多。而后伴随着丝绸之路的繁荣，敦煌石窟文化在中国古代历史上兴盛了 1000 多年，来此朝拜的僧人络绎不绝，香火经久不衰。乐僔和法良这两位来自东方的僧人也从侧面反映出这一时期的敦煌佛教在受到西域影响的同时，与中原内地的佛教文化交流互动频繁。经过 10 个世纪的持续营建，敦煌莫高窟留下了 45000 多平方米的壁画和 2000 多身彩塑，是中国文化史上极其重要的财富。这些石窟历经千年依然伫立，是佛教艺术中国化的见证，更是宗教、文化、艺术多元杂糅的结晶。这些石窟艺术集建筑、雕塑、绘画于一体，吸收外来的欧亚文化艺术并融入中国传统文化艺术进行再创造，形成了独具特色的文化样态。敦煌莫高窟作为丝绸之路上的文化代表，不仅蕴含了我国各朝代的艺术特征，也见证了多种文明的激烈碰撞与特定民族之间的相互交流，有国际化意涵。而且在丝路近千年的沧桑变迁中，敦煌文化一直隐匿于鸣沙山的莫高窟内，处于相对稳定的状态，人为破坏较少，保存完好，保证了敦煌文化历史传承的完整性。造像之间不仅存在着一种文化传承，而且还表现出了佛教在中国文化统摄之下的文化统一性。

以敦煌莫高窟为代表，河西走廊形成了有名的石窟走廊。北凉时期，"素奉大法，志在弘道"的沮渠蒙逊在凉州南山开凿了天梯山石窟，这种石窟造像模式被宿白总结为"凉州模式"，其表现为基本上都是由塑像和壁画构成。如敦煌莫高窟的中心柱窟，在窟中央凿成方柱状，其四面凿出佛龛造塑像。其中，在壁画方面，沿着佛或菩萨像的轮廓存留用作晕染的色彩痕迹，以红褐色为地色，再施以红、绿、蓝、褐、黄、白、黑等颜色，其壁画人物体格雄健挺拔，面相丰圆，双目大而细长，双眉细长弯曲。在塑像题材方面，凉州石窟造像主要包括菩萨像及如来像等，佛像发型多为波浪纹或磨光肉髻，服饰多为通肩或半披式袈裟。如今在河西走廊一带有大大小小的石窟十余处，且主要分布在祁连山沿线，包括肃南马蹄寺石窟、酒泉文殊山石窟、武威天梯山石窟等石窟群。

除石窟艺术之外，丝绸之路上的文学艺术、科技、植物、水果、玉石文化等也通过这条道路传播。另外，中国的造纸术、火药术、纺织技术、制陶技术等都对丝绸之路沿线国家产生了巨大的影响。

综上所述，丝路文化内涵丰富，无论宗教的传播，还是文学艺术、科技的传播，都是文化层面的传播。丝绸之路留给后人无数文化遗产，并且丝路文化开放包容的特质已经深深影响了中华民族的文化品格，丝路文化已经成为中华文化中不可或缺的一部分。在"一带一路"倡议的布局下，古丝绸之路迎来了历史上最好的发展期，丝路文化资源十分丰富且保留完整的甘肃地区，尤其是"丝路明珠"敦煌，需要担当起弘扬丝路文化、丝路精神的使命。敦煌文博会是敦煌乃至甘肃向外展示丝路文化的很好的平台，同时丝路文化也会赋能敦煌文博会，让敦煌文博会更有文化底蕴和特色。

第二节　敦煌文化符号对"敦煌文博会"品牌的滋养

　　敦煌自汉武帝"列四郡、据两关"始已有2100多年历史。敦煌地处甘肃、青海、新疆三省（区）交汇处，南枕气势雄伟的祁连山，西通资源丰富的中亚诸国，北靠广袤辽阔的蒙古高原，东接绵延千里的河西走廊，是古丝绸之路的"咽喉锁钥"、枢纽城市和商贸重镇，是我国古代最早对外开放的地区，也是最早的国际化大都市之一。《资治通鉴》中记载："自安远门西尽唐境万二千里，闾阎相望，桑麻翳野，天下称富庶者无如陇右。"[①]早在汉代，敦煌已经"人民繁盛，牛马遍野"。裴矩在《西域图记·序言》里记录道："故知伊吾、高昌、鄯善并西域之门户也。总凑敦煌，是其咽喉之地。"[②]"丝路明珠"敦煌承载着中外文化交流和东西方友好往来的重要使命，中华文化经此远播欧亚，世界四大文明汇集敦煌，多元文化在此互鉴交融，其"开放包容、崇高唯美、向善守正"的文化特质是丝路文化的精髓。敦煌文博会以敦煌文化为基石，借助敦煌文化的国际影响力和区位优势滋养着自己的会展品牌。

一、多元文化符号在敦煌的集成为"敦煌文博会"品牌塑造与认知夯实了基础

　　符号是文化的表征。伯明翰学派文化研究之父斯图亚特·霍尔最早提出关于文化表征的系统理论。霍尔认为，表征就是借助语言生产意义，是我们赋予事物意义的方式，我们所形成的符号观念和事物本身并无关系，我们通

---

① [宋]司马光：《资治通鉴》卷二百一十六，上海古籍出版社1987年版，第6919页。
② [唐]魏征、[唐]令狐德棻：《隋书》卷六十七，中华书局1973年版，第1579~1580页。

过表征过程中的语言赋予了事物意义。因为我们赋予意义,它才具有意义,被大众熟知并接受其为约定俗成,我们赋予它意义的过程即表征的过程。同时,霍尔认为,人们对事物形成一种概念时经历了两种表征系统:其一,是外界事物内在化的过程;其二,是内在概念外物化的过程。他认为:"任何具有某种符号功能的,与其他符号一起被组织进能携带和表达意义的一种系统中去的声音、词、形象或客体,都是'一种语言'。"①所以,我们所接触的一切事物或我们所认识的世界都与符号有着密不可分的关系,人类是悬挂在由自己所编织的意义之网上的动物,符号是文化形成和发展的借用材料。目前,多数学者认为文化和符号的关系在于:符号和文化构成了整个人类及其生活,任何符号都离不开文化,任何文化也离不开符号化的表达。②正如洛特曼认为的:"人对文化的识别是通过符号来进行的,文化和文明的产生都依赖于符号。"③

文化包括的内容十分广泛,有历史地理、风土人情、传统习俗、生活方式、宗教信仰等,文化也是经过历史积淀形成的、被人民普遍认同的典型的表征符号。文化不是自然形成的,而来源于人们有意识的建构,这种文化表征符号的构建必然经历漫长的选择与淘汰,绝不是一朝一夕可以完成的。④在我们长期的日常生活和文化交流中,人们在潜意识中已经习惯运用符号化的思维去理解事物,也按照这种符号化的规则确立彼此交流的依据。

品牌作为一种引领性与导向性极强的符号,能够传达特定的文化意蕴,具有历史性、社会性和可识别性。在丝路繁盛的年代,无数流官、商旅、僧侣、游吟诗人、军卒来往于敦煌这个重要的枢纽城市,伴随而来的是多元文明和艺术在此地的碰撞,多元文化在敦煌水乳交融。其中,佛教文化对敦煌莫高窟的影响最深远、最典型。此外,敦煌莫高窟藏经洞的发现直接催生了敦煌学。藏经洞中的文书五万余件,再现了汉文、梵文、回鹘文、粟特文等几十种古老文字,反映了古代各族信仰的多样性、复杂性及变动性,更无言地诉说着不同族群的人们对彼此文化的包容与共享。文化包容的理念为敦煌文博会"丝路文化交流"的定位提供了灵感。不同文化的交流互借才会促进丝路文化的繁盛与发展。敦煌作为我国古代多元文化符号集成大都会,为"敦煌文博会"

---

① [英]斯图尔特·霍尔编:《表征——文化表象与意指实践》,徐亮、陆兴华译,商务印书馆 2003 年版,第 19 页。

② 郭鸿:《对符号学的回顾和展望:论符号学的性质、范围和研究方法》,《外语与外语教学》2003 年第 5 期。

③ 赵蓉晖:《洛特曼及其文化符号学理论》,《国外社会科学》2006 第 1 期。

④ 吴远之、徐学:《文化符号学与中国传统文化——以中国茶道为例》,《北京科技大学学报(社会科学版)》2017 年第 2 期。

品牌塑造、认知与拓展提供了用之不竭的素材,而敦煌文博会则依托敦煌多元文化符号的积淀及影响力,通过一系列专业化的设计与推广,打造出敦煌文化交流与传播的国际化高端品牌。

二、敦煌丰富的石窟艺术可以彰显"敦煌文博会"品牌的特色内涵

敦煌以深厚的汉文化为基础,包容吸收佛教文化与艺术,历经北凉到元十个朝代的发展,造就了以敦煌莫高窟和榆林石窟为代表的,集建筑、壁画、雕塑为一体的石窟艺术长廊。石窟寺是最能反映丝绸之路上中印佛教文化交流的媒介。不同文明在敦煌碰撞融合,生动地记录在以敦煌石窟为代表的石窟走廊上。栩栩如生的佛像雕塑、精妙绝伦的彩色壁画、令人叹服的佛教建筑为无数人提供了创作灵感,也为"敦煌文博会"品牌的内涵凝聚提供了极其丰富的素材。这些石窟将神性和人性融为一体,中国神话中的雷神、飞仙、伏羲、女娲和佛教中的摩尼宝珠都汇集在一幅幅佛教壁画之中。敦煌文博会通过收集、采借、展示敦煌石窟中的文化符号并形成特色鲜明的文化会展品牌,让更多的人了解丝路文化,了解敦煌文博会,了解新时代的甘肃。

三、甘肃省享誉世界的文旅资源是"敦煌文博会"品牌传播的有力支撑

历史学家葛剑雄的《中国地域文化》认为,形成地域文化的首要原因是其地理环境。在古代社会,交通并不是很发达,一个地域长期在封闭环境中积累的精神产物,就会形成这一地区独特的思维模式与历史遗存。[①]地域文化是"由多个文化群体构成的文化空间区域,是类型文化在空间地域中的凝聚和固定,是研究文化原生态和发展过程的、以空间地域为前提的文化分部"[②]。地域文化是中华民族的宝贵财富。地域文化的发展是地域经济社会发展不可忽视的重要组成部分,中华大地上各具特色的地域文化已经成为地域经济社会全面发展不可或缺的重要推动力量。地域文化一方面为地域经济发展提供精神动力、智力支持和文化氛围,另一方面通过与地域经济社会的相互融合,产生巨大的经济效益和社会效益,直接推动社会生产力发展。伴随着知识经

① 葛剑雄:《中国的地域文化》,《贵州文史丛刊》2012年第2期。
② 李勤德:《中国区域文化》,山西高校联合出版社1995年版,第2页。

济的兴起和经济社会一体化进程的不断加快，地域文化已经成为增强地域经济竞争能力和推动社会快速发展的重要力量。

甘肃历史悠久、民族众多，其地域文化最明显的特点就是多姿多彩。甘肃地理单元的独特性与相对封闭性造就了甘肃地域文化独特的文化品格，历史的连贯性与延续性又延伸着该区域生生不息的文化传统。甘肃在历史上一直是多元文化共生的地方，且长期处于传统与现代的剧烈冲突、融合之中，因此其文化具有多元共生、丰富多彩、特色突出、边界清晰、转型过渡等个性特点。同时，甘肃地域文化是中华文化的重要组成部分，它与中原文明、长江流域文明等一起构成了中华文明的重要源流，在中国文化史上占有极其重要的地位。与中东部发达地区相比，今天的甘肃虽然在经济发展上相对落后，但文化积淀十分丰厚，曾在历史上写下灿烂的篇章，为我们民族和国家的发展建树过不朽的丰碑。甘肃历史文化品位高雅，价值非凡，魅力永恒，不仅在全国占有极重要的地位，而且许多方面在世界上都享有盛誉，成为品牌文化开发的超级富矿。另外，甘肃位处东亚与中亚的结合部，是我国中东部腹地通往西北地区的走廊过渡地带。从世界发展史上来看，甘肃又是古老的华夏文明与两河流域文明、古印度文明、地中海文明等的汇流之区。从国内文化资源分布来看，雪域文化、沙漠文化、绿洲文化、草原文化、森林文化、高原文化、山地文化、平原文化、石林文化、盆地文化、狩猎文化、畜牧文化、渔捕文化、旱地农耕文化、水田稻作文化、长城文化、民族文化、边塞文化、人文始祖文化、石窟文化、宗教文化等一应俱全，让人叹为观止。甘肃是国内文化类型最齐全、序列最完整、线条最清晰的省份，国家将甘肃作为华夏文明传承创新区也从一个侧面说明甘肃文化的丰富多样与传播价值。

敦煌文博会的永久举办地敦煌，位于河西走廊最西端，是佛教艺术的殿堂、飞天艺术的故乡，是一座神秘而古老的历史文化名城。敦煌旅游资源丰富，形成了敦煌莫高窟艺术观赏区、鸣沙山月牙泉自然风光旅游区、阳关渥洼池绿洲旅游区、玉门关汉长城古战场观光区和雅丹国家地质公园五大风景名胜旅游区。此外还有民族风情、歌舞、大漠骆驼等一系列特色文化旅游项目。敦煌这座文旅资源丰富的宝库，为旅游业发展带来了机遇，也为"敦煌文博会"品牌推广奠定了基础，同时有利于敦煌文博会突破单一发展模式，塑造多元化、综合性的品牌影响力。通过亲身体验和接触数字产品，游客一定会在心中对甘肃丰厚的历史文化形成持久的品牌记忆，并构建出一个共时性的记忆空间。此外，通过敦煌文博会引进资源，可推进敦煌大景区建设，以技术为依托打造智慧旅游，带动"敦煌文博会"品牌的跃升与传播。

四、丝路文化在"敦煌文博会"品牌凝聚中的应用价值

赵声良指出："读懂了敦煌，就读懂了中华传统文化的一半。"[①]敦煌所承载的传统，隐藏在每个中国人的潜在认知中。文化的认知机制在于：从受众角度来看，文化认同能够促进受众接受，文化背景能够搭建理解平台；从传播的信息角度来看，文化特色能够满足好奇心，文化品牌能够赋予社会地位。敦煌文博会就像一把开启我们认知的钥匙，重新打开了我们追溯共同的生活方式、价值观与审美趣味的大门，并重新认识自己。

在"敦煌文博会"品牌塑造的过程中，可以充分利用中国人对敦煌所承载的华夏文化传统的认同，将丝路文化元素以科技、创新等方式融入品牌形象与内涵中去，使品牌在竞争中获得目标群体的支持，进而将"敦煌文博会"塑造成为强势品牌。

1. 丝路文化认同促进受众对"敦煌文博会"品牌的认同与接受

美国社会学家帕森斯在他提出的行动体系理论中，强调文化子系统的"维模"（Latency）功能，即文化模式维护功能。在文化传播中，维模功能使文化圈对外来文化起选择作用和自我保护作用。当外来文化有利于原文化时，会被吸收；当外来文化对原文化产生破坏时，维模功能则会阻止外来文化的进入。对受众个体而言，受众对信息会产生选择性行为：选择性注意、选择性接触、选择性理解、选择性记忆。整个选择性过程取决于受众已有的文化背景，包括但不限于受众生活环境、人生经历、受教育程度、群体规划等。这种文化背景又构成了受众的认知模式，形成"刻板印象"。因此受众会根据认知模式来对信息进行判断，当外来信息与自己已有的文化背景相一致时，外来信息容易被接受，反之，则容易被排斥。

敦煌文博会借助丝路文化更容易塑造自己的品牌形象。一方面，丝路文化作为中国传统文化的一部分，符合中国人的认知模式，因此极易让中国人接受；另一方面，丝路文化由于其多元性，融合了当时世界上四大文明及佛教、伊斯兰教、基督教等宗教文化和沿线国家民族的文化，因此丝路文化也非常容易获得丝路沿线国家人民的共情与认同，从而到达品牌认同和文化交流的目的。

---

① 颜维琦、宋喜群、王建宏等：《文化的星河如此璀璨——来自敦煌的启示》，《光明日报》2019年9月15日，第1版。

2. 丝路文化品味赋予"敦煌文博会"品牌新角色

文化品味是一种符号,一种代表人们身份、地位的东西。人类是群体动物,在社会交往中,同一群体中的人多因为相同或相似的文化品味而进行交往。他们在交流中获得身份认同,获得自己的社会地位进而找到群体归属感。因此,当一个人想证明自己的行为、观点时,就会采取他认同的群体所指定的文化规范来说话办事,扮演具有相同文化的社会角色。这种文化是人们所期望获得的一种无形价值,超出了产品和服务本身的一种价值。一旦这种价值在人们的心中形成了某种固定的联系,这种联系就会超出有形的产品和服务,成为人们的一种依赖、一个外在标签,这便是文化品味所赋予受众的社会地位。

地域文化具有非常多样的形式,从人们的思维模式到行为方式及生活的诸多方面,其中包含方言、饮食、服饰、风俗、宗教、民宅等。总体来说,地域文化是人类在某一地域空间经过长期的共同生存之后,有了独具特色的生活方式与习惯,演变出地域特殊的文化传统与文化体系。敦煌文博会正是通过举办有关丝路文化的一系列传播活动,在彰显丝路文化的高端化、精致化、特色化的基础上,赋予受众带有标签化的独特文化体验,同时这种独特的丝路文化品味与体验为"敦煌文博会"品牌形象的塑造形成了新的突破口。

3. 丝路文化特色元素赋予"敦煌文博会"品牌传播的新内涵

丝路文化最独特的地方在于融合了丝绸之路沿线各个民族的特色,尤其是吸收了多元民族文化和宗教文化。丝绸之路上的风俗习惯、神话传说、生产方式、生活方式、交往方式等都让丝路文化体系充满神秘色彩,比如藏传佛教的天葬、伏羲祭奠大典等。正是丝路文化的神秘与奇特,总是让人忍不住探索,激发人们的审美想象。在"敦煌文博会"品牌塑造过程中,要注重利用丝路文化的神秘感和奇特感,以可视化、故事化的新形态使人们获得新的审美体验和独特的审美认识。此外,敦煌文化是敦煌文博会的文化基础,敦煌文化中有很多经典的文化元素,在品牌传播中应利用好经典文化元素,不断挖掘经典元素的新内涵。

4. "敦煌文博会"品牌可以拓展出丝路文化传播的新通道

敦煌文博会以敦煌文化为基础,聚合了丝绸之路沿线国家地区的文化,也为沉淀千年的丝路文化提供了新的展示平台。敦煌文博会的学术论坛、文化展览、文艺演出、文创产品、文化旅游等都是围绕丝路文化展开的。"敦煌文博会"品牌传播借助丝路文化元素,使品牌标识、品牌内涵和品牌记忆充满了典型文化色彩。丝路文化为敦煌文博会注入了品牌新内涵，敦煌文博会则集合人力、物力、平台等充分挖掘丝路文化的内涵，让人们有机会感受千年丝路的魅力。可以说"敦煌文博会"品牌开拓了丝路文化传播的新通道。

第三节 "丝路文化＋"多元产业："敦煌文博会"品牌理念的创新

敦煌文博会论坛用国际思维谋划和设置议题，以"丝路文化"为交流重点，分高级别论坛和专题论坛，中外学者紧紧围绕各论坛主题进行交流。论坛无论在议题设置的丰富度，还是参会人员多元化，抑或是实效性上都有保证。

通过第二章对四届敦煌文博会主题的系统梳理，我们可以清晰地看到每届敦煌文博会都有三项不变的内容：论坛、展览和表演。在这一安排下，敦煌文博会一直在探索创新发展之路，比如在文化创意产品、文化科技产品、文化＋旅游、文化贸易等方面的探索。可以说，敦煌文博会持续围绕丝路文化会展业来赋能多个产业，激发了敦煌文博产业力量，为更好地宣传丝路文化开拓空间，为沿线各国进行文化交流搭建平台。本节重点从敦煌文博会三大支柱产业——学术论坛、文化展览、文艺演出——来探讨"丝路文化＋"多元产业的品牌理念。

1. 以国际化为代表的论坛

以国际化为代表的论坛在提升敦煌文博会的学术水平的同时，也实现了让中国文化"走出去"和海外文化"走进来"的宏大诉求。举办的主题活动既展示了中国丝路文化的深厚和悠久，又再现了古代丝绸之路沿线各国的文化交流，还重点探讨了古丝绸之路在当下"一带一路"场景下被赋予的新时代内涵及机遇，从而逐步将敦煌文博会论坛打造成中外丝路文化学术探讨与思想交流的高地，引领有关丝路文化的国际议题。

首届敦煌文博会以"传承丝绸之路精神，促进文明交流互鉴"为主题，分专项论坛和分论坛展开。敦煌研究院名誉院长樊锦诗、诺贝尔文学奖得主莫言等众多国内外专家、学者围绕论坛主题展开讨论，各抒己见，为"一带一路"倡议下各国如何借机发展及甘肃未来如何进行文化建设建言献策。其中优秀传统文化资源数字化和大数据助推丝绸之路经济带两个专题下，与会嘉宾探索了如何借助大数据、数字化等现代技术发挥丝路文化价值，进而带动经济发展，从理论层面为科技融入文化提供了有针对性、操作性的建议和意见。丝绸之路文化遗产保护与传承论坛则以当下各国都很重视的文化保护为切入点，吸引国内外学者在敦煌文博会这一个平台共同展示自己的文化保护经验与文明传承成果。五个分论坛围绕敦煌文化的当代价值展开，全面讨论了丝路沿线国家如何充分利用文化进行交流合作。丝绸之路沿线国家文化合作新机制及途径的深度探讨有利于丝路文化的对外传播，有利于甘肃文化产业的对外发展。在文化、旅游、科技等领域融合发展的主题探讨上，专家学者对"文化＋旅游""文化＋科技"等新型发展项目从理论层面给予认可和指导。专家对有关敦煌文化价值、传承和创新的探讨，则有助于敦煌文化进一步走向世界、进一步创新发展。借助敦煌文化的知名度打造敦煌文博会的学术影响力，可提升"敦煌文博会"品牌在丝路文化传播的知名度与独特价值。

第二届敦煌文博会论坛围绕"发扬丝路精神，共促文化交流"主题，从不同文化、领域、角度深入阐述，为推动文明交流对话和"一带一路"建设贡献真知灼见。此届论坛继续探讨了文化合作模式，较之上届则更注重创新，比如文化创意论坛探讨了数字化和创意的融合，在敦煌文化传承问题上深入探讨了敦煌文化艺术的传承、创新和发展。此外论坛还拓展出了"丝绸之路高校发展联盟论坛"，以此助推一流大学建设、产业园区模式创新等重要交流共享活动的深入发展。

第三届敦煌文博会论坛围绕"互鉴共进、和谐共生、增进构建人类命运共同体的文化认同"主题，论坛紧扣"一带一路"文化与创新展开研讨，将重点放在了文化贸易的探索上。这意味着"敦煌文博会"进入实质性特色发展阶段，它不再仅仅停留在多元文化交流互鉴层面，还掘进文化交流带动文化贸易和区域经济共建共享的更深层面。

第四届敦煌文博会论坛围绕"文旅繁荣丝路，美丽战胜贫困"这一主题。在甘南藏族自治州合作市开幕式期间举办的三个论坛紧紧围绕脱贫和旅游命题，专家学者研讨如何通过会展与旅游助力甘肃省整体高质量脱贫工作。在敦煌闭幕式期间举办的三个论坛则紧紧围绕文化和旅游命题，探索如何促进敦煌文化产业提质增效并带动甘肃经济实现跨越式发展。

通过对四届敦煌文博会论坛主题的梳理可以看出，敦煌文博会论坛完全围绕"丝路文化"展开，但从第二届敦煌文博会论坛开始，逐渐拓展到知识产品、农业、物流、生态等领域，四届文博会论坛共设置了 36 个主题。这些论坛基本都在"丝路文化"国际化这一背景下展开，通过对丝路文化的探讨，吸引了丝绸之路沿线不同国家、不同专家学者进行对话，塑造了敦煌文博会在文化交流互鉴和思想互通共享层面的国际化品牌形象。

2. 以多元化为代表的展览

莫言在首届敦煌文博会论坛发表演讲中提出："文化的交流重在创新，我们应该在'一带一路'倡议基础上充分交流、碰撞，创新出新的文化形态、新的艺术作品，在百年千年后无愧于子孙后代。"[1] 展览是一个很好的让不同文化进行交流并创新的展示平台。敦煌文博会借助丝路文化的多元性，设置众多展览主题，在内容和形式上都体现出了多元化的品牌塑造思路。如在内容上，敦煌文博会既展出了丝路沿线国家的多元文化，又展出了国内丝绸之路沿线的地域特色文化，多种文化同台展示，交相辉映，互相支撑；在形式上，有文物展、摄影展、油画展、书法展、陶瓷展、美食展、民俗文化工艺品展等，丰富多样，蔚为大观。

首届敦煌文博会展览分三大板块：中国展区、国际展区和专题展区。中国展区板块将中华文化的多样性通过书画、瓷器、画作等形式表达出来。其中突出设置了甘肃展区，全方位呈现了敦煌文化、始祖文化、史前文化、长城文化、石窟文化、民俗文化等丝绸之路甘肃段文化遗产。国际展区板块分五大主题，"文明之旅·魅力法国"通过绘画、建筑、漫画、时尚等形式立体展示了主宾国法国的文化；"四海一家"则以绘画、雕塑、各国特色手工艺的形式，展出亚欧非丝绸之路沿线国家与美洲、大洋洲国家的文化；"意会中国"展出了丝绸之路沿线国家著名艺术家的油画作品；"文明交响"以绘画的形式表现了中国和埃及两国文化的交流；"世·象"则展示了中意两国文化的交流。专题展区板块则以展示非物质文化遗产、文化创意、科技成果为主，如丝绸之路茶文化展、敦煌创意文化产品展、彩陶创意展。此届会展展示了丝路文化的绵远与多彩，致力于塑造敦煌文博会的丝路文化交流平台功能，为"敦煌文博会"品牌注入文化交流与共享的独特内涵。

第二届敦煌文博会展览分四大板块："意会丝路·中外美术精品""印象丝路·中外文化精品""创意丝路·中外创意设计精品""游历丝路·中

---

[1] 《莫言在首届敦煌文博会分论坛上作主题演讲》，每日甘肃网，2016 年 9 月 20 日。

外旅游产品"。"意会丝路"板块主要涉及敦煌壁画、陶瓷、千手千眼观音、经变图等;"印象丝路"板块主要涉及丝路沿线省市文物联展、雕塑、唐卡、邮票、档案珍品等;"创意丝路"板块主要汇集了丝路沿线各地区博物馆文创产品、艺术创意衍生产品、手工技艺展演、动漫设计及游戏体验等。这一板块作为这届敦煌文博会展览的亮点,受到众多参观者的欢迎。"游历丝路"板块主要是对丝绸之路沿线国家地区旅游产品的展示。

第三届敦煌文博会展览分两大板块:"艺术博览馆"和"文化创意馆",整个展览展出了 7000 余件展品,涵盖文物、艺术、设计、文创产品、数字成果等 17 个种类。"艺术博物馆"主要涉及主宾国乌克兰的摄影展、60 个国家的顶尖绘画和雕塑艺术的"丝路上的星辰"精品展、"到世界找敦煌——敦煌流散海外精品文物复制展"等;"文化创意馆"包括朗读亭展、动漫展、"解码敦煌——互联网 + 丝路文化探秘展"、甘肃各州市的文化创意展等。此届展览注重文化创意,丝路文化创意应用展示十分成功,文化科技感较之前两届更加浓厚。在展览方面,此届敦煌文博会的求变与突破增进了民众对丝路文化的解读,增强了"敦煌文博会"品牌的科技感、创新性。

第四届敦煌文博会的特色展出有:丝绸之路旅游商品展、"到世界找敦煌——敦煌流散海外精品文物复制展"、"一眼看世界——丝绸之路历代珍藏钱币展"、文化旅游创意创新产品展、中国国家画院画展、特色美食展、敦煌国际设计周获奖作品展等。此届展览更多突破了单纯的丝路文化展示理念,拓展出"文化 + 旅游"的会展品牌理念,即"所看即所展,所到皆所展"理念,将丝路文化灵活运用起来,让民众深度体验丝路魅力,走进敦煌,感受敦煌;走出敦煌,感受陇原。同时带动了甘肃全域旅游产业的发展,通过游客的体验式旅游,将一个多元立体的新甘肃形象塑造出来。此外,这届敦煌国际设计展为我国文化创意产业带来了新的理念和形式,让文化融入现代理念、现代生活,才能让丝路文化被越来越多的人了解。文化旅游和国际设计展提升了"敦煌文博会"的品牌知名度及品牌原创力,也将品牌理念塑造得更加现代、更具活力。

通过梳理四届敦煌文博会展览业发展历程可见,无论在丝绸之路沿线国家参与度方面,还是在展示主题、内容与形式上,敦煌文博会展览板块都充分体现了多元共存、文明互鉴和开放共享的新特征。展览充分整合了丝绸之路沿线国家和地区的文化,并以可视化形式呈现,将丝路文化的多元并包、共享共创融入共建人类命运共同体这一时代大潮中,使得敦煌文博会展览更有内涵、更专业、更丰富、更吸引人,也更现代。敦煌文博会展览塑造了"敦煌文博会"品牌文化多元化、现代化、国际化的理念，为其品牌走向国际化提供了有力支持。

3. 以特色化为代表的演出

每届敦煌文博会都有一批令人津津乐道的演出，这些演出汲取丝绸之路故事素材，将丝路文化艺术融入现代歌舞中。比如经典大型民族舞剧《丝路花雨》以敦煌壁画艺术为素材，汲取丝绸之路沿线各地民间歌舞之长，淋漓尽致地表达出主人公的悲欢离合，同时也展示了丝绸之路上商人之间的纯洁友谊。

首届敦煌文博会文艺演出活动以"荟萃艺术精品，共享文化成果"为主题，共举办13项演出。演出不仅有以《丝路花雨》为代表的展示敦煌文化的经典节目，还囊括了法国、西班牙等国家的文艺演出，展现出敦煌文博会在文艺演出方面的国际化水平，有助于提升"敦煌文博会"品牌的国际影响力。

第二届敦煌文博会文艺演出活动以"荟萃艺术精品，弘扬丝路文化"为主题，同样举办了13项演出。除了展示敦煌文化的经典演出，还有亚美尼亚民族舞等外国节目。可以看出敦煌文博会在演出方面讲究以经典舞剧为核心，不断拓展，将丝绸之路沿线各国的文化风情以演出的形式展示出来，以此提升"敦煌文博会"品牌的国际知名度。

第三届敦煌文博会文化演出活动以"荟萃文艺经典，抒发丝路情怀"为主题，13项文艺演出几乎囊括了所有艺术形式，包括舞剧、芭蕾舞剧、音乐会、歌舞剧、花儿剧、敦煌服饰盛典"绝色敦煌之夜"等。此届文艺演出聚焦甘肃特色艺术，充分展示了甘肃文化的多彩与厚重。

第四届敦煌文博会文艺演出活动精品荟萃，内容丰富。开幕式举办了"九色香巴拉"文艺演出、"三区三州"少数民族文艺演出，重点突出了丝绸之路沿线少数民族丰富多彩的民族文化。闭幕式上举行的纪录片《莫高窟与吴哥窟的对话》首映式，更是突破了敦煌文博会演出展示的作用，将其作为文化类宣传片的推进平台，创新了敦煌文博会在丝路文化研究、展示与应用上的新形式。

通过梳理四届敦煌文博会文艺演出项目可以看出，敦煌文博会文艺演出既讲求多元并包，又追求特色凝聚。以《丝路花雨》《大梦敦煌》《又见敦煌》为代表的演出展示了中国舞台剧的经典，"九色香巴拉"等文艺演出则进一步突出了丝绸之路沿线的少数民族特色文化。"丝路文化+"演出的理念，确立了"敦煌文博会"品牌的高水平和特色化路线。

以国际化为代表的论坛、以多元化为代表的展览、以特色化为代表的演出，这三个"敦煌文博会"品牌内容，将丝路文化充分融入论坛、展览、演出中，三大产业联动发展，使"敦煌文博会"品牌走出地域认知，跃升为国际化、高端化、产业化的特色知名品牌。

第四节 "丝路文化+旅游业"与"敦煌文博会"品牌内涵凝聚

2019年12月，甘肃省人民政府办公厅印发《大力促进全省文化旅游产业提质增效的意见》。意见指出：到2022年，全省文化旅游综合收入达到5000亿元，年均增长25%，人均文化旅游消费达到1000元，年均增长10%，真正把文化旅游业打造成为推动全省绿色发展崛起的首位产业和支柱性产业。[1] 丝绸之路甘肃段旅游资源丰富，文化民俗风情独特，借助敦煌文博会的举办，可加强文旅融合发展，加速甘肃旅游业的转型升级。

敦煌文博会从第二届开始设置文化旅游议题。第二届和第三届敦煌文博会着重从学术上探讨文化旅游。第二届设有文化旅游专题论坛，第三届设有世界文化遗产保护与旅游可持续发展国际论坛，同时对丝绸之路沿线国家地区旅游产品进行展示。第四届敦煌文博会开始在文化旅游上发力，此届主题是"文旅繁荣丝路，美丽战胜贫困"，在活动方面设有"百、千、万"游"三区三州"活动、境内外"双百"旅行商考察踩线、金融助力文化旅游产业发展论坛、文化旅游创意创新产品展等。从上述系列活动可以看出，第四届敦煌文博会深入探索了"文化交流"的新方式，不再仅限于论坛、展览或演出的方式，而是创造性地与旅游相结合。樊锦诗指出："任何国家和民族的文化要继承自己的传统文化，要不断吸纳其他国家和民族的优秀文化，使多元文化兼容并蓄，并不断加以创新，才能使本国、本民族的文化不断得到发展。同时，对于不同国家和民族来说，文化交流是长期的、和平的，并可增进各

---

[1] 《甘肃省人民政府办公厅关于大力促进全省文化旅游产业提质增效的意见》，每日甘肃网，2019年12月18日。

国人民的互相了解与互相信任，促进不同文明的和谐对话，共存共荣。"① 很显然，通过文化旅游的方式增强丝绸之路沿线国家、地区的文化交流是一种创新，通过旅游让丝绸之路沿线的人们更真切地感受到丝路文化，有助于增进各国人民的互相了解和信任。

借助敦煌文博会这一平台将文化和旅游结合，有助于将甘肃打造成为具有浓郁甘肃特色和历史底蕴的文化旅游胜地，将文化旅游产业打造成为甘肃的绿色支柱产业，带动甘肃经济发展。第四届敦煌文博会开幕式在甘南，闭幕式在敦煌，有力地推进了甘南、敦煌两地的景区建设，助推了两地的发展态势，加快了两地旅游产业建设步伐。通过文化旅游带动吃、住、行与购物娱乐观光等相关行业的发展，可把甘肃打造成集生态观光、度假休闲、文化体验、科技创意为一体的高品质生态文化旅游特色全域旅游胜地。敦煌文博会的"文化+旅游"模式，促进了丝绸之路沿线国家的旅游合作，这些国家的游客可以有效提升甘肃的影响力和美誉度。

党的十八大以来，得益于国家政策、经济、社会、科技等条件的支持，加之消费升级、全民文化意识提升，中国文创产业发展态势良好。2017年文化及相关产业增加值34722亿元，占国内生产总值（GDP）比重4.2%，继续向国民经济支柱性产业迈进。② 甘肃作为文化资源大省和丝路文化黄金地带，发展文化创意产业具有得天独厚的优势。

敦煌文博会作为高端时尚文化产品和创意精品的展示平台，在吸引文化消费者关注的同时，引起了文化企业、机构的重视。比如将敦煌国际设计周首次纳入第四届敦煌文博会，就成为一大亮点。此次敦煌国际设计周吸引法国、韩国，以及我国26个省（市、自治区）、340多所艺术院校师生的参与，有效促进了丝绸之路沿线国家的文化交流，并促成了创意成果的有效转化。服饰类创意通过模特走秀，让观众充分感受到传统文化符号与现代时尚元素的融合。敦煌国际设计周利用敦煌文博会这个平台，将丝路文化通过文创产品等形式灵动地展示出来。参与文创工作的受访人员WJ认为："实际上，参加我们设计周的嘉宾都是我们公司请来的，只是这次设计周加入敦煌文博会，我们借着敦煌文博会的品牌可以请来100个人，如果不借助的话，我们可能只能请来40个人，而且很难请到大牌设计师。"（访谈编号GS05）

敦煌文博会通过文化创意吸引消费者，为文创产品提供展示平台，为消费者提供欣赏、购买平台。相关机构研发各类文创产品30余种、蓝莲系列和

---

① 樊锦诗：《敦煌文化对现代仍有启示和借鉴价值》，每日甘肃网，2016年9月21日。
② 《2018—2019中国文化创意产业现状及发展趋势分析报告》，艾媒网，2019年1月25日。

彩陶系列产品118件。新型的敦煌文创产业，在文创产品上围绕九色鹿、飞天等敦煌文化元素不断丰富产品内容，在产品的设计、工艺、选材、色彩等方面都有了突破与创新，使敦煌文化以更加新颖的艺术形态展现出来。敦煌文博会将这些精美的文创产品聚集起来，让它们在这个平台上向全世界共同阐述丝路文化，展现中国文化的博大精深。当然，"敦煌文博会"品牌的知名度也会因为精美且具有创意的文创产品而更上一层楼。

第五节　丝路文化在"敦煌文博会"品牌行为中的应用

敦煌文博会将丝路文化融入品牌理念的同时，通过品牌行为将丝路文化传播出去。这里将引入工商管理学科中的"企业行为识别"（Behavior Identity，简称BI）概念，用于"品牌行为"分析。企业行为识别主要指通过企业的经营管理活动及社会公益活动传播企业的经营理念，获得企业员工和社会公众的认可和支持，进而强化其品牌形象。在品牌塑造中，则将这种树立形象的行为称之为"品牌行为"。可以说品牌行为是充分利用各种媒体和传播工具，举办各种活动来塑造其品牌形象的一种品牌赋权活动。所以，品牌行为是让公众获知其品牌知名度、塑造其品牌美誉度和品牌忠诚度的主要渠道。以下将从广告宣传、公关传播和产品服务三个方面分析丝路文化在"敦煌文博会"品牌行为中的应用。

一、丝路文化与"敦煌文博会"品牌宣传

本研究的访谈和问卷调查结果均显示：敦煌文博会在广告宣传方面的投入力度不够。在调研中，有27.5%的人认为敦煌文博会宣传力度一般甚至较弱，31.6%的人认为宣传途径一般甚至较少，25.8%的人感觉宣传内容一般甚至不满意。同时，人们也普遍认为甘肃对丝路文化的宣传力度不足，仅有26.7%的人认为甘肃对丝路文化的宣传到位，65.8%的人觉得甘肃对丝路文化的宣传一般。

1. 网络广告中的丝路文化色彩

顾名思义，"网络广告"就是在网络上做广告。网络广告已然成为广告主们主要的广告投放形式。网络广告是通过网络传递给互联网用户的一种高科技广告运作方式，一般通过广告平台来投放，形式也比较多样，比如展示性广告、搜索引擎广告、数字视频广告、手机广告等。敦煌文博会为了达到更好的宣传效果，也将网络作为其重要宣传渠道，尤其重视手机广告，如通过微信、微博投放广告等。

在利用微信渠道方面，敦煌文博会设有自己的公众号，专门用来发布敦煌文博会相关信息。但从文章阅读量来看，公众号粉丝较少。在利用微博渠道方面，由甘肃省互联网新闻中心认证的敦煌文博会微博，粉丝仅1053人，在发布首届敦煌文博会资讯后，敦煌文博会微博一直处于停更状态。无论微信还是微博，内容大部分是关于文化的，尤其是敦煌文化。比如在微信中传播的H5广告，第四届敦煌文博会的H5宣传背景音乐是藏族歌曲，内容上运用了甘南的藏羚羊、藏民的形象及甘南的风景，展示了甘南的文化特色。第三届敦煌文博会的H5宣传在主视觉上充分融入了敦煌文化元素，比如飞天、骆驼，色彩上也是敦煌壁画的主色，该H5广告增加了互动，运用了大数据，让用户通过输入"我是谁""我在哪里"，并通过数据实时展示"你是第多少个点赞的"，生成用户专属海报，增加用户认同感和分享感，进而达到提升敦煌文博会热度的目的。

同时，第三届敦煌文博会邀请腾讯、今日头条等互联网企业参展。腾讯互娱联合敦煌研究院共同发起的"敦煌传统游戏探索之旅"项目，成果首次在敦煌文博会上亮相，敦煌壁画中的射箭、马术、拨浪鼓、竹马等传统游戏内容通过现代数字技术被创造性地演绎出来。敦煌研究院与游戏公司跨界合作、精心打造的杨玉环的"飞天皮肤"，也让游戏网民津津乐道，成为敦煌文博会和敦煌文化的传播媒介。杨玉环的"飞天皮肤"在网络游戏平台上线后获得一致好评。以内容打动玩家，让玩家在娱乐中感受敦煌文博会和敦煌文化，这类宣传突破了传统广告的生硬传播，达到了较好的传播效果。此外，敦煌飞天主打歌《遇见飞天》由知名歌手韩红创作，并且在网络音乐平台正式上线。敦煌文博会联合敦煌研究院等机构共同为敦煌文化发声。这些形式在将丝路文化宣传出去的时候，也通过知名的游戏平台、音乐平台将敦煌文博会宣传了出去。

总的来看，敦煌文博会在网络宣传方面，借助微信、微博等多种网络渠道，运用浓厚的丝路文化元素打造其知名度,展示形式也多种多样。尽管第三届敦煌文博会在宣传中通过与知名游戏平台、音乐平台等在网上形成了一定的传播声浪,但在网络广告宣传方面仍有很多地方需要突破。比如网络公司在敦煌文博会上以视频形式展示了手机应用程序运用效果,然而在线上的传播并没有与短视频联合开展敦煌文博会宣传与推介工作。"敦煌文博会"品牌知名度的建立要不断发力,不断尝试新型媒体和新的推介形态。

2. 户外广告中的丝路文化色彩

敦煌文博会的户外广告宣传主要有在建筑外表、街道、广场等室外公共场所设立的霓虹灯、广告牌、海报三种形式。在敦煌文博会举办期间,敦煌市悬挂类广告随处可见。悬挂类广告一般设在饭店门前、公路两侧电线杆上,制作成灯箱广告、路旗等广告形式。这种广告具有制作方便、直接,传播快捷、直达等优点。课题组在敦煌文博会开幕式期间,沿着"三区三州"重点考察了敦煌文博会的户外宣传情况。考察发现,敦煌文博会的户外广告宣传主要在合作市和临夏市,并没有覆盖下辖的县区。从宣传内容来看,宣传品与地方特色文化元素的契合度不高,没有很好地体现丝绸之路理念。从采访的结果来看,当地人基本都知道正在举办敦煌文博会,而只有看到过宣传广告的游客表示知道敦煌文博会正在甘南藏族自治州开幕,在甘南藏族自治州的几个县,游客基本不知道合作市正在举办敦煌文博会开幕式。

合作市 LHP 先生表示:"我们都听过敦煌文博会呀,之前我还是志愿者呢!"(访谈编号 GD03)

正在合作市旅游的陕西游客 TL 女士表示:"敦煌文博会吗?俺昨天才知道的,就是来这边旅游的,之前没有听说过呢!俺们打算去尕秀,今天时间来不及了,正好在这住一晚,晚上出来逛的时候看到的,街道上广告旗旗多得很。"(访谈编号 GY01)

郎木寺旁边的回族居民 MXY 女士表示:"听说了敦煌文博会,没有什么途径,大家都知道。对了,还从短视频中看到过,周边推荐,看到有人发视频。没有去看过,挺忙的,正赶上旅游旺季,都看店呢,没时间。"(访谈编号 GD04)

在尕秀旅游的内蒙古游客 SJ 女士表示:"我们是第一次来甘肃,我们大部队都是发小,甘肃的景色真美,甘肃还有个敦煌文博会?在哪呀,有时间去看看。"(访谈编号 GY07)

首届敦煌文博会的户外广告内容主要由品牌标识、广告语、举办时间和举办地点组成，底部有敦煌图案。第三届敦煌文博会的户外广告由品牌标识、广告语组成，同时运用了更多的丝路文化色彩，融入了丝绸之路的独特元素飞天、沙漠、佛陀，营造出敦煌文博会的丝路文化氛围。第四届敦煌文博会的户外广告由品牌标识、广告语、举办时间和举办地点组成，背景以蓝色为底，贯穿甘南典型的九色鹿条纹，寓意甘南的旅游资源多种多样。

　　总的来看，敦煌文博会的户外广告或多或少融入了丝路色彩，但户外广告作为提升品牌知名度的有效途径，应该充分挖掘丝绸之路甘肃段的文化符号，要特别结合当地人的日常生活元素，在广告投放渠道上要覆盖更多具有文化特色的少数民族聚居区，同时可以增加视频、流行歌曲、谣谚、广场舞曲等互动性更强的形式，还可以发动民众制作小视频或相关口碑传播内容，利用各种短视频社交平台开展圈层传播，以此扩大品牌的知晓度和影响力。

　　在宣传的内容方面，笔者认为可以借鉴第三届敦煌文博会应用丝绸之路的文化典型符号为文博会渲染丝路文化色彩的经验，宣传敦煌文博会丝路文化交流平台这一定位。

　　综上所述，敦煌文博会在宣传渠道和宣传内容上仍存在明显欠缺，线下宣传仅限敦煌文博会举办地，并没有覆盖周围的县区，更不要说在全国或丝绸之路沿线国家产生明显的品牌感知效应。同时，"敦煌文博会"品牌宣传没有充分结合现代人的习惯、整合线上资源，敦煌文博会的公众号没有运营起来，微博目前处于停止运营状态，粉丝极少。另外，敦煌文博会对当下比较火的短视频传播关注不够，宣传上组织体系运作色彩明显，在如何激发民众利用社交媒体开展个性化传播方面的规划还存在明显盲区。与国内成熟的品牌会展相比，敦煌文博会宣传方式老套，多为政府机构的"自弹自唱"，而没有借助专业营销团队，开展规模化、持续性的营销活动，在事件营销、口碑营销、数字化营销、话题营销和自媒体营销等方面差距非常明显。

二、"敦煌文博会"品牌的公关策划

　　广告和公关活动是一个品牌建立并成功推广的不可缺少的两种宣传手段。在受众对资讯越来越焦虑、广告费越来越昂贵、媒体种类和数量越来越多、受众注意力越来越分散的社交媒体时代，公关活动是品牌传播的重要方式，广告和公关活动通过对新闻的策划与对事件的推广达到传递品牌信息的作用。公关传播和广告传播都是一个潜移默化的过程，需要持续、不间断地传播、引导，包括大量的品牌文化传播、信息告知、推广和公益活动等与社会大众互动的内容。这些传播手段如果围绕主题整合成为系列活动，将极大地提升品牌美誉度，并且能够培养起消费者对品牌比较持久的忠诚度。

在公关传播方面，每一届敦煌文博会都通过新闻发布、公关广告和专题策划等形式推出了一系列活动。

1. 丝路文化在"敦煌文博会"品牌发布中的运用

新闻发布会是公关活动最常使用的手段，是品牌传播各类信息最好的途径之一。新闻发布会将权威信息通过各类媒体迅速扩散和放大到社会层面。每届敦煌文博会都会有系列新闻发布会，首届敦煌文博会首场新闻发布会在北京召开，由文化部、国家新闻出版广电总局、国家旅游局、中国国际贸易促进委员会、甘肃省人民政府等机构联合举办，向社会各界详细介绍了敦煌文博会的筹备情况。时任文化部副部长丁伟阐述了甘肃举办"敦煌文博会"的优势和意义，指出了敦煌独特的历史文化是敦煌文博会的基础，敦煌文博会为丝路沿线国家、地区搭建了文化交流、合作的平台，进而为"一带一路"建设注入文化力量，成为拉动甘肃经济发展的新引擎。第四届敦煌文博会新闻发布会也在北京人民大会堂召开，文化和旅游部、国家广播电视总局、中国国际贸易促进委员会等机构负责人出席，国内外100多家媒体记者参加发布会。发布会始终围绕丝路文化交流这一主线来进行。甘肃省副省长何伟在第四届敦煌文博会发布会上表示："一会一节将是一场滋润心田的文化盛宴，将是一次共享美丽的旅游之约。甘肃人民真诚欢迎新闻界和海内外各界朋友畅游如意甘肃，感知文明丝路。"①

除首场新闻发布会外，敦煌文博会的准备工作、举办期间的活动情况及敦煌文博会的成果等都会通过媒体即时发布。在百度资讯栏搜索关键词"敦煌文博会"，检索到5530篇相关报道（截至2019年12月20日）。总的来说，敦煌文博会新闻工作基本以"丝路文化"为亮点来提高其知名度，尽管在发布渠道上传统媒体、新型媒体都有所兼顾，也不乏权威媒体，但在报道形式上比较单调，大部分都是图文形式，内容枯燥，感知性、浸入性、互动性较差。与之相比，杭州向全国征集"城市品牌"活动，组织方将此次活动打造成一系列全国范围内的品牌传播活动，特别是选出城市品牌之后，杭州市副市长沈坚做客新华访谈，与网友进行在线交流，这种形式既让更多的人了解了杭州，

---

① 王文嘉：《共享丝路文化盛宴　丝绸之路（敦煌）国际文化博览会将于7月30日启幕》，人民网，2019年7月3日。

又通过权威性吸引了投资者。敦煌文博会在新闻工作方面应该多利用网络，让甘肃相关领导人或者专家学者更多地通过网络与网友进行互动，展示甘肃形象的同时，将"敦煌文博会"的品牌传播出去。

2. 丝路文化在"敦煌文博会"品牌活动策划中的运用

在"敦煌文博会"举办期间，丝绸之路沿线地区都策划举办了具有当地特色的节庆活动，与敦煌文博会进行互动，在提升敦煌文博会影响力的同时，将当地风俗特色展示出来，达到多赢效果。节庆活动借助固定节庆或随机性群众活动，以特定主题展示当地文化特色。

敦煌文博会不断将丝绸之路沿线地区的节庆民俗活动融入其中，在丝绸之路沿线地区策划一系列民众喜闻乐见、踊跃参与的活动。除开幕式和闭幕式外，文博会也走出"高墙大院"，走进民间，广泛参与到民众的民俗节庆活动中去，通过一系列接地气的节庆活动，比如甘南的"香浪节"、陇南的"乞巧节"、庆阳的"香包节"、定西通渭的"书画节"等，让民众参与并感知文博会，以此丰富文博会内涵，拓展品牌的知名度与影响力。在策划节庆活动方面最突出的是第四届敦煌文博会，发展会展业的同时，带动了甘肃的旅游产业发展。此外围绕"一会一节"策划了民族特色美食节，以美食为载体，以民俗为纽带，进行文化交流。美食节包含了民族特色名宴名菜、名优风味小吃、甘南名优特产等，来自不同地域、不同民族、不同流派的厨艺、美食在美食节上切磋交流。

除了在主会场策划的美食节，敦煌文博会还在丝绸之路沿线各市区策划了富有民族特色的活动。如在甘南州卓尼县举办的卓尼国际自驾狂欢节、在白银市举办的黄河风情文化旅游节、在定西市渭源县举办的渭水文化旅游节、在兰州举办的国际鼓文化艺术周和兰州国际民间艺术周、在苏武沙漠大景区举办的民勤大漠艺术汇、在平凉王母宫景区举办的西王母故里民俗文化交流活动，在平凉崆峒山举办的"交响丝路·问道崆峒"等共25项节庆活动。各分项活动充分展示了丝绸之路文化的多样性，让人们更加深入地了解丝路文化的内涵，为敦煌文博会造势的同时，充分彰显了敦煌文博会作为展示丝路文化的平台的定位。

3. 丝路文化在"敦煌文博会"品牌公益活动中的运用

宣传片是公关传播的一种手段，也是强化品牌形象、诠释品牌内涵的一种很好的形式。与其他商业广告不同，宣传片更注重与公众进行情感交流，文化色彩、公众色彩浓重，富有人情味，因而容易引发公众好感。由甘肃省人民政府新闻办公室制作的 8 分 21 秒的首届敦煌文博会宣传片，开篇以丝绸之路上的最典型的媒介——骆驼和丝绸娓娓道出丝绸之路，随后镜头转到习近平提出"一带一路"倡议，之后镜头转向甘肃和敦煌，最后推出在敦煌举办的敦煌文博会。整个宣传片用丝绸之路上的典型文化符号引出每一个故事节点。宣传片一开头的骆驼和丝路，丝绸之路上的知名人物张骞、玄奘、文成公主、马可·波罗、霍去病，隋炀帝万国博览会的胜景，千佛洞的造像，莫高窟的壁画，敦煌藏经洞等，都是丝路文化的代表。该宣传片在敦煌文博会会场播放，时任国务院副总理刘延东及 80 多名外国政要在场观看，酒泉电视台、敦煌电视台等电视媒体也同步播出。该宣传片在网上发布后，播放量超过 55 万次。

该宣传片对丝路文化的渲染更明显，就像该片监制陈响园所说："我们的片子不是定位在宣传上，而是灵魂的沟通，文化的朝圣，寻找心灵的诗酒田园。"① 开篇是大漠星空的辽远神秘，敦煌莫高窟和山海经故事等文化交流场景再现了张骞、班超等丝绸之路上的人物；葡萄、花生、核桃、香菜等还原了丝绸之路上的生活；锅庄舞、西域服饰、乐曲、壁画讲述了丝绸之路上的文化艺术；基督教、伊斯兰教、佛教、道教等诉说着丝绸之路上的宗教文化；皮影戏、唢呐等呈现了丝绸之路上的非物质文化遗产。这一宣传片将丝路文化的各个方面运用其中，恰到好处地为敦煌文博会增加了文化底蕴，突出了敦煌文博会的丝路文化交流使命。

由国内知名创意插画师鲁奇舫及团队制作的敦煌文博会动画宣传片，丝路文化特色鲜明，色彩、线条都充满了中国传统元素，同时整个宣传片以丝带贯穿，大象、骆驼、充满异域风情的建筑、飞天等传统元素和飞机、火车等现代元素相结合，诠释了丝路文化的壮美，渲染了敦煌文博会的文化底蕴。

主办方的宣传工作无疑是十分用心的，但是，课题组对敦煌文博会宣传渠道进行的调研再一次说明了敦煌文博会文宣方面存在的问题。调研结果显示：仅有 27.1% 的人从手机网络上获取了敦煌文博会宣传信息；其次是电视渠道，占比 20.6%。（见表 6-1）笔者检索"敦煌文博会宣传片"关键词，发现其在网络上的宣传非常有限，除了第一支宣传片是官方放到网络上的，其他两支都是个人用户上传的。

---

① 《兰州大学文学院兼职博导陈响园担纲制作敦煌文博会官方宣传片》，兰州大学新闻网，2016 年 9 月 23 日。

表 6-1　敦煌文博会宣传渠道

选项		回应		观察值百分比 /%
		人数	百分比 /%	
您通过什么渠道看到过敦煌文博会的相关宣传?	报纸	21	8.0	17.5
	电视	54	20.6	45.0
	广播	25	9.5	20.8
	手机网络	71	27.1	59.2
	与他人的交流	41	15.6	34.2
	路牌广告	44	16.8	36.7
	没有看到过	6	2.3	5.0
总计		262	100.0	218.3

　　总体来说,敦煌文博会宣传片内容的丝路文化色彩都很浓厚,但官方未将宣传片通过线上多渠道触达用户,因此并没有让宣传片起到更加有效提升敦煌文博会知名度的效果。敦煌文博会在后续的宣传中应扩展渠道,如可以借助鲁奇舫本人的知名度,将敦煌文博会相关信息传达给更多的粉丝,从而进一步加大敦煌文博会宣传力度。还可以借助现代人喜欢的短视频平台进行投放。另外,敦煌文博会每年都举办,但宣传片只在第一届敦煌文博会时被使用了,应该推陈出新,制作敦煌文博会系列宣传片,以扩大传播效果。敦煌文博会的 3 支宣传片,都将丝路文化很好地融合进去,突出了敦煌文博会是丝路文化交流的平台,但没有通过有效的途径宣传出去,在媒体投放和借助社交媒体开展圈层传播方面明显经验不足。

　　综上所述,敦煌文博会在公关传播方面充分利用了丝路文化,且在传播中以丝路文化为亮点来吸引受众的兴趣,在打造用户对敦煌文博会美誉度方面发挥了很大作用。但传播形式过于单一,基本限于图文和视频形式,没有利用当下比较流行的形式如短视频进行有效宣传。同时,在公关传播方面注重和媒体互动的同时,也要注意和用户互动,通过网络直接与受众互动,让用户为敦煌文博会献言献策,增加用户的好感,体现用户的价值。

三、"敦煌文博会"品牌产品和服务中的丝路文化融汇

　　品牌行为包括品牌的广告宣传、公关传播,也包括了品牌产品或服务本身。

如果说广告宣传打造的是品牌知名度，公关传播打造的是品牌美誉度，那品牌产品则是塑造品牌忠诚度的关键。一个品牌宣传得再好，如果用户购买后体验不好，就不会再次购买，甚至会将体验不好的感受通过口碑传播传达给身边的人。口碑传播有个很重要的特点，就是容易令人信服，因此身边的人受负面口碑影响也不会购买。这也是品牌塑造过程非常注重口碑传播的原因。口碑传播最重要的一点就是靠产品本身说话。菲利普·科特勒这样定义 21 世纪的口碑传播："由生产者以外的个人通过明示、暗示的方法，不经过第三方处理、加工，传递关于某一特定或某一种类的产品、品牌、厂商、销售者，以及能够使人联想到上述对象的任何组织或者个人信息，从而导致受众获得信息、改变态度，甚至影响购买行为的一种双向互动传播行为。"[①]

1. 敦煌文博会产品

敦煌文博会的产品大致分为论坛、展览、演出三部分。在论坛方面，纵观四届文博会的 36 个分论坛，围绕丝路文化，来自中外不同领域的专家学者进行了几百次对话。在议题的设置方面紧紧围绕丝路文化，探索丝路文化的现代价值和创新应用，探讨丝绸之路沿线国家的交流发展等。参加第四届敦煌文博会论坛的学者 DY 说："我是从北京专门过来的，这次收获挺大，尤其是在敦煌文博会创新这方面，有种茅塞顿开的感觉，我看到了大家积极献言献策，非常看好敦煌文化的未来，下届敦煌文博会还会过来。"（访谈编号 GX02）

敦煌文博会在展览方面也非常用心，展厅布置充满了浓浓的丝路色彩，展商基本来自丝绸之路沿线国家或地区，展品也极具丝路特色和异域风情，如甘南馆展出了藏族服饰及中国四大名砚之一洮砚，庆阳馆展出了庆阳香包、陇绣、剪纸、皮影等，还有来自中亚国家的乐器展、摄影展、绘画展、油画展等。在敦煌文博会现场，一位学习油画的女士 LZX 在接受访谈时说："我是专门从成都过来看油画的，我觉得这些油画的水平都很高，看到这些我又给自己的作品找到了灵感，尤其是这些作品的表现力和用色上，很值得借鉴。"（访谈编号 GY06）敦煌文博会以各种各样的形式展出了丝绸之路上的文化，让丝绸之路上的文化聚集到这个平台上，共同弘扬文化的魅力。在文化创意展示方面，第三届敦煌文博会将丝路文化元素借助游戏表达出来，第四届敦煌文博会则将文化元素融于服饰中，这些创意展品始终致力于将丝路文化与当代

---

① [美]菲利普·科特勒：《营销管理：分析、计划、执行和控制》（第9版），梅汝和、梅清豪、张桁译，上海人民出版社 1999 年版，第 3 页。

科技融合，创造性地发挥丝路文化的价值。

在文艺演出方面，《丝路花雨》《大梦敦煌》等经典剧目及芭蕾舞、秦腔、花儿剧、歌舞剧等以演出的形式再现了丝路文化的多元性。第四届敦煌文博会还创造性地将文化旅游融入其中，使参与者通过旅游亲身体验甘肃的文化色彩。

总的来看，敦煌文博会展出的产品千姿百态，琳琅满目，都值得一看，文化色彩也十分浓厚，强化了用户对"敦煌文博会"品牌的忠诚度。

2. 敦煌文博会的服务品质

服务是围绕产品进行的，也是为了让用户体验更加深刻。敦煌文博会的服务包括很多方面。在接待方面，现场接待的志愿者都经过严格的专业培训，对口接待，各司其职，分工明确，秩序井然。第四届敦煌文博会印发工作手册，专门规定了各项服务，责任到人，包括活动日程、嘉宾名单、乘车安排、用餐安排、接待流程、场地示意图、温馨提示等。课题组就会展的接待问题访谈了敦煌市宣传处处长，他说："我们的工作主要负责接待好媒体朋友，将他们安排好，服务好，这样才能通过他们将敦煌文博会宣传出去。去年开幕式我的电话就响个不停，很多媒体朋友不知道场地、有什么问题来找我，其实很多事情不是我们负责，我们也不清楚，为了解决媒体朋友需要信息却不知道联系谁的问题，我们今年特意建了微信群，有什么消息都会同步。"（访谈编号GZ09）乘车安排也责任到人，负责的人、联系方式、停靠地点甚至车型都有明确规定。服务做得好在一定程度上保证了敦煌文博会的顺利举办。各展馆的讲解人员都是各大博物馆资深讲解员，对自己宣传的内容非常了解。

通过亲自感受第四届敦煌文博会和采访一些人员后，我们也发现敦煌文博会在服务方面仍有所欠缺，如在敦煌市内没有指引敦煌文博会地点的图标，受访者普遍反馈不知道在哪里举办。敦煌文博会主办方没有为参观者提供接送班车。现场很多展商也反馈场地没有设置餐饮处，吃饭很不方便。这几个方面如果可以提升，会让参与者体验更佳。对比来看，杭州文博会在这方面做得就很好，杭州文博会在地铁站各出口均设有指示牌和电子路线示意图，引导乘坐免费班车到达活动现场，而且地下休息室设有专门的快餐处。

总的来说，敦煌文博会在展品方面非常用心，通过优质的产品提升了"敦煌文博会"品牌，而且精准地彰显了敦煌文博会的高端文化定位。今后，需要进一步将丝路文化通过更多元的创意产品带到大众的视线中，以及继续改善服务细节。只有服务好参观者，品牌影响力才能得到真正提升。

第六节 丝路文化在"敦煌文博会"品牌视觉中的应用

品牌视觉是一个品牌最具传播力和感染力的部分,也是一个品牌被大众识别、接受最直接的途径。运用统一的视觉符号系统,品牌可以被大众快速识别与认知,在品牌对外传播上也会产生最有效、最直接的作用。视觉识别系统分为基本要素系统和应用要素系统两方面,基本要素包括品牌名称、品牌标志、颜色、图案、标语口号、吉祥物等,应用系统包括旗帜、产品包装、衣着制服、陈列展示、建筑等。敦煌文博会作为丝路文化交流平台,在品牌视觉上充分运用了丝路文化元素,但在品牌视觉上还未形成系统。本节将从丝路文化在"敦煌文博会"品牌的基本要素系统和应用要素系统的运用两部分来阐述。

一、"敦煌文博会"品牌基本要素系统与丝路文化运用

1. 品牌名称

品牌名称与品牌形象有着密不可分的关系,是品牌理念、品牌行为、品牌视觉的前提条件,是采用文字或图片来表现的识别要素。丝绸之路(敦煌)国际文化博览会,简称"敦煌文博会",英文缩写为 SRDICE。"丝绸之路"表示这是专门为丝绸之路沿线国家举办的,"国际"两个字表明了这个博览会是国际级的,"文化博览会"表明了这是文化类的博览会。这一名称表达了其品牌定位:丝绸之路沿线国家进行文化交流的平台。"敦煌文博会"简称简洁明了,容易识别、记忆和传播。总的来说,"敦煌文博会"品牌名称充分展示了丝路文化。

2. 品牌标志

品牌标志是品牌以简练的造型,生动地传达出品牌理念、内容和特性。标志的设计要有强烈的视觉冲击力,而且要表达出独特的个性。"敦煌文博会"品牌的独特个性在于丝路文化,因此其在标志上也充分运用了丝路文化元素。敦煌文博会标志整体造型是一个由彩色丝带组成的"文"字,两条丝带的飘

逸感正是借鉴了敦煌壁画里飞天丝带的画法，颜色也借鉴了敦煌壁画里青、红、黄颜色的组合。两条彩色丝带相互交扣，表达着不同文化的交流与融合。"文"字站在地球上，用一条线将丝绸之路画出，表达了这是丝绸之路沿线国家的文化交流。整个标志契合了"和平合作、开放包容、互学互鉴、互利共赢"的丝绸之路精神，也象征着文博会将推动文化传承与交流。（见彩插1）

为通过标志更好地传播"敦煌文博会"品牌形象，甘肃省在全省机场、车站、公路等公共空间悬挂了宣传道旗、公益广告，放置了敦煌文博会对外宣传的名片和工作接待手册等资料，并且运用传统媒体、互联网媒体、户外媒体等及时向公众宣传敦煌文博会的标志和其所表达的品牌内涵。

3. 标语口号

标语口号是品牌理念的概括，是根据品牌理念或营销活动而研究出来的一种文字宣传标语。标语口号一般文字简洁、朗朗上口。好的标语口号对内可以激励员工为活动目标而努力工作，形成身份认同，对外则可以传达其目标和文化内涵，提升品牌在公众心目中的形象。每届敦煌文博会都有一个核心主题，围绕主题拟定了一系列宣传标语，比如"文载丝路 博览天下 汇聚敦煌""丝路之光 聚焦敦煌""共享丝路古文明 同启发展新思路"等。这些标语非常准确地表达了每届文博会的目标和主旨，突出会展重点，以此提升品牌的知名度和影响力。

4. 吉祥物

吉祥物和品牌标志都是为了建立良好而强烈的视觉形象，与品牌标志相比，吉祥物不仅起到识别标志的作用，更是标志的一种延续，而且比品牌标志更具有人性化特征。品牌吉祥物通常是用平易可爱的人物或拟人化形象来象征吉祥，以唤起受众对品牌的注意和好感。它是品牌发展到一定阶段的产物，是美化和活化品牌的有力手段，能够与受众建立起紧密的情感联系，提高品牌的亲近度和忠诚度，是品牌建设不可或缺的强力"武器"。沃尔勒曾言："如果说品牌（商标、品名）是您的脸，让人记住您，那吉祥物则是您的双手，让您紧紧握着别人，与人产生情感，发生关系。"[1] 因此，会展吉祥物既是会展文化的有效载体、会展形象的代言人，也是会展品牌宣传的有力工具，更是品牌的图腾、化身和象征，因此，吉祥物必须鲜明地体现出品牌的理念和精髓。当下，越来越多的品牌利用吉祥物贴近消费者内心世界，提升受众

---

[1] 转引自马伊著《吉祥物对于企业品牌建设的意义探析》，《中国市场》2017年第26期。

情感接受度,增加品牌的人性化程度,让品牌通过吉祥物和受众进行互动。

敦煌文博会目前还没有自己的品牌吉祥物。由于吉祥物具有人性化的特点,笔者认为敦煌文博会有必要建立起自己的品牌吉祥物,以便更好地向受众传达品牌形象。与第四届敦煌文博会一起举办的敦煌行·丝绸之路国际旅游节就有自己的品牌吉祥物"丝丝"和"路路"(见彩插2),而且在吉祥物身上充分运用了甘南"鹿"的形象和甘南"九色"文化,利用厚重的文化元素设计吉祥物,将旅游节的品牌理念传达给公众。

通过对"敦煌文博会"品牌名称、品牌标识、标语口号的分析,本书认为敦煌文博会在品牌名称、品牌标志等基础视觉识别元素上很好地运用了丝路文化。此外,当前品牌塑造中不可缺少的吉祥物是品牌宣传的有效载荷,也是敦煌文博会文创产品开发的重要渠道和版权的重要标志,在未来发展中要给予应有的关注。

二、"敦煌文博会"品牌应用要素系统与丝路文化运用

品牌视觉应用要素系统包含的种类繁多,涉及方方面面,比如办公事务用品、内外部建筑环境、交通环境、服装服饰、广告媒体、产品包装、赠送礼品、陈列展示、印刷出版物等。通过对敦煌文博会相关资料的整理分类,下面将对丝路文化在敦煌文博会场馆和宣传媒介、文创产品三方面的运用进行阐述。

1. 丝路文化在场馆中的运用

敦煌文博会目前有两个场馆,一个场馆在会展的永久举办地敦煌,另一个场馆在甘南自治州合作市。敦煌场馆以敦煌文化元素、色彩为主,其中最著名的飞天形象,尤其是敦煌艺术中以最优美的舞姿反弹琵琶的飞天形象,在展馆设计中被应用。甘南场馆以藏族文化元素、甘南九色为主,两个场馆互相呼应,共同诉说着甘肃段丝绸之路文化的丰富多样。

在场馆内,丝绸之路沿线地区都各自建有独具地方特色的展位。比如第三届会展,兰州打造了以"兰州造"为主题的专题馆,涵盖"兰州·饮""兰州·韵""兰州·味""兰州·魂"四个部分,将兰州特色食品、民俗产品、文创展品等展示给大众。为体现兰州馆独具特色的设计理念,入馆门口左面"兰州造"主题墙面外,放置了一架微缩版的"兰州水车"。兰州水车制造工艺被收入第一批国家级非物质文化遗产保护名录,如此设计充分展现了兰州的

文化底蕴，也极具观赏价值。无论主题场馆还是展馆，在设计上都结合了当地特色文化，彰显了甘肃段丝路文化的厚重和魅力。如果各地区展馆可以结合丝绸之路上的位置进行排列，则更能展示丝路文化的流变与特色。

2. 丝路文化在宣传媒介中的运用

敦煌文博会的一个重要宣传媒介是主题官网。敦煌文博会官网作为国内外了解敦煌文博会相关信息的权威网络媒体，以 PC 端页面为主要展示平台，同步建设微信公众号和手机移动端微官网，形成了移动端优先、PC 端全面推送的"立体式"宣传报道格局。2018 年 8 月 15 日主题官网正式上线，在2018 年的"一会一节"中，该网站累计访问量超过 100 万。2019 年 7 月全新改版升级的主题官网网页设计获得 2019 年度甘肃新闻奖网页设计类二等奖。网站分为六大板块，其中"一会一节"板块主要汇集了当届敦煌文博会相关信息，"交响丝路·如意甘肃"板块展示了甘肃丝绸之路沿线各地区文化方面的最新动态。网站在色彩方面以敦煌典型色彩中的土黄色系为主色调，与"敦煌文博会"品牌标志的主色保持一致。

除了网站，在宣传方面还有海报、宣传手册等，都在不同程度上运用了丝路文化元素。丝路文化元素的运用传达了文博会浓浓的文化气息，尤其是典型文化元素的运用能够让受众产生文化认同。

总的来说，品牌视觉是品牌塑造中最容易触达用户、引起用户注意的部分，好的品牌视觉可以直接、明确地把品牌独特的风格和个性传播给大众。敦煌文博会中，丝路文化在视觉系统中得到了比较充分的运用，品牌视觉基本建立了起来，但这种品牌视觉覆盖面还比较窄。在后续的举办过程中，可以将品牌视觉的呈现方面扩大，同时要深入挖掘更具生命力的丝路文化元素，将品牌视觉做得更富文化色彩。

3. 丝路文化在文创产品方面的运用

丝绸之路上丰富的文化遗存是见证和传播地域特色文化的媒介。麦克卢汉认为："一切媒介均是感官的延伸，感官同样是我们身体能量上'固持的电荷'。人的感觉也形成了每个人的知觉和经验。"[1] 同时，"媒介是我们适应环境时产生的无意识效应"[2]，是"存在于世间一切运动着的事物在运动

---

[1] [加]马歇尔·麦克卢汉：《理解媒介——论人的延伸》，何道宽译，译林出版社 2011 年版，第 33 页。
[2] [美]林文刚：《媒介环境学：思想沿革与多维视野》，何道宽译，北京大学出版社 2007 年版，第136 页。

的过程中发生关系的中介或中介物，是此物与彼物、此人与彼人发生关系的介质或手段"①。古代丝绸之路上累积的这些具有媒介性质的文化遗存，历经时代风雨，形成了一个绵密的丝路文化场域，以其独特的品格与穿行其间的人们进行着无声的对话，并以独特的方式指导并引领着后人的生产生活与思想行动。塔尔德提出："交谈是一个经久不衰、无所不在的媒介，是一条看不见的涓涓细流，它渗透在一切时代、一切地方，虽然它未必很有规律。"②这些依托于时间的媒介的信息传播对文化特质消长具有十分重大的意义，"黏土和石头上的文字比莎草纸上的文字能够更加有效地保存，因为物质产品突出时间和持久性"③。它们以或隐或现的方式形成了各自的传播"取向"，而"这些取向决定了社会组织的形式"④。"每一种媒介承载的感知或意识偏向——我们最意识不到的方面，正是对我们影响最大的东西"⑤。正如李泽厚指出的那样："人对世界的征服和琳琅满目的对象，表现在具体形象、图景和意境上，则是力量、运动和速度，它们构成汉代艺术的气势与古拙的基本美学风貌。"⑥这些文化遗存是我们利用现代技术开发丝路文创产品的灵感之源与艺术宝库。

近年来，甘肃省出台了多项政策，鼓励文化产业的发展。2004 年发布的《甘肃省人民政府关于加快和促进文化产业发展的意见》强调甘肃要加快文化建设，鼓励规模化和高新产业发展，努力使甘肃省迈入文化大省的行列。2010 年 5 月，国务院办公厅出台文件支持甘肃进一步发展文化产业和旅游产业。2013 年 2 月，甘肃省获批成为华夏文明传承创新区，这为甘肃深挖文化资源、打造文化大省提供了国家层面的战略支持。⑦2016 年 11 月 26 日，国家文物局首次公布 92 家博物馆作为文化创意试点单位，敦煌研究院也位列其中，这为敦煌文创的发展提供了绝佳的契机。

借助敦煌文博会，敦煌研究院将其藏品的信息进行数字化管理并建立多媒体信息资料数据库，将各类产品的信息整合到数字化平台之上，为文创产

---

① 李曦珍：《理解麦克卢汉：当代西方媒介技术哲学研究》，人民出版社 2014 年版，第 21 页。

② [法] 加布里埃尔·德·塔尔德著，[美] 特里·N. 克拉克编：《传播与社会影响》，何道宽译，中国人民大学出版社 2005 年版，第 13 页。

③ [加] 哈罗德·伊尼斯：《传播的偏向》（中文修订版），何道宽译，中国传媒大学出版社 2015 年版，第 72 页。

④ [法] 阿芒·马特拉、[法] 米歇尔·马特拉：《传播学简史》，孙五三译，中国人民大学出版社 2008 年版，第 117 页。

⑤ [美] 林文刚：《媒介环境学：思想沿革与多维视野》，何道宽译，北京大学出版社 2007 年版，第 136 页。

⑥ 李泽厚：《美的历程》，生活·读书·新知三联书店 2009 年版，第 84 页。

⑦ 牛新建：《国务院办公厅正式批复甘肃省建设华夏文明传承创新区》，中国经济网，2013 年 6 月 14 日。

品的开发提供了新的发展契机。数字化是壁画进行文创开发最基础的技术条件。随着创意产业日益成为文明传承与弘扬的重要形态，敦煌研究院及甘肃各类文化机构纷纷设立了文创板块。课题组深入敦煌市与兰州市的 5 家线下门店和 2 家网络商店，对敦煌研究院自主开发与合作授权开发的文创产品进行了调查。截至 2019 年 1 月，敦煌研究院自主开发的实体商品多达 150 种，虚拟产品 20 余种。此外，敦煌研究院授权敦煌文化旅游集团所开设的文创板块也是敦煌文创产品的重要组成部分。从 2016 年 4 月创办至今，敦煌文化旅游集团开发了 400 余款主题鲜明、独具敦煌特色的系列文创产品。而其中，以壁画为开发对象的文化创意产品占据了重要的部分。

在出版物方面，经敦煌研究院或敦煌市博物馆授权，出版单位将有关文物资源的相关信息，以及关于该文物或者相关研究者的研究成果进行整理与编辑，出版成为传播文物内涵、展现文物魅力的书籍、图册、影像或电子产品。随着科技的进步，文化创意产品中的出版物不仅具有纸质图书的精神内涵，而且结合了现代高科技的手段，呈现出多元化的展示方式。新型出版物将传统的文字阅读转化为视觉阅读，许多图书在其中加入了体验式的阅读模式，虽然是以图书的形式呈现，但更具有灵活性与多样性，吸引了读者的眼球。出版物的形式有手册、图书、明信片、图册、日历、邮票等。以敦煌莫高窟为例，《敦煌的故事》《图说敦煌》等图书广受读者青睐。其中，《图说敦煌》将 254 窟内罕见的壁画原貌完整地呈现在大众面前，是传播丝路文化的经典文创产品。

另外，敦煌研究院编撰了体验型创意出版物"一带一路画敦煌"涂色书系列，将敦煌莫高窟经典壁画采用黑白线稿的方式展现，读者可以为敦煌壁画上色，体会敦煌画工的匠心。让出版物的内容更加丰富，充满趣味性。

在电子出版物方面，电子出版品在纸质出版品的文化内涵上加以科技创新表达，以视觉、听觉等感官阅读为主，体积小巧，易于携带与浏览。关于壁画的电子出版品主要集中于手机应用程序和泛娱乐为主的电子出版品，包括"解读敦煌"手机应用程序、"敦煌飞天"手机应用程序等，也包含了时下热门手机游戏内的敦煌版块。其中"敦煌飞天"通过数字形式展示了敦煌石窟缩略图，点击每个石窟还可以进入石窟内，壁画中形态各异的飞天形象、佛脸上的各色妆容、佛手中所持的净瓶等一览无余，还有 4D、AR 互动情景应用，通过电脑技术将虚拟的信息应用到真实世界，将真实的环境和画面叠加到同一个空间，是将虚拟现实技术与数字敦煌成果结合的优秀案例。

"解读敦煌"是一款向大众普及敦煌知识的手机应用软件，内含 10 余种科普系列，附有实拍高清敦煌壁画大图及细节图，通过手机可以随时放大观看壁画原图。通过手机应用程序还可以随时欣赏品味文物的经典讲解，激发大众主动了解敦煌文化的相关知识。

在以手机游戏为主的泛娱乐出版品方面，近两年，敦煌研究院与互联网企业开展了文创战略合作，致力于促进丝绸之路沿线文化遗产的保护、传承与交流，让更多人类文化 IP 在数字经济时代大放光彩。如 2018 年 9 月由互联网企业打造的敦煌主题音乐节目，其中包含了与敦煌、丝路有关的纯音乐、歌曲共十余首。此外，还梳理和复原了演奏敦煌古曲谱进行传播。与此同时，部分手游也在游戏地图上首次以敦煌为虚拟实景进行设计，其背景均来自敦煌美景的动画版改良。与之相对应的游戏道具皮肤设计也加入了敦煌壁画中的飞天和藻井元素。

2018 年 10 月，由互联网企业推出"敦煌飞天"系列游戏道具皮肤，并推出了游戏主题曲《遇见飞天》、敦煌定制皮肤纪录片、最美飞天妆、大画敦煌等六个板块，将把敦煌壁画文化与产品深度融合，通过歌曲、纪录片和体验产品等内容传递敦煌文化价值。"最美飞天妆"将敦煌壁画中的仕女妆容改良，并用于当下火爆的美图软件，轻轻一点即可拥有壁画中女性的同款妆容。

以互联网企业为代表的社会力量与敦煌研究院的合作开发让敦煌文创迎来春天。互联网企业团队有效弥补了敦煌研究院文创开发技术人才不足的现状，将敦煌壁画文化以泛娱乐的形式嵌入我们生活的细微之处，将文物的内涵与特色元素提取并加之以"创意"元素，极大地拓展了敦煌文博会的传播渠道和张力，也实现了文化与创新的有效结合，深入浅出地讲述了壁画的发展变迁与文化内涵，其对敦煌壁画的创意开发真正实现了链接科技、文化赋能。

在文物复制品方面，数字敦煌对石窟内壁画的高清提取使得敦煌壁画走出莫高窟，高清大图基本还原窟内壁上绘画的原貌，且高像素的印刷完美还原了壁画颜色。此类文创产品不止在敦煌莫高窟出售，上海的相关机构也有售卖。这种数字化的文物复制品打破了只能走进莫高窟才能感受敦煌壁画的距离感，为观赏、收藏、研究提供了便利，深受消费者喜爱。

在艺术纪念品开发方面，基于敦煌壁画开发的实用艺术纪念品主要有：心经折叠书灯、四大天王版画、供养人化妆镜、敦煌表情折扇、一花一世界金属书签、佛经手抄本、金属福鹿书签、九色鹿购物袋、九色鹿透明水杯、飞天茶具套装、九色鹿纸雕灯、鹿王本生卧香炉等。

设计者通过提取博物馆内馆藏文物的代表性文化资源的艺术特征，将其运用到产品的研发上，生产出具有纪念性、容易携带、可以日常使用的凝结高度创意特征的产品。这些产品高度凝炼了馆藏文物的精华元素，购买后在日常生活中兼具实用性。对于来博物馆参观的游客来说，艺术纪念品是礼品的选择，也是文物记忆延伸的一个主要载体。而对于没有来实地参观的游客，在网店购买相关文化创意产品，足不出户感受文物所带来的文物气质，也在生活中培养了对于传统文化的兴趣。

2017年，敦煌研究院推出"敦煌红"系列口红，口红的色彩均来自敦煌壁画，每支口红不是简单的化妆用品，更凝结了历朝历代壁画上的审美体验。之后，敦煌文旅公司推出飞天娃娃。纤细的腰肢与飞舞的丝带是人们对飞天一贯的印象，而飞天娃娃有着圆润的身躯、憨态可掬的小脸蛋，质感厚重，外形可爱，一改飞天在大众心中始终高高在上的高傲印象：原来飞天仙子也是个可爱的小女孩呢！还有以佛手为元素的产品佛手束线器、项链，均有此内涵。

体验型产品是近几年伴随体验经济兴起的文化创意产品类别，它将个人体验元素融入产品的研发，注重参与者在购买产品之后的体验和互动。这种在体验中发现自我、引发心灵共鸣的形式是体验型文创区别于其他文创最大的优势。在体验型文创产品经由消费者之手独立完成之后，这种互动性的消费体验使消费者获得自我实现和自我满足。

通过文化创意产品，敦煌文博会建立了多个关于敦煌文化的文化符号传播网络，从而在不同文化背景的读者、观众中确立了对历史、文化、审美的认同，促使他们用文化符号来"理解"敦煌，建立对于敦煌的感性认识，这也是敦煌文化对外传播很重要的实践。在这个意义上，借由文创产品而引发的对于本民族文化与异域文化的思考及在文创中产生的思想和情感本身就是"表征的系统"，是文创研发的核心。同时，文化创意产品成为"数字丝路"上的文化连接器与翻译官，互联网与传统文化的有机结合也将为传统文化的传承赋予更多可能。这些文化创意产品对于形塑、记忆、固化和传播"敦煌文博会"品牌具有十分关键的作用。

课题组在敦煌文博会期间开展了"丝路文化与敦煌文创产品运用情况的调查"，敦煌文创产品的购买与认知情况显示，除飞天、佛陀、九色鹿等焦点产品外，游客对于敦煌壁画文化的理解大多依赖之前媒介对敦煌文化的塑造。事实上，消费者并不太熟悉产品所蕴藏的文化内涵，但只要产品能适时呈现出文化意涵的意象或引导消费者产生有关此话题的想象，产生强烈认知感受，就会达到刺激消费者购买或认同的效果。

对"丝路文化是丝绸之路上所传播和衍生的文化"调查结果显示，84.2%

的人知道丝路文化，15.8% 的人不清楚什么是丝路文化。在对"是否认同甘肃地区的丝路文化丰富多样"问题的调查中，基本认同和非常认同的人占97.5%（见表6-2），可见甘肃地区丝路文化丰富多样是大众的一个普遍认知。对敦煌文博会丝路文化的应用情况进行分析，81.7% 的人认为敦煌文博会的丝路文化氛围浓厚，并且 87.5% 认为敦煌文博会有助于了解丝路文化。其中文创产品对丝路文化的应用水平占比最高，为 22.3%；其次是第三、第四届才发展起来的文化旅游，占比 18.8%；之后是占比 15.2% 的文艺演出；最后是展厅布置和论坛，占比均为 12.5%。（见表6-3 至表6-5）这几方面是敦煌文博会主要举办的项目，也是"敦煌文博会"品牌理念最核心的组成部分。

表6-2 对甘肃地区的丝路文化丰富多样性认同分析

	选项	次数	百分比 /%	有效的百分比 /%	累积百分比 /%
有效	非常认同	72	60.0	60.0	60.0
	基本认同	45	37.5	37.5	97.5
	不认同	2	1.7	1.7	99.2
	不清楚	1	0.8	0.8	100.0
	总计	120	100.0	100.0	

表6-3 对甘肃关于丝路文化的宣传情况的评价

	选项	次数	百分比 /%	有效的百分比 /%	累积百分比 /%
有效	非常到位	1	0.8	0.8	0.8
	比较到位	32	26.7	26.7	27.5
	一般	79	65.8	65.8	93.3
	不到位	7	5.8	5.8	99.2
	基本没有	1	0.8	0.8	100.0
	总计	120	100.0	100.0	

由表6-3可知，97.5% 的人认同甘肃地区丝路文化丰富多样，这一认知为敦煌文博会在品牌宣传中主打丝路文化丰富多样这一点带来有力支撑。然而表6-4表明，甘肃对丝路文化的宣传效果并不好。因此，借助敦煌文博会举办这一契机，利用民众甘肃地区丝路文化的认知，充分挖掘丝路文化元素，

注意用户体验与用户运营，跨界合作开发丝路文化，着力打造丝路与敦煌文化的知名 IP，应该是拓展"敦煌文博会"品牌急需开展的重点工作。

表 6-4　敦煌文博会的丝路文化氛围认知

选项		次数	百分比 /%	有效的百分比 /%	累积百分比 /%
敦煌文博会的丝路文化氛围	非常浓厚	45	37.5	37.5	37.5
	浓厚	53	44.2	44.2	81.7
	一般	18	15.0	15.0	96.7
	非常淡薄	4	3.3	3.3	100.0
	总计	120	100.0	100.0	

表 6-5　敦煌文博会丝路文化的应用情况

选项		回应		观察值百分比 /%
		次数	百分比 /%	
敦煌文博会应用丝路文化的方面	旅游	90	18.8	75.0
	广告宣传	30	6.3	25.0
	标志	35	7.3	29.2
	展厅布置	60	12.5	50.0
	文创产品	107	22.4	89.2
	文艺演出	73	15.2	60.8
	学术论坛	60	12.5	50.0
	服务人员	24	5.0	20.0
总计		479	100.0	399.2

　　综上所述，通过对基础信息、主题认知和满意度、丝路文化及应用的分析，敦煌文博会受众人群集中于 18~59 岁之间，且普遍文化程度较高，受众认可敦煌文博会是国际级文博会，且以丝路文化交流为主，这符合敦煌文博会的定位。目前，敦煌文博会知名度不足，但满意度不错，主要原因是宣传力度、方式有待加强，但参与了敦煌文博会的人普遍对敦煌文博会比较满意，说明用户对敦煌文博会举办活动的满意度、认可度较高。

　　在调查中，莫高窟景区的许多游客比较中意飞天元素的文创产品。因为，经过媒介的推广，飞天已经成为敦煌文化最显著的标志，也是最具代表性的敦煌符号。这种文化熟悉度让消费者在文创产品的选择上更具专一性和目的性。受访者 K 表示："在之前，因为工作原因对敦煌文化就有所了解，但了解最多的还是飞天和九色鹿，从小生活在甘肃，电视上总是播放关于飞天的短片还有九色鹿的动画片，这种认识是从小到大、潜移默化的。"（访谈编号 GY02）受访者 A 认为："敦煌飞天是美丽的代名词，飞天就是敦煌。"受访者 M 也说："来甘肃读研究生之前对敦煌没有了解，但总听同学提起飞天，此次来莫高窟看了数字中心的视频，对飞天、敦煌有了更深的了解，所以更愿意去购买一些与此有关的产品。"（访谈编号 GY05）作为一种意象，飞天是多元文化的产物，也代表了多元文化的交融。飞天虽是佛教造型艺术，但最早产生于古老的印度神话。[1]敦煌是东西方文化交流沟通的走廊，飞天形象正是东西文化碰撞的产物，它是中原文化、印度文化和西域文化的结合。在敦煌壁画中，以飞天为造型元素的内容不在少数。由此我们看到，多数旅游者都是潜在的文化消费者，文化熟悉度在文创产品的认同过程中起着至关重要的作用。

　　文化消费主要指人们为了满足自己的精神文化生活，而采取不同的方式来消费精神文化产品和精神文化服务的行为。[2]在一定意义上，文化创意产品是蕴含着文化内涵的实用型产品，它具有实用价值。但我们购买文创产品不只因为其实用价值，更缘于产品背后的价值，所以文化创意产品的购买也可归属于文化消费。文创消费者的消费受到自身文化熟悉度的影响，对敦煌石窟文化有所了解的消费者对文化创意产品的购买行为或者认同感相对一无所知的人更强烈，而参与者过往的知识经验和文化体验将深刻影响之后的文化选择。文化接近是文创产品走近消费者的第一步，对产品的选购从侧面反映了消费者对产品和文化的认同，对文化的理解将促进消费者对产品的认同，同时，在选购消费并使用产品之后，这种文化的认同会再度加深。文创产品带来敦煌文化扩散性传播，其作为凝结文化元素的新型产品在研发者与消费者之间架起了桥梁。

　　通过敦煌文创产品，敦煌文化很好地与消费者接轨，从而使产品取代文化元素本身成为新的文化符号。敦煌的文化内涵超越商品本身变成一种符号，借由创意产品的载体进入寻常百姓家，这种新的符号行为带来了新一轮的文

---

① 敦煌研究院：《云想衣裳花想容》，广西科学技术出版社 2016 年版，第 2 页。
② 曹俊文：《精神文化消费统计指标体系的探讨》，《上海统计》2002 年第 4 期。

化扩散，这也是文化传播的新手段。文化符号涉及"共享"的意义，有共享则有情感的共鸣。在霍尔的文化循环理论里，文化的生产理论涉及表征、认同、生产、消费、规则五个环节，这些环节环环相扣、缺一不可。简单地说，文化涉及的是"共享的意义"①，想要理解文化在各成员之间的流动，我们就必须在他们之间建立同样的概念或观念，如敦煌涂色书就为这种意义的共享提供了一个载体。相对于语言传播必须面对的不同语种带来误读的问题，敦煌涂色书更倾向于一种以图像、颜色为主要元素的视觉语言符号，这种符号不受地域、种族限制，多凭借受传者的直观感性认识建立联系。作为敦煌壁画的原版复刻，涂色书每一页的图像对任何文化背景的受传者来说都是直观的、生动的、有冲击力的。创意的涂色体验更简单地传达了策划人的意图：即让每个购买涂色书的人都能在亲身体验中近距离感受敦煌。涂色运用简单的线条、固定的颜色在不同文化人群之间创造了共享价值，这种方式可带来巨大的收益。

　　凝固的敦煌壁画艺术如何在现代社会不再局限于时空界限的条件下实现大范围传播？包含敦煌壁画气质的文化创意产品如何实现对大众的文化滋养？文创产品作为一种商品符号已经被大众接受，实现了大范围的传播与扩张，这是新形势下敦煌文化创新发展的新路径，也适应了当下消费者的消费需求，为身处西北偏远地区的敦煌文化在当代扩大传播影响提供了新方式。敦煌壁画文化创意产品的传播是稳定西北边疆、加深民族认同的强力黏合剂，是"敦煌文博会"品牌塑造和传播的有效途径，也是敦煌文博会拉动地方经济社会发展、开展跨文化传播、树立地域形象的最好抓手之一。

---

① [英] 斯图尔特·霍尔编：《表征——文化表象与意指实践》，徐亮、陆兴华译，商务印书馆2003年版，第23页。

第七章 "敦煌文博会"品牌传播效果分析

"敦煌文博会"品牌的定位是打造国际化、高端化、专业化的丝路文化交流平台。截至目前，敦煌文博会已经举办六届，已具备一定的品牌知名度和美誉度。但就品牌而言，"敦煌文博会"品牌塑造与推广还处于起步阶段。

第一节 "敦煌文博会"品牌的影响

会展品牌的传播过程实际上就是将品牌的信息通过媒介传达给受众，从而促成受众认知结构和行为态度的变化，最终获取知名度和美誉度，从而在市场中形成良好效应的过程。

一、社会影响

首届敦煌文博会的参会组织最多，主办方邀请到了来自 85 个国家、5 个国际和地区组织的 95 个代表团出席，66 个外国机构、434 位国外宾客，参加了敦煌文博会的开、闭幕式活动。[①]敦煌国际会展中心良好的软硬件设施和同声传译系统符合国际会议接待标准，经媒体报道得到了社会各界的广泛认可，为"敦煌文博会"品牌的宣传打下良好基础。习近平总书记发来贺信，《人民日报》《新华网》等主流媒体对敦煌文博会的开、闭幕式进行报道，促进了甘肃地域形象的提升。伊朗《德黑兰时报》、科威特通讯社、巴基斯坦《新闻报》、全非新闻网都对首届敦煌文博会进行了报道。[②]

二、经济影响

首届敦煌文博会主办方基于"推动文化交流，共谋发展合作"的主题，精心设计敦煌文博会开闭幕式的活动和展区，得到了主流媒体的聚焦和外媒的肯定，促进了甘肃旅游产业和文创产业的发展，为"一带一路"讲好中国故事、传播华夏文明发挥了引领作用。

第二届敦煌文博会主办方邀请到 51 个国家、3 个国际组织的近 600 名嘉宾和 2100 名参展商参加开幕式。[③]与首届敦煌文博会不同，第二届敦煌文博会期间，国家发改委和甘肃省政府共同举办了"一带一路"国际产能合作产业园区建设论坛。论坛以经济为主题，为"一带一路"沿线国家的国际产能搭建了合作平台，并签署了《牙买加工业园区建设非约束性意向协议》《促进甘肃省企业赴非投资合作框架协议》等协议。以文化为主题，提倡经贸发展是第二届敦煌文博会的创新，开创了文化产业的展览和交易活动，达成意向贸易额 6752 万元，现场销售 823 万元；推介了甘肃省旅游产品 362 项，签约 13 项，达成意向性投资 300 多亿元。同时，第二届敦煌文博会也带来了社会基础设施建设的新发展，渝、桂、黔、陇四省（自治区、直辖市）展开了中新南向通道建设工作会议，讨论通过了《中新互联互通项目南向通道货运班列常态化运行方案》，计划在兰渝铁路全线投运后实现货运班列的常态化运营。第二届敦煌文博会在会展和表演的基础上更强调社会发展和产业拉动

① 《首届丝绸之路（敦煌）国际文化博览会》，敦煌文博会官网，2018 年 8 月 11 日。
② 《外媒：80 余国相聚敦煌文博会 编织丝路文化纽带》，参考消息网，2016 年 10 月 3 日。
③ 《第二届丝绸之路（敦煌）国际文化博览会》，敦煌文博会官网，2018 年 8 月 11 日。

意义，为甘肃的社会和经济提供发展契机，贡献可持续力量。第三届敦煌文博会以"传承丝路精神，推动交流互鉴"为主题，强调打造会展品牌，并用"免停车费"、注重游客的休息区体验、对特殊群体的贴心帮助等措施来增强游客的体验感。第四届敦煌文博会以"文旅繁荣丝路，美丽战胜贫困"为主题，36个国家和地区及有关国际组织的嘉宾出席开幕式。此届敦煌文博会推介"三区三州"旅游产业，带动"三区三州"脱贫攻坚。

敦煌文博会带动了敦煌文创产业开发。据了解，第四届敦煌文博会架起了敦煌研究院与故宫博物院合作的桥梁，以借鉴故宫博物院文创产业及社会经验来开发敦煌研究院的文创产品。

三、对市容市貌的影响

敦煌文博会的举办，对当地的市容市貌及大众的民风面貌起到了很好的改善作用。一位出租车司机在接受访谈时称："你别说，通过敦煌文博会，我们老百姓的素质真的提高了。比如说我们出租车，以前从火车站到市区都是讲价的，现在都必须要打表，一旦出现违规行为被举报了，就要罚款。运管这些年也做了大量工作，巾帼车队、雷锋车队、共产党员车队，起到了很好的作用。现在敦煌的景区点全部都是要排队的，一个跟着一个，都要打表，服装还要统一。敦煌人的素质确实提高了。"（访谈编号GD07）车队并然有序，街道宽敞整洁，这是敦煌文博会作为一个国际性的政府主导型会展带来的改变。经过政府的宣传，敦煌人对市容市貌有了更深刻的认识，塑造了良好的市民形象，对进一步推动旅游产业发展具有积极意义。

四、对文化产业的影响

会展业属于第三产业，且经济价值高，绿色环保、可持续发展。敦煌文化是一个巨大的文化IP，敦煌文博会的举办正在带动当地产业的转型升级：将敦煌作为敦煌文博会永久举办地，通过表演、时装设计来挖掘敦煌文化的视觉形态；通过论坛来传播敦煌文化的学术形态；通过文创产品的展出与售卖来开发敦煌文化的创意形态；通过对敦煌文化的深度挖掘促进敦煌经济的自我扩张和产业结构调整，将甘肃经济与文化融合在一起，加大甘肃省文化资源的挖掘与衔接，来提升敦煌乃至甘肃地域经济快速持续健康发展，促进甘肃省的开放发展，再造新时代甘肃地域新形象。

第二节　"敦煌文博会"品牌传播现状调查

"有效传播，就是来自不同文化的传播双方的意义得到相对完整沟通的传播。人们只有采取那些符合传播能力要求的恰当行为，遵守传播各方共同的意愿，才会实现传播的目的。"[①] 品牌传播是指告知消费者品牌信息，劝说购买品牌，以及维持品牌记忆的各种直接与间接的信息传授活动。品牌传播的最终目的是通过发挥创意的力量，利用各种有效发声点，在市场上形成品牌声浪。传播是品牌塑造的主要途径。

为深入了解"敦煌文博会"品牌传播现状和存在的问题，为以后的品牌推广提供建设性意见和建议，课题组开展了"敦煌文博会"品牌传播现状专题调查。

一、调查基本情况

调查围绕"敦煌文博会"品牌的知名度、美誉度和忠诚度三个维度展开；共发放 155 份问卷，回收有效问卷 147 份，有效率达 95%。使用 SPSS 软件对 147 份调查问卷进行分析。访谈 32 人，整理访谈合计 137 段。访谈对象涵盖敦煌市市民、敦煌文博会受邀媒体、国内外官员、工作人员、参展商、品牌合作商及游客。访谈内容涉及"敦煌文博会"品牌设计、品牌内涵、品牌价值、品牌认知、品牌推广等多个方面。

在 147 份有效样本容量中，男性 80 份，占比 54.4%；女性 64 份，占比 45.6%。男性样本容量稍多于女性。

调查样本中，18 岁以下 11 份，占比 7.5%；18~29 岁 70 份，占比 47.6%；30~44 岁 46 份，占比 31.3%；45~59 岁 19 份，占比 12.9%；60 岁以上 1 份，占比 0.7%。18~29 岁的青年样本容量占比最高，接近一半；其次是 30~44 岁的中年人。调查对象年龄分布合理，基本代表了所有年龄段对"敦煌文博会"品牌的基本认知情况。

从接受调查的对象教育程度看，受过小学教育的 1 份，占比 0.7%；初中教育 20 份，占比 13.6%；高中教育 24 份，占比 16.3%；大学教育 102 份，占比 69.4%。调查显示，受过大学教育的样本容量最高，说明敦煌文博会的游客和工作人员文化程度较高，对知识有较高的接受度，敦煌文博会在信息

[①] 孙春英：《跨文化传播学导论》，北京大学出版社 2008 年版，第 211 页。

传播方面的阻碍较少,可以进行传播方式的创新。

在样本中,本地(甘南、敦煌)居民65份,占比44.2%;非本地的本省居民52份,占比35.4%;外省居民30份,占比20.4%。调查对象来源地分布均匀,敦煌市与甘南州、非敦煌市与甘南州的甘肃省内和省外的代表性意见均得到充分反映。

二、"敦煌文博会"品牌传播情况调查

1. "敦煌文博会"品牌认知途径与渠道

为推广品牌,甘肃省文博办成立了专门的"品牌建设组",负责文博会品牌设计、培育和运营,展示"敦煌文博会"品牌形象,提升品牌的影响力。主要推广方式包括:开通敦煌文博会官方网站,开展品牌推广;媒体全方位报道,进行品牌传播;当地居民通过抖音、微博、微信等形式对"敦煌文博会"品牌进行口碑传播。要想将一个品牌推广出去,首先应该让受众知道这个品牌的存在,那么敦煌文博会是如何进入公众的视线的?从本书第五章表5-1可以得到答案。以下访谈也可以反映大众对文博会的知名度感知较强。

> 我们敦煌市民都知道敦煌文博会,别说城里了,就各村各乡都发传单,每次开会都会讲文博会要干什么、怎么做,开文博会的时候,敦煌市民要怎么办,卫生要保持好,等等,宣传得特别厉害。(敦煌市出租车司机X师傅)
> 我们这边报纸上也有,手机上也有,街上也有,朋友之间也在聊,敦煌也有报纸、电视、广播,全方位的宣传。我们学校这边会组织国旗下的演讲啊,像往年开闭幕式都在敦煌,我们的学生还要搞演练。(敦煌二中校长DM)

通过访谈和调查可以看出,在对"敦煌文博会"品牌的认知方面,人际传播是一种非常重要的形式。通过访谈者对自己所见所闻的介绍可见,敦煌文博会在敦煌市已是妇孺皆知的一件大事。但是,笔者在对外地游客进行访谈的过程中发现,完全不知道敦煌文博会这个大型活动的大有人在。

如果我们将参加敦煌文博会的参加次数和认知情况进行对比,则会发现:首先,"敦煌文博会"品牌知名度与是否有参加过敦煌文博会经历密切相关。调查显示,没有参加过敦煌文博会的人对"敦煌文博会"品牌的感知

并不好。参加一届或者从来没有参加过敦煌文博会的人偏向于回答"不清楚敦煌文博会是否很有名"。在对敦煌文博会的级别的认知方面，受访者认为是国际级的占比82.5%，这一认知和敦煌文博会的国际定位保持一致。在所有受访者中，54.1%的人认为敦煌文博会丝路文化色彩浓厚，这也是他们参加敦煌文博会的主要原因；参加原因的第二个是对展品的创意、科技感兴趣，占比16.9%。总的来看，大众对敦煌文博会的认知是以展示丝路文化为主的高端平台，符合敦煌文博会的定位，但对创意、科技等方面的情况并不是很了解。

2. 对"敦煌文博会"品牌内涵的认知

品牌要想深得民心，首先要让老百姓对品牌内容有一个全面的了解和认知，从而争取到大家对品牌的认同。对活动主题的认知情况是考察品牌内涵认知的重要指标。

因此，为了具体了解人们对敦煌文博会基本信息的了解程度，课题组专门设计了两个相关问题，分别是："本届敦煌文博会的主题是什么？""您知道敦煌文博会举办的哪些项目？"从调查结果可以看出，有50.6%的人不知道敦煌文博会的主题，仅49.4%的人对此有了解。

3. 对"敦煌文博会"品牌推介的认知

敦煌文博会由"论、展、演、创、贸、游"六类23项主体活动组成，"高峰论坛""文化年展""创意展""文艺展演"均属于敦煌文博会期间的主打品牌活动。但调查显示，人们对敦煌文博会举办的项目内容并不是很了解。这和盛大的媒体报道形成了明显反差，说明了敦煌文博会的宣传角度、重点、渠道等方面存在偏差。

调查显示，敦煌市居民知道敦煌在举办敦煌文博会，并且非常关心每年都会有哪些重要领导参会。但是要询问起其对敦煌文博会的详细情况，比如每届敦煌文博会的主题是什么，都举办哪些活动，很多人表示没太注意。2019年敦煌文博会开幕式设置在甘南，接受采访的市民均表示这次的氛围变淡了，受访者普遍认为敦煌文博会宣传力度不够（见表7-1）。

在调研过程中，无论是问卷调查还是访谈，普遍反映出敦煌文博会在品牌宣传方面并不到位。由此可以看出，"敦煌文博会"品牌宣传在本地没有落地生根，要真正走出去，还有很长的路要走。

表7-1 不同区域大众对敦煌文博会的印象

选项	人数			
	本地居民	非甘南、敦煌的本省居民	外省居民（含港澳台）	外国居民
非常强	25	12	4	1
强	16	24	14	0
一般	10	13	4	1
弱	0	4	2	0
非常弱	3	0	1	0
不清楚	0	2	1	0
总计	54	55	36	2

三、调查发现

通过调查和数据分析，结合访谈和体验式观察，笔者有如下发现：

第一，媒体的多渠道全方位报道，增加了"敦煌文博会"品牌知名度。以甘肃电视台、甘肃广播电台为代表的广电媒体，通过多媒体采集、融合式报道、聚合式加工、多产品推出、多载体展示、广渠道传播、体验式反馈的模式对敦煌文博会进行创新性报道。但报道内容质量有待提高，纯文字、图片报道越来越多，缺乏互动性及用户感兴趣的内容。因此，在利用丝路文化塑造"敦煌文博会"品牌的过程中要注意用户体验，将用户运营做到位，推动跨界合作开发丝路文化。在后续品牌传播中，可以借助民众对丝路文化知识的需求，邀请丝路文化专家在抖音、快手等直播平台为民众持续讲述丝路故事。

第二，受教育水平越高、收入越高，则越喜欢参加敦煌文博会。这说明敦煌文博会的内容有一定的文化内涵，需要有一定的经济基础和文化水平才能够深切体验到其魅力，比较符合"敦煌文博会"品牌高端化、国际化的定位。在今后的举办过程中可以专门针对该群体进行宣传。比如通过时下流行的大数据分析该群体的消费行为和喜好，进而优化"敦煌文博会"品牌活动项目，同时也可以在宣传上进行精准投放。

第三，敦煌文博会知名度不足，但满意度较高。通过对敦煌文博会基础信息、认知和满意度、丝路文化在文博会中展示情况的分析可知：大众认可敦煌文博会是国际级展会，且以丝路文化交流为主，符合敦煌文博会的丝绸之路沿线国家文化交流平台的定位，但在一些方面还未达到国际水平。参加者多为本地或本省的游客，外省、国外的大多数游客是慕敦煌之名前来的。敦煌文博会知名度不高、但满意度较好的主要原因是宣传力度、方式有明显短板。参加了敦煌文博会的人普遍对这一展会比较满意，说明敦煌文博会举办的相关活动，特别是以"丝路文化"为核心理念举办的"论、展、演"与文创产品展示等活动，基本符合人们参加会展的期待。

第四，目前"敦煌文博会"品牌宣传仅限于本地，并未真正走出去。接下来应扩大在本省居民中的"敦煌文博会"品牌宣传网络，继续通过联动各省市举办优秀的文化项目，让本省居民都可以参与这一文化盛事，为本省居民带来利益。扩大在外省居民的品牌宣传力度则需要借助媒体，通过媒体报道、科技创新、文化创新等让民众感受到品牌的力量。

第五，厚重的文化积淀为"敦煌文博会"品牌塑造与传播提供了丰富内涵和资源，这是"敦煌文博会"品牌的价值和生命力之所在。需要继续挖掘"敦煌文博会"品牌的价值，在文化产业方面将甘肃丰厚的丝路文化资源与科技融合，创造出符合民众审美喜好、有价值的文创产品；在文化旅游方面借助浓厚的文化资源打造一批主题鲜明、人文气息浓厚的旅游胜地。此外，要坚持做好文化论坛，坚持国际化、高端化，提升敦煌文博会的学术水平。

第六，"敦煌文博会"品牌黏性较差，品牌的关联产品开发和连带效应还存在明显短板。没有参加过敦煌文博会的人对其品牌认知度较低，参加过的人愿意推荐和口碑传播的热情也不高。这说明对"敦煌文博会"品牌的宣传，尤其是针对省外、国际的宣传，并没有达到预期效果。未来需要注重敦煌文博会举办前期、中期、后期宣传的系统性和持续性，在拓宽宣传范围、创新宣传形式、增加文化色彩、精准投放目标群体、注重利用网络媒体宣传、培养专门的新媒体宣传人才等方面深耕细作。

第七，"敦煌文博会"品牌中体现的丝路文化元素和甘肃地域特质不突出，品牌个性不足，这在一定程度上制约了品牌的传播与推广。"敦煌文博会"品牌宣传主打丝路文化丰富多样，但碎片化、浅层次的呈现影响了丝路文化的宣传效果。因此，应借鉴借助故宫知名度打造故宫文化 IP 的经验，敦煌文博会要充分挖掘丝路文化元素。在利用丝路文化塑造"敦煌文博会"品牌的过程中，要注意用户体验，将用户运营做到位，推动跨界合作开发丝路文化，如邀请丝路文化专家在直播平台为民众介绍丝路文化知识。

第八，"敦煌文博会"品牌建构主体单一，内外联结、上下互动明显不足，造成大众对"敦煌文博会"品牌认知度较低。目前来看，"敦煌文博会"品牌构建的主体仍然比较单一，会展主办方、承办方及协办方等主要组织仍然以政府及相关部门为主，在品牌塑造、宣传、管理与维护等诸多方面仍然囿于传统媒体时代品牌构建的思维模式，新技术应用、传播渠道拓展、互动交流创新、资源整合、受众发动等方面不够，品牌拓展与传播明显不足。这造成公众对甘肃文化资源积淀丰厚与社会发展落后的认知，这种情况会妨碍大众对"敦煌文博会"品牌的认知。

第三节 "敦煌文博会"品牌传播效果调查

在探讨了"敦煌文博会"品牌传播现状之后，项目组通过细致的数据收集、深度访谈和理论总结，继续开展"'敦煌文博会'品牌传播效果专题调查"，希望为这一品牌的提升、推广和增值提供基础数据和建设性意见建议。

一、调查基本情况

本调查的样本基础数据同上一节。调查对象结构合理，分布均匀，反映情况的典型性和代表性较高。

二、"敦煌文博会"品牌传播效果

1."敦煌文博会"品牌的认知度

品牌认知度问题涵盖了会展方方面面，对敦煌文博会的认识影响着大众对整个"敦煌文博会"品牌的了解和判断，是较为基础和宏观的认知。这个问题在本书第五章第二节的第二部分已有论述，此处不赘。

2. "敦煌文博会"品牌的知名度

这一问题在本书第五章第二节中有详细论述。此处不赘。

文化会展品牌的影响力可以从民众的参与情况，专家、商家的评价，品牌价值的增值和关联效应等多个维度来考察。大众参与或参加敦煌文博会有助于增强对"敦煌文博会"品牌的了解和认知。

大众只有对敦煌文博会的重要性及举办原因有详细、清晰的了解，才会理解敦煌文博会举办的各项活动以及政府为确保敦煌文博会顺利召开而出台的相关辅助性举措，才能形成"话题"与"热点"，"敦煌文博会"品牌才会有效传播。被调查者对"举办敦煌文博会价值的评价"结果显示，"城市发展要求"（39.6%）、"经济利益驱使"（31.7%）、"国家政策扶持"（42.7%）、"地域形象推广"（45.7%）所占比重相差不大。被调查者对敦煌文博会举办受到多方面因素的推动有较为客观的认知。

关于敦煌文博会的举办，会给甘肃省的整体形象带来什么影响"这一问题，有61%的人认为有利于"增加与外界的联系，提高知名度"，47%的人认为有利于"提高市民的人文素养，活跃文化氛围"，40.9%的人认为有利于"提高整体经济水平"，只有1.2%的人认为"无影响"，总体来看对敦煌文博会带来的影响看法比较积极。但是，在进行深度访谈时，大部分访谈对象认为，敦煌文博会缺乏一以贯之的主题、对地域文化彰显和推介不够、媒介碎片化的呈现大多集中于官方活动、没有形成品牌效应等。

由此，笔者认为，敦煌文博会的影响力没有得到有效激发，对甘肃整体形象没有产生实质性的影响。这说明，还有相当一部分大众对敦煌文博会召开的意义和价值缺乏认同，这也反映了会展筹办者对"敦煌文博会"品牌的宣传力度和宣传方式缺乏清晰的战略规划与实施策略。

整体看，敦煌文博会的宣传力度较大，通过大众传播和人际传播来达到累积效应，从而影响大众对敦煌文博会知名度的判断。虽然有72.8%的受访者同意敦煌文博会很出名，但是第四届敦煌文博会的参会人数感知度的降低可能会导致敦煌文博会知名度出现一定程度的波动。

3. "敦煌文博会"品牌的美誉度

（1）"敦煌文博会"品牌印象

课题组在访谈中了解到，大部分人参加敦煌文博会的嘉宾和游客认为，敦煌文博会位于丝绸之路核心地带，是国际会展中不多见的特质文化明显、地域色彩浓厚、文化主题清晰的交流盛会,丝路文化传播应该是重点。调查也印证了这一点。但是调查结果显示,大众对敦煌文博会中围绕"丝路文化"所展示的国际元素、科技元素、创新元素、开放元素的印象并不深刻。(见表7-2)这说明敦煌文博会在这些方面还有待加强。要充分利用甘肃经典的丝路文化元素,挖掘新的丝路文化符号,运用科技手段对文化元素和符号进行加工、创新,进而引领国际潮流。

表7-2 受访者对"敦煌文博会"品牌的印象

选项	回应		观察值百分比 /%
	次数	百分比 /%	
丝路文化浓厚	99	54.1	83.9
国际范十足	25	13.7	21.2
创意感十足	21	11.5	17.8
科技感十足	13	7.1	11.0
政府行为良好	19	10.4	16.1
没印象	6	3.3	5.1
总 计	183	100	155.1

(2)对"敦煌文博会"品牌特色认同度

与此相对应的是,敦煌文博会丝路文化的呈现得到较为广泛和一致的认可。通过参与敦煌文博会,84.2%的人知道了丝路文化,仅15.8%的人不清楚什么是丝路文化。受访者对"是否认同甘肃地区丝路文化丰富多样",基本认同和非常认同的人占到了97.5%,可见甘肃地区丝路文化丰富多样是大众的一个普遍认知。(见表7-3)

表7-3 对敦煌文博会展示丝路文化多样性的认同

选项	次数	百分比 /%	累计百分比 /%
非常认同	88	60.0	60
基本认同	56	37.5	97.5
不认同	2	1.7	99.2
不清楚	1	0.8	100
总计	147	100	100

（3）对敦煌文博会的参与热情

被调查者参与下一届敦煌文博会的意愿直接反映了他们对"敦煌文博会"品牌的满意度，体现了"敦煌文博会"品牌对他们的吸引力。在参与调查的所有人员中有58.5%的人表示"会"，36%的人表示"可能会"，3.7%的人表示"基本不会"，1.8%的人表示"不会"。（见表7-4）调查结果显示，敦煌文博会在被调查者心目中还是具备一定的吸引力，但是黏度较低。

表7-4 是否会继续参与敦煌文博会

选项	次数	百分比/%	累计百分比/%
会	86	58.5	58.5
可能会	53	36.0	94.5
基本不会	5	3.7	98.2
不 会	3	1.8	100
总 计	147	100	100

（4）"敦煌文博会"品牌活动效果的评价

品牌的美誉度对会展经济的联动促进作用非常大，公众对敦煌文博会的品牌活动效果的评价情况详见本书第五章第二节，此不赘述。

（5）对敦煌文博会宣传情况的满意度

敦煌文博会宣传的好坏直接影响到"敦煌文博会"品牌的塑造及传播，影响到市民对"敦煌文博会"品牌的认知和满意度。关于这一问题，本项目在调查问卷中专门设置了3个相关问题："您觉得敦煌文博会的宣传力度如何？""您觉得敦煌文博会的宣传内容如何？"以及"您会对身边的人推荐敦煌文博会吗？"

调查结果显示，认为第四届敦煌文博会在宣传上"非常好"的比例比往届下降了8.8%，降幅较大。主要原因有两个：第一是第四届敦煌文博会是"小年"，参与度和政府投入都没有往届多；第二是主办方为增加大众的参与感，安保措施没有往届严格，城市市容建设也比往届和缓一些。结合敦煌文博会认知程度分析，在对第四届敦煌文博会宣传途径的认知方面，61.9%的受访者认为自己对敦煌文博会宣传的了解"非常多"或"比较多"，他们对敦煌文博会宣传的好评率均高于60%，可见敦煌文博会的宣传工作得到了大众的肯定，但主办方仍要对宣传工作好评率下降的现象保持警惕。整体看，在对敦煌文博会宣传情况的评价中，好评率 71.4%，说明大众对敦煌文博会宣传工作的评价已过及格线，尚未达到优秀。可见相关政府部门对敦煌文博会的组织已逐渐步入正轨，但距离知名品牌所要求的美誉度还有很大距离。

4."敦煌文博会"品牌的忠诚度

良好的品牌忠诚度建设可以让用户对会展产生依赖和共鸣心理，为会展的用户运营节省成本；还可以让每一个用户都成为意见领袖，挖掘更多的潜在受众，助力品牌的推广与传播。因此，"敦煌文博会"品牌的忠诚度对于品牌的持续发展是非常重要的。忠诚度是内心的一种行为过程，体现在行动上，即会否再一次选择这个会展品牌。本研究从受访者参与敦煌文博会次数、对敦煌文博会的推荐程度和参与敦煌文博会的获得感等几个方面展开探讨。详见本书第五章第二节的第二部分。

需要额外提醒注意的是，传统的会展品牌高峰期展出 7 ~ 10 天，与展期相比，休展期更加漫长。在休展期，受众与会展品牌之间的互动可以增强用户黏性。"敦煌文博会"品牌需要在休展期借助与受众的互动来增强用户的体验，强化品牌的忠诚度。

5."敦煌文博会"品牌的联想度

这部分论述详见本书第五章第二节，此处不赘。

第四节　"敦煌文博会"品牌对甘肃地域形象的重塑与提升

地域形象是一个地域内历史底蕴和外在特征的综合表现，是地域总体的特征和风格。它将地域的历史传统、经济政治、文化积淀、民众风范、生态环境等要素塑造成能够感受的表象和可以心领神会的内涵，是对该地域各种资源挖掘、提炼、组合与形象策划、设计、实施相结合的神形合一的结果。[1]

---

[1] 陈红：《我国城市形象广告中地域文化元素的运用探析》，《商业经济》2012 年第 21 期。

地域形象是所在地域软实力的重要组成部分，关系到该地区的长远发展。

一、"敦煌文博会"品牌传播对甘肃地域形象塑造的作用

结合"敦煌文博会"品牌实际，以下将从"敦煌文博会"品牌系列活动对甘肃地域形象形成稳定的传播、参会嘉宾对甘肃地域形象形成直观感受、新媒体与传统媒体融合对甘肃地域形象进行全方位的展现，以及形成社会话题提升对甘肃地域形象的关注度四个方面，展开"敦煌文博会"品牌传播对甘肃地域形象影响的作用机制探究。

1. "敦煌文博会"品牌系列活动：对甘肃地域形象形成稳定的传播

地域形象的养成是一个潜移默化、润物细无声的过程，尤其是在既有形象上进行再造和升华更是如此。甘肃想凭借敦煌文博会提升地域形象，更应该"长流水不断线"，久久为功。

敦煌文博会自2016年首次举办以来，每年都会凭借其特有的"丝路文化"优势出现在全国乃至世界人民的面前，这种持续性的输出本身就会对甘肃的地域形象形成一种稳定的传播。更为宝贵的是，由"敦煌文博会"品牌所延伸出来的系列活动同样有助于传播的稳定性。

如通过会前对展会主题内容的筹备与宣传，丰富的文化内涵加深了民众对敦煌文博会的认知和认可，形成一种固定的记忆。敦煌文博会已经在敦煌老百姓那里形成了仪式感，他们每年也有共同的期待，如"今年会有哪个大领导来呢？"文博会期间也会有大量的内容涌现，比如第四届敦煌文博会与第九届敦煌行·丝绸之路国际旅游节开幕式上的精彩演出、系列文创产品展览、系列论坛达成的共识和意见、大型文艺展演，以及第二届创意丝路·敦煌国际设计周获奖作品的展示……每一个板块都可以成为新闻的聚焦点，成为传播甘肃地域形象的宣传点，并且恰到好处地把甘肃推向全国乃至世界。敦煌文博会所有活动举办结束后，"文化共享"意识在敦煌市、甘南州落地生根，市民在感受展品的魅力的同时，发生了许多灵活生动的故事，这些都为甘肃地域形象的塑造提供了可能性。

除此之外，围绕着"文博"，甘肃省逐渐打开国外市场的大门，文化交流日益频繁，充分展现甘肃省的文化自信和文化魅力。通过对敦煌文博会官网的梳理可见，在不到三个月的时间里，甘肃省派出人员分别前往保加利亚、拉脱维亚、以色列、马来西亚、美国、日本、尼泊尔、摩洛哥、克罗地亚等

27个国家进行文化展演和交流。这种交流的频度和力度是前所未有的，充分展现了甘肃段丝路文化资源的丰富与璀璨的新形象。

在国内，甘肃省也围绕"文博"召开系列活动，比如敦煌市政府组织的"相约敦煌·行游丝路"文博研学活动，吸引了30多个国内研学旅游机构的参与。可见，甘肃"敦煌文博会"品牌活动十分丰富，借助这样一件又一件的小事件、大事件的串联，维持公众对甘肃的持续关注，让他们在关注中不断形成对甘肃地域形象的最新记忆。

2. 参会嘉宾齐聚甘肃：对甘肃地域形象形成直观感受

在我国，一般来说，一座城市形象宣传的主导者是这座城市的管理者，他们通过纪录片或者像敦煌文博会这样的大型会展活动，"全面"地塑造地域形象，将一座城市的政治、经济、文化、环境用各种文化符号系统地展现给大家。敦煌文博会的召开为国内外嘉宾提供了走进甘肃、了解甘肃的机会，将想象中的甘肃形象与现实来了一次激烈的碰撞，从而擦出新的火花。敦煌文博会周全的招待、严谨的会议安排、多样的文艺展演等给与会嘉宾留下深刻的印象。而这种嘉宾亲身体验过的、符合自身的心理需求的印象，不仅可以提升甘肃的对外形象，还可以通过他们对敦煌文博会的口碑传播，拓展敦煌文博会宣传工作的广度和深度。因为他们是敦煌文博会活动的亲历者和见证者，是甘肃地域特色的体验者和分享者，他们的感受更加真切、更加确定、更加可信，他们对甘肃地域形象的观点更加具有感召力和影响力。借助这些亲历者的口碑传播，甘肃地域形象的塑造会更加持久、更有力度、更有成效。

3. 新媒体与传统媒体融合：对甘肃地域形象进行全方位展现

新媒体时代实现了"人人都是记者"的梦想，手持一部手机就等于拥有了话语权，拥有了参与公共事务的力量。如今，短视频平台异常火爆，强大的流量入口效力，在政务工作中也表现得异常突出。

敦煌文博会也在宣传中利用了各种网络新媒体优势，新媒体在大型的会展活动中可以与传统媒体互相补充。传统媒体的宣传更加注重宏观的、上层建筑层面的内容，比如央视网发布的《丝绸之路（敦煌）国际文博会闭幕》《第四届丝绸之路（敦煌）国际文博会丝绸之路国际商协会圆桌会议举行》等新闻稿。从目前来看，传统媒体的受众面较为局限。从以下访谈可见一斑。

采访对象：甘肃广播总台记者

采访时间：2019 年 8 月 30 日

采访地点：敦煌国际会展中心

问：这是您参加的第几届敦煌文博会？

答：第二届。

问：您觉得这次参加与上次相比有什么区别？比如邀请的嘉宾更多吗？外宣有何进步？

答：我觉得这几年甘肃越来越重视宣传，力度也是非常大的，然后邀请的媒体规格也越来越高，邀请的嘉宾、人物，重量级的也比较多。这里体现了一种对于地域文化的自信。这些年，甘肃也在大力宣传本土文化，我觉得，原来不敢宣传，没有多少底气，自觉不够优秀。现在就是大力宣传优秀的一面，把自己更好的一面展现给全国、全世界。

问：那您觉得咱们在宣传上还有哪些可以提升的空间呢？

答：我觉得宣传要有一种多样化、多方面的因素。现在年轻人比较喜欢新媒体这种方式，我觉得应该用更多的新的方式去宣传它。然后像老的这种新闻报道、新闻传播方式，还是要的，但是还可以更多地考虑一些吸引年轻人的文创产品，吸引喜爱文化产品又具有一定消费能力的人参与进来，这个可能是需要改进的地方。

问：您觉得敦煌文博会的受众是那些？有多少人会关注？什么样的人会关注你们的报道？

答：我觉得这个受众的范围和规模一直在扩大。一开始的受众可能仅仅限于甘肃省内，还有就是一些年龄偏大或者比较关心时政的人，随着这些人的推广，受众更趋向于大众化，更倾向于消费方式的推广，比如这些年轻人啊、旅游受众啊。而能够让年轻接受并且欣赏，就需要发挥新媒体的作用。

新媒体通过图片、短视频等形式对整个敦煌文博会内容的强势补充可以弥补传统媒体报道存在的问题，以年轻人喜欢的方式进行细节上的呈现，展现一个全面、立体、生动的敦煌文博会，同时展现一个全面的甘肃地域形象。如"掌上兰州"新媒体平台发布的有关内容，可以使不在现场的人们看到敦煌文博会期间精彩的演出内容、专业的礼仪服务人员、敦煌的沙漠骆驼景观等，视频再搭配上优美的音乐，达到了很好的宣传效果。同时，新媒体具有强有力的互动性，网友可以对视频内容及时发表评论、点赞、转发等，互动过程产生传播裂变，从而产生更大的影响。

4. 形成社会话题：提升对甘肃地域形象的关注度

"话题"在如今这个时代越来越重要，一个持续上榜的话题会在社交平台引发激烈的讨论，一个有意思的高质量的话题有助于吸引广大群众关注。敦煌文博会作为一项重要的国际性会展活动，已然成为甘肃的一张名片。该会展致力于"一带一路"沿线国家的发展与交流，具有唯一性和典型性，其本身就是一个可供社会大范围讨论的话题，这就决定了敦煌文博会新闻价值的重要性。增加这一话题在甘肃、在全国、在全球范围内的曝光度，可激发大家对文博会和丝路文化话题的兴趣。在线下，当地的老百姓和游客也比较关注敦煌文博会情况；在线上不同的新媒体平台开设了"敦煌文博会""一会一节·甘南""2019甘肃一会一节"等话题，并且话题阅读量十分可观。

除话题本身的作用以外，媒体的宣传也为敦煌文博会的系列话题进行引流。例如，央视新闻在第三届丝绸之路（敦煌）国际文化博览会的直播中，收获了23.5万次的播放量、271次的转发量、1691次的点赞量、57个评论。评论中的留言也是各种各样："给家乡点赞"，"真的美轮美奂"，"在现场看过，场面不算很震撼，但演员的演技真的很专业"，"一直想去旅游的地方！等退休了一定要去玩一趟"，"壮哉我大敦煌"，等等。在网友的互动中可将"敦煌文博会"话题做大，吸引到更多的人关注。

敦煌二中校长DM在受访中也提到："有了敦煌文博会以后，中央1频道和中央4频道对敦煌的宣传时间长达3分钟。在中央频道上3分钟是什么概念？这足以说明大家对甘肃的关注程度在提高。""敦煌文博会"品牌传播增加了社会对甘肃的关注度，并围绕甘肃形成系列话题，在广大网友的关注与交流中，甘肃崭新的地域形象也逐渐被更多的人了解。当然，越是在这样的背景下，甘肃越应该做好自身的工作，提升危机公关意识，避免负面新闻的报道对甘肃地域形象带来消极影响。

二、敦煌文博会系列品牌活动对甘肃地域形象的影响

敦煌文博会已具备一定的品牌知名度和美誉度。但其就一个品牌的成长过程来说，"敦煌文博会"品牌塑造与推广还处于起步阶段，对甘肃地域形象的展示与带动价值还没有充分发挥出来。

1. 敦煌文博会的"丝路文化"特色更新了公众对甘肃地域形象的认知

敦煌文博会自 2016 年首次举办以来，每年都会凭借展会将丝路文化特色呈现在国内外民众面前，形成一种固定的记忆，每一个活动都紧扣丝路文化元素和甘肃地域特质，都会成为媒体关注的焦点和民众讨论的热点，成为再造甘肃地域形象的鲜活素材。前四届敦煌文博会的主题活动带动了民众对甘肃的持续关注，并在关注中拓展了他们对甘肃地域形象的记忆与认知。

2. "口碑传播"与媒体推介共同拓展了甘肃地域形象提升的新空间

敦煌文博会全面地塑造了敦煌的新形象，将这座城市的历史、政治、经济、人文等全方位、多层次地推介给大家。敦煌文博会持续吸引国内外嘉宾和游客走进甘肃、了解甘肃、传播甘肃，成为甘肃厚重的历史文化和开放的地域形象的见证者、体验者、分享者。借助这些亲历者的口碑传播，新时代的甘肃地域形象更持久、更有力、更有效。因此，"敦煌文博会"品牌传播充分发挥传统媒体与新媒体的互补优势，有助于吸引更多、范围更广的受众，全面展示甘肃的形象。

3. 热点话题设置提升了甘肃地域形象的关注度

"敦煌文博会"品牌在某种程度上已然成为甘肃的一张名片，有关"一带一路"倡议的相关内容必然缺少不了敦煌文博会的声音。笔者在敦煌市进行田野调查的过程中发现，敦煌文博会已经成为大家共同关注的话题。话题涉及方方面面，比如，丝路文化、敦煌乐舞、沙漠边塞、胡杨林、黄河水车、长城烽燧、石窟驿站、丹霞地貌等在社交平台上成为大家热议的话题。围绕敦煌文博会的这些话题在某种程度上增加了社会对甘肃的关注度，甘肃的地域形象也在悄然发生改变。

三、敦煌文博会对甘肃地域形象塑造情况调查

我国关于"国家形象"的研究出现在 20 世纪 90 年代，徐小鸽最早对"国家形象"做出界定。徐小鸽认为，国家形象是一个国家在国际新闻流动中所形成的形象，或者说是一国在他国新闻媒介的新闻和言论报道中所呈现的形象。[①]2000 年，管文虎在《国家形象论》一书中认为："国家形象是一个综

---

① 徐小鸽：《国际新闻传播中的国家形象问题》，《新闻与传播研究》1996 年第 2 期。

合体，它是国家的外部公众和内部公众对国家本身、国家行为、国家各项活动及其成果所给予的总的评价和认定，是国家力量和民族精神的表现和象征，是综合国力的重要体现，是一个国家重要的无形资产。"[①]我国关于"地域形象"的研究也可以追溯到20世纪90年代，1988年，郝慎钧就提出了关于"城市形象"的见解：一个城市的形象，反映一个城市特有的景观和面貌，表现城市的气质和性格，体现出市民的精神文明和昂扬的进取精神，还显示出城市的经济实力、商业的繁荣水平、文化和科技事业的发达程度。[②]1998年，王德业主编的《区域形象浪潮》出版，该书从理论、设计、推广的视角出发，对区域形象的相关概念进行了集中的探讨和界定，并结合我国区域形象塑造与传播的实际情况，有针对性地提出了对策和建议。[③]

本书认为：所谓地域形象，就是指人们对某个地区的政治、经济、文化、教育、环境等方方面面的印象和评价，代表了一个地区的软实力，是衡量一个地区综合竞争力的重要标准。

我国对"地域形象"的研究成果丰硕，具体成果可以归纳为以下三个方面。

第一，媒体中的地域形象构建。媒体在地域形象的塑造中起着非常大的作用，人们对一个地域的认知往往最先来自媒体对它的塑造和传播。

第二，影视作品中的地域形象构建。影视作品与地域形象是相辅相成的，影视作品的呈现需要地域形象的衬托和渲染，同时地域形象也在影视作品的呈现和塑造中产生影响。

第三，重要节日、事件对地域形象的影响。重要的节日活动或者一个地域的重要事件具有鲜明的地域特色和一定的知名度、影响力，因此，它们往往会给地域形象的塑造和提升带来重要机遇。

在甘肃地域形象研究方面，系统研究的书籍较少，成果更多地集中在学位论文及期刊论文中，并且中国西北高校对甘肃地域形象的研究相对集中和深入。目前，我国对甘肃地域形象的研究主要集中在对传统媒体、网络媒体、纪录片、报道图片等内容的分析上。敦煌文博会是甘肃省的新事物，目前尚无关于敦煌文博会对甘肃地域形象影响的研究。

甘肃省位于祖国西北内陆，地处内蒙古高原、黄土高原及青藏高原三大高原的交汇地带，地形、地貌复杂多样，大部分地区气候较为干燥。甘肃长时间给人们留下了落后、贫瘠、黄沙漫天的形象，也是我国全面建成小康社会、

① 管文虎：《国家形象论》，电子科技大学出版社2000年版，第23页。

② 秦启文、周永康：《形象学导论》，社会科学文献出版社2004年版，第372页。

③ 王德业主编：《区域形象浪潮》，新华出版社1998年版。

完成脱贫攻坚的最后一站。但是与其落后的经济形象不一致的是其丰富的文化资源、天然的绝色美景、震撼人心的地质地貌形态、极具特色的风土人情……甘肃被誉为华夏文明的发源地、自然奇观的博物馆、民族风情的大观园、品质旅游的目的地。[①] 举世闻名的敦煌莫高窟就在这里，这是世界上最大、最古老、最丰富、保存最完好的佛教石窟艺术宝库，有着 1600 多年的文化积淀，是国家重点保护的世界文化遗产。受访者表示："敦煌是一个让人肃然起敬的地方，莫高窟是咱们先人传承下来的东西，很多外宾都是奔着咱们的莫高窟来的，不参加开幕式，直接去看莫高窟。"[②]2019 年，习近平总书记就甘肃省经济社会发展及"不忘初心、牢记使命"主题教育情况进行调研。他在甘肃考察了敦煌莫高窟，并且特别强调，研究和弘扬敦煌文化，既要深入挖掘敦煌文化和历史遗存蕴含的哲学思想、人文精神、价值理念、道德规范等，更要揭示蕴含其中的中华民族的文化精神、文化胸怀，不断坚定文化自信。[③]总书记对敦煌文物的保护和研究工作提出了更高的要求。

在这样一个时代背景下，以敦煌文化、丝路文化为核心举办的敦煌文博会将引起更大的社会关注，承担更大的社会责任。敦煌文博会作为甘肃一项国际性的节事活动，作为改善甘肃地域形象的重要手段，其作用不容小觑。本书旨在以敦煌文博会为参照点，深度研究"敦煌文博会"品牌传播对甘肃地域形象的影响，以期从中总结出四届敦煌文博会对甘肃地域形象的改变情况，以及借助"敦煌文博会"品牌传播，进一步提升甘肃地域形象、推动地方经济社会发展的思路和策略。

甘肃拥有非常丰富的历史文化资源，并且在世界舞台上长期占据重要位置。但是，独特的历史文化资源优势并没有充分发挥对甘肃地域形象塑造的正向支撑作用，长期存在的文化资源与经济发展不对称，实际形象与传播中的、受众心目中的形象不对称等问题依旧突出。在敦煌文博会入驻甘肃这一新的历史机遇下，"不对称现象"是否有所扭转？是否有助于改善甘肃地域形象？这些都是需要去探究的问题，并且探究的有益成果对我国其他地区的地域形象提升有借鉴作用。同时本书将对地方相关部门优化机制、拓展思路、完善政策、汇聚资源、凸显优势、提升品牌、谋取联动效应等方面提供咨询建议和应用指导。

---

① 《第四届丝绸之路（敦煌）国际文化博览会与第九届敦煌行·丝绸之路国际旅游节活动指南》（2019），第 66 页。

② 笔者对敦煌市文博办柴主任的访谈，2019 年 9 月 4 日。

③ 潘毅、孟永辉：《习近平在甘肃考察引发当地广大干部群众热烈反响》，央广网，2019 年 8 月 24 日。

通过查阅大量与丝路及敦煌历史相关文献典籍,我们深入思考:甘肃之前的刻板印象是如何形成的?在敦煌文博会背景下,甘肃地域形象有没有提升?如何更好地借助"敦煌文博会"品牌提升甘肃的地域形象,将甘肃新形象展示给全国乃至全世界的受众?

1. 外地人对甘肃地域形象的认知

随着城市的快速发展、全域旅游经济的推动,树立良好的地域形象显得尤为重要。甘肃近些年在提升甘肃地域形象方面也做出了非常大的努力。本书对甘肃地域形象现状及政府在提升甘肃地域形象方面做出的努力进行了系统的梳理,并总结得失。

课题组在调查问卷中专门设置了"对甘肃地域形象调查"的板块,有针对性地调查了大众对甘肃的印象。在 147 份有效调查问卷当中,有 16 位第一次来到甘肃,占总调查人数的 10.9%。问卷调查结果显示,在被调查者来甘肃之前,他们印象中的甘肃是"风沙漫天","文化资源丰富",同时"贫瘠""封闭落后""民风淳朴""骑骆驼出行"的贫困地区。对敦煌学院教师 LWJ 的访谈能很好地说明这一情况。

访谈对象:LWJ(敦煌学院的一名新任教师,本科在厦门就读)

访谈时间:2019 年 9 月 3 日上午

访谈地点:敦煌学院

问:您在外面上学的时候,您的同学对我们甘肃是什么印象啊?

答:印象中的甘肃就是落后,各方面都落后。因为好多人确实没有来过,都是想象中的,以为我们是骑着骆驼上学。

问:那您毕业后有南方的同学过来玩吗?

答:有。

问:那他们来了以后对咱们甘肃的评价是什么样的?

答:来了之后首先是震撼吧,因为完全不同的景色,看到戈壁就觉得很稀奇。带他们去看了莫高窟之后,对面就是三危山嘛,他们说他们想象不到这个山上可以寸草不生。 他们见到鸣沙山后说:"哇!这个太漂亮了。"这个就跟我第一次出海一样,我也觉得太震撼了,东南西北都分不清的那种。他们来到这边,这就是一个南北差异。

这是一个十分有趣的现象,在如今经济发展日新月异的时代背景下,人们心目中的祖国西部依旧是骑着骆驼出行的状态。但是真正来到甘肃以后，他们对甘肃的印象又出现颠覆性的转变，否定之前的认知，甚至喜欢上甘肃独有的壮阔美景。课题组在敦煌国际会展中心神玉艺术馆展区对来自北京的ZMM进行了简短的访谈，她同样讲述了来之前与来之后的印象反差。

> 访谈对象：ZMM
> 访谈时间：2019年9月4日上午
> 访谈地点：敦煌国际会展中心神玉艺术馆展区
> 问：您是第一次来甘肃吗？
> 答：对，之前没有来过这么靠西的地方。我之前有同学是兰州的，在河西走廊以西，听他们的描述可能人口密度没有那么低，当然自然风光没有咱们这边（敦煌市）这么好，那边可能更偏向二三线城市，自然资源相对少一些，城市化痕迹更明显一些。
> 问：那您来了以后感觉跟同学描述的一样吗？
> 答：不太一样。我这次来敦煌感觉城镇化和自然风光结合得还挺好的。而且我很惊讶的是，咱们的道路上没有那么多的沙石，城市道路很干净。

这些游客对甘肃的最初印象主要来自"影视作品"，其次是"书籍介绍""网络推介"。影视作品及书籍在涉及有关甘肃地理环境、社会风貌等方面的介绍时，多展示甘肃生态环境的恶劣，如缺水、干旱、沙漠、沙尘暴等，展示甘肃人民生活艰苦、居住环境差，这种以偏概全的塑造方式导致大众对甘肃的刻板印象，而这种刻板印象如果得不到有效改善，对甘肃地域形象的提升及优化都是不利的。从游客对甘肃地域形象的感知来看，甘肃地域形象的塑造还处于相对被动的状态，更多地处于书籍、影视作品等"他塑"的阶段。

课题组在访谈的过程中还发现，游客对甘肃的印象更多的是对敦煌莫高窟的印象，并且敦煌印象远远超越了游客心目中的甘肃印象。课题组在敦煌市进行田野调查时，专门对饭馆中的游客发放问卷并进行简短的访谈。一位从云南来的游客因为他时尚的穿着引起课题组的注意。

> 访谈对象：云南游客
> 访谈时间：2019年8月28日中午
> 访谈地点：饭馆
> 问：您之前来过甘肃吗？

答：没有，这是第一次。

问：那您在没有来之前，对甘肃的印象是怎样的？

答：敦煌莫高窟啊、牛肉面啊这样的，我这次就是来看敦煌莫高窟的。

问：那还有其他的行程吗？比如说张掖丹霞地貌呀、甘南呀。

答：没有了。

包括一些"跟团游客"，大家有一个共同的特点就是直奔敦煌，都是冲着敦煌莫高窟来的，可以看出在他们眼中，敦煌是一个比甘肃更具声誉和影响力的地方。但是目前敦煌形象的异军突起并没有对甘肃整体的地域形象塑造与提升充分发挥积极带动作用。因此，甘肃省政府应该在今后的宣传过程中强化对甘肃地域形象的宣传，注重在生活的点滴中向本省居民及省外游客传达甘肃地域形象。

在互联网时代，"两微一端"等新媒体的快速发展也为甘肃地域形象的主动塑造提供了契机，这些技术优势都应该在改善和提升甘肃地域形象方面得到积极应用。

2. 甘肃省在提升甘肃地域形象方面的举措

甘肃长期形成的落后、贫穷的形象，长时间限制着甘肃经济的发展。近年来，甘肃省各级政府极力摆脱之前人们心目中的刻板印象，试图借助宣传片、推介会、短视频等形式将真实的、全面的甘肃呈现给世界人民，塑造"交响丝路·如意甘肃"的品牌形象，推广甘肃的全域旅游事业，借助形象优势带动甘肃旅游产业的发展。

（1）宣传片推广

"城市宣传片是传播城市形象，塑造城市品牌的重要途径，城市宣传片以影像的方式，借助现代传媒的手段，通过展示城市的风格面貌、文化特征，内在精神底蕴，增进人们对城市的了解，增强人们对城市的认同感。"[1]2012年甘肃在"首届中国·嘉峪关国际短片电影展"闭幕式上提出打造纪录片大省的目标。[2] 同年，甘肃从吸引旅游的角度制作区域形象宣传片，全年在纽约时报广场（又称"纽约时代广场"）播放，每天10次，每次播出15秒。[3]2013

---

[1] 王晓奕：《城市宣传片的三重属性及其实现——以敦煌文博会宣传片变更事件为例》，硕士学位论文，兰州大学，2017年。

[2] 张子艺：《甘肃拟打造纪录片大省 创作处于边缘状态》，搜狐网，2012年10月26日。

[3] 许晟：《新华社摄影报道构建的甘肃形象研究——以2008—2012年新华社摄影报道为例》，硕士学位论文，兰州大学，2013年。

年7月22日，甘肃省委宣传部、省广电局印发《甘肃纪录片大省建设实施意见》，在文件中明确提出：到2017年，每年创作生产纪录片百部以上，在央视等国内外主流媒体播出10部以上，打造一批纪录片品牌，培养一批领军人才，培育一批创作团队，形成一批经营制作机构，逐步奠定纪录片大省地位。①目前，甘肃有以《河西走廊》为代表的历史文化纪录片，以《敦煌壁画》《敦煌书法》《敦煌写生》为代表的敦煌文化纪录片，以《阴平古道》《扁都口》《八坊十三巷》为代表的展示民族风情的纪录片，还有以《决战兰州》为代表的红色题材纪录片；2016年甘肃还制作了敦煌文博会宣传片，借助星空、骆驼、壁画、月牙泉等意象对敦煌市的形象进行集中展示。部分纪录片在央视频道播出，为人们全面认识和了解甘肃形象提供了窗口。

政府结合自身诉求，积极主动打造甘肃地域形象纪录片，对改善甘肃长期形成的"刻板印象"大有裨益。但是，目前甘肃在打造纪录片的过程中存在着传播内容固化和片面化、优质纪录片较少等问题。以《河西走廊》为例，在总共10集的纪录片中对敦煌文化的讲述占了3集的篇幅，而对甘肃的马家窑文化、彩陶文化等典型文化均未提及。纪录片在文化传播内容选择上的固化和片面化，导致人们无法对甘肃整体的文化资源进行全面把握，往往会简单地认为甘肃只有敦煌文化。长此以往，就出现了问卷调查和访谈中呈现的敦煌声誉远高于甘肃声誉的现象。其他有关甘肃的纪录片即便对除"敦煌文化"以外的文化有所涉及，但也没有达到有效传播的目的，总体上甘肃打造的优质纪录片还较少。

另外，《河西走廊》的全部内容均是对甘肃历史形象的讲述，没有提及甘肃的现状，缺少历史与现实的对照。虽然厚重的历史形象是甘肃地域形象对外展示的一部分，但是当下甘肃形象的特点与历史存在着偏差。只有对甘肃当下地域形象进行说明和展示，才可减少观众对甘肃实际形象的认知误差。甘肃的地域形象终将带着厚重的历史前行，但是，甘肃应该积极传播现在的形象，充分展示甘肃的自然风光、教育、政治、经济、文化等内容。

（2）举办推介会

近些年，甘肃深刻意识到，要让更多的人了解甘肃，就要加快走出去的步伐。敦煌市宣传部部长在接受项目组访谈时称："目前对甘肃的宣传有媒体、文化交流，第三个就是走出去。每年旅游部门都会走出去举办文化旅游宣传和展览。第四个就是在外界设立推介敦煌的窗口，比如在韩国设立网站，

---

① 《甘肃纪录片大省建设实施意见》，中国纪录片网，2013年8月5日。

Facebook，地铁站、广场搞一个大型广告牌，美国时代广场做大屏。"[1]

根据甘肃省文化和旅游厅官方网站提供的数据（见表7-5），课题组对关于"推介"的信息进行提炼，发现自2008年开始至今，甘肃省一直致力于甘肃旅游经济推介活动，分别前往马来西亚、巴黎、日本、韩国、俄罗斯、美国、加拿大、奥地利、迪拜、泰国等几十个国家和地区开展甘肃文化旅游推介活动，并于2012年、2016年、2018年在美国纽约时报广场上播放甘肃旅游形象宣传片。甘肃时代形象出现在国外的频率逐年增加，甘肃走出去的步伐也在不断加快，甘肃的旅游品牌在世界各地开花结果。与此同时，甘肃也加紧在国内的宣传，比如在北京、广州、香港、澳门、郑州等地召开推介会，在北京、上海、大连等重点铁路枢纽的墙上投放甘肃旅游宣传片。并积极推出新的旅游活动，如2018年4月，中铁兰州局推出"环西部火车游"列车旅游新模式，2018年12月29日，甘肃推出"丰收了·游甘肃"十大旅游产品等活动，吸引国内各省市的游客前来甘肃。

表7-5 甘肃向外推介情况统计

时间	事件
2008.11.8	我省组团赴台湾开展旅游促销取得成功
2008.12.16	我省赴香港深圳旅游促销取得成功
2009.3.12	黄周会率团在日本进行旅游洽谈
2009.4.28	我省在天津开展旅游推介促销
2009.4.30	甘肃在京隆重推介丝绸之路与兰州—甘南—九寨沟旅游线
2009.6.27	我省旅游宣传又添新阵地《就是爱旅游》栏目开播
2009.7.13	我省参加欧洲大型中国旅游宣传推广活动
2009.8.3	省旅游局与省人民政府驻新疆办事处联合在乌鲁木齐举办甘肃旅游推介会
2009.9.4	甘肃赴香港旅游促销取得圆满成功
2009.9.6	我省旅游促销团赴深圳广州宣传促销
2009.10.14	甘肃等西北五省将联手打造"中国大西北旅游"品牌
2010.2.5	甘肃旅游形象广告在京沪等地如约播出，反应良好

---

[1] 对敦煌市宣传部部长的访谈，2019年9月3日。

续表

时间	事件
2010.2.22	甘肃今年拿出千万元"推销"旅游
2010.2.28	CCTV-7套赠播甘肃旅游形象宣传广告
2010.5.5	多彩甘肃民族风情旅游文化宣传周活动在深圳成功举办
2012.1.4	甘肃旅游形象电视专题片亮相美国纽约时报广场
2012.5.28	甘肃省旅游局在日本东京和大阪成功举办旅游推介会
2012.6.1	甘肃省旅游局在韩国首尔成功举办旅游推介会
2012.6.29	甘肃旅游推广团在美国、加拿大成功举办旅游推介会
2016.5.11	甘肃旅游形象宣传片登上美国纽约时代广场
2016.10.19	王富民副主任率团赴印尼推介甘肃旅游
2016.10.21	王富民副主任率团在马来西亚推介甘肃旅游
2016.11.25	甘肃组团在捷克推广"精品丝路·绚丽甘肃"
2016.12.2	甘肃旅游再次走进俄罗斯 莫斯科官方将协助推"中国游"
2017.9.15	"精品丝路·如意甘肃"旅游推介会在广西南宁举行
2017.10.18	"乘兰渝快客 游精品丝路"甘肃旅游推介会在重庆举行
2017.12.13	敦煌冬春季旅游宣传推介会在上海举行
2018.3.14	"美丽中国—万里长城"奥地利主题推广活动成功举办,奏响"交响丝路·如意甘肃"海外推介新篇章
2018.4.4	甘肃旅游登陆美国纽约时报广场,向世界展示甘肃形象
2018.4.25	"交响丝路·如意甘肃"走俏,"美丽中国·2018全域旅游年"港澳地区主题宣传推广活动
2018.8.31	"交响丝路·如意甘肃"走进新加坡 开拓南向通道旅游市场
2019.4.22	"环西部火车游"高品质专列宣传推介走进广州
2019.5.24	"交响丝路·如意甘肃"文化旅游宣传推介会在柬埔寨金边举行
2019.6.15	甘肃文化旅游推介活动在以色列特拉维夫举办
2019.7.21	甘肃文化旅游推介会在台湾成功举办

续表

时间	事件
2019.9.12	中国·甘肃文化旅游经贸（日本）推介会成功举办
2019.10.15	甘肃省文化和旅游厅组团赴新加坡参加"美丽中国"亚洲旅游宣传推广活动
2019.10.18	甘肃赴泰国推介文化旅游
2019.10.22	"交响丝路·如意甘肃"走进迪拜
2019.10.23	"交响丝路·如意甘肃"旅游形象绽放狮城
2019.10.23	甘肃文化旅游推介亮相"甘肃—纳瓦拉友好合作交流会"
2019.10.27	"交响丝路·如意甘肃"亮相日本旅游博览会
2019.11.29	敦煌冬春旅游产品推介会在河南郑州举办
2019.12.10	"交响丝路·如意甘肃"文化旅游（吉隆坡）专场推介会成功举办——甘肃文旅赴马来西亚宣传推广活动完美收官
2020.1.19	兰州文化旅游推介会在法国巴黎成功举办

"2019 年甘肃省共接待游客 3.74 亿人次，实现旅游综合收入 2680 亿元，分别同比增长 24% 和 30%，签约重大文旅项目 59 项，开工 35 项，招商落地率近 60%。"[1]甘肃游客数量的增长证明推介活动取得了较好的成果，同时证明推介活动对甘肃地域形象的改善发挥了积极作用。

（3）短视频平台推介

随着互联网的发展，甘肃地域形象的构建逐渐摆脱对纪录片、电视、广告等较为传统的塑造方式的依赖，短视频平台的出现为甘肃地域形象的塑造提供了新的契机。短视频既具有电视媒介方便信息接收和记忆的视、听优势，又克服了电视媒介制作成本高、时间长、门槛高的劣势。短视频具有极强的用户黏度、接地气的叙述方式，一改"宏大叙事"的主题风格，在传播效果上更占优势。比如，截至 2020 年 1 月 5 日，抖音日活跃用户数超过 4 亿[2]，可以说，短视频平台作为强大的流量入口，已然成为甘肃在地域形象塑造中

---

[1] 宋燕、贾哲：《2019 年甘肃省接待游客 3.74 亿人次 实现旅游综合收入 2680 亿元》，每日甘肃网，2020 年 1 月 20 日。

[2] 《抖音发布 2019 年度报告，日活跃用户数超 4 亿》，新华网，2020 年 1 月 7 日。

不可或缺的方式之一。

课题组通过在抖音上搜索发现，目前甘肃官方注册的账号有"兰州发布""每日甘肃""如意甘肃""人民网甘肃频道"，并创建"交响丝路·如意甘肃"话题，吸引网友分享甘肃的风景美食、旅途趣事、民俗文化等内容，现已有1742.7万次播放量。

通过对评论的梳理可见，新媒体短视频平台确实改变了大家对甘肃的印象。以网名为"七里河蟹王阁大闸蟹"的用户为例，该用户于2019年8月5日分享了扎尕那的美景，并配有文字："醉美甘肃，东方小瑞士"。截至2020年1月28日，视频获得12万次点赞、6518次评论互动、5322次转发。评论中，名叫"王嘎嘎呀！"的网友写道："我一个甘肃人，刷新了我对甘肃荒漠戈壁的认识。"网友"金铭瘦了"评论道："原谅我一直觉得大西北特别荒凉，没想到这么美。"网友"随缘"对其回复道："另外一种美，是那种雄浑的美，站在那片大地上，你能豪气顿生，恨不得能上马与人杀个痛快！"还有名为"95年的大叔"的网友评论道："甘肃是全国除了海看不了，其他都可以看到的地方！你说好还是不好？"这一评论成功引起新疆朋友的关心，展开了一场有关"新疆美还是甘肃美"的辩论，共产生评论600多条。可见，通过短视频进行拍摄展示，不仅操作方便，人人可行，制作成本低，并且带有互动性的、个人视角的内容更容易引起关注、产生共鸣，从而达到更佳的传播效果。网友对"交响丝路·如意甘肃"话题的积极参与，借助个人视角展示了不一样的甘肃。

总体来看，政府在改善甘肃地域形象方面做出了较大努力，"交响丝路·如意甘肃"的形象不断走进公众的视野。但是，目前外界对甘肃地域形象认知存在偏差的现象依然存在，并且占据较大比重。究其原因，目前对甘肃地域形象的推介方式总体处于自说自话的状态，在全球范围内缺少吸引力，很难对甘肃的人文历史和地域特征进行完整、准确的概括。如今，在会展经济成为21世纪无烟产业和朝阳产业的大背景下，国家将敦煌文博会的永久会址定在敦煌，借助敦煌文博会的契机，又为甘肃的地域形象塑造与提升增加了新的筹码。

四、"敦煌文博会"品牌推广与甘肃地域形象塑造的关联分析

会展借助平台优势，能够为参与者创造非同凡响的体验，而这种体验对于当地经济、文化、政治等交流大有裨益。一场成功的会展活动不仅可以带

动交通、餐饮、住宿等方面的收入，赢得更多的发展、投资机遇，为组织者带来实实在在的收益，而且可以改变举办地的对外形象。同时，会展的举办除需要政策扶持之外，也需要地域形象的支撑，一个良好的地域形象会为会展活动的举办提供无形但有力的保障。会展活动与地域形象看似没有必然的联系，实则二者是相互促进、相互影响的。敦煌文博会与甘肃地域形象的关系亦是如此。会展活动就像是一个"不冒烟的工厂"，一个完全无公害的绿色产业，具有强大的发展前景和发展效果，因此，会展经济一直深受各个城市的青睐，成为城市谋求发展道路的重要举措。例如一年一度的青岛啤酒节、淄博风筝节等，规模一年比一年大，影响也越来越大。敦煌文博会是伴随着"一带一路"倡议应运而生的新鲜事物，也是甘肃首次承办的如此盛大的文化交流盛会。目前敦煌文博会已经成功举办六届，还处在探索阶段。但是，放眼全国，类似敦煌文博会的会展比比皆是，"文化搭台，经济唱戏"的形式屡见不鲜，已经成为全国各地发展经济、推介当地、改善地域形象的重要形式。

1. "敦煌文博会"品牌：展现与提升甘肃地域形象的良好载体

地域形象的展现需要载体的呈现和准确传达，地域形象要想获得提升更需要重要且积极的事件的有益推动。敦煌文博会作为国际性的文化博览会，每一项活动都具有看点、亮点和宣传点，并且每一项都与甘肃的文化、旅游资源的开发与保护，旅游产业的发展，城市的建设与发展等息息相关，以敦煌文博会作为载体，可对甘肃的地域形象进行集中且全面、客观的展现。

敦煌文博会期间，中央广播电视台、人民网、新华网、《人民日报》、《光明日报》、《经济日报》、《国际商报》、《香港商报》、今日头条、爱奇艺等众多权威媒体及新媒体将焦点对准甘肃，通过一篇篇活灵活现的稿件、一张张生动的图片、一个个简短的会场视频，将甘肃的形象展现在全国人民面前，让甘肃的声音、中国的声音传向千家万户，传向世界各地。人们通过媒体的呈现可以看到今日之甘肃，从而刷新脑海中对甘肃陈旧的印象记忆，形成更加活泼、更具朝气、更有魅力的甘肃形象。

这些都是借助"敦煌文博会"品牌的力量，使甘肃地域形象得到升华的实践。同时，通过敦煌文博会的举办还可以尽情展示甘肃的经济实力，政府的工作能力、办事效率，以及市民的精神风貌等，从而勾勒出一个崭新的甘肃形象。

2. 地域形象: "敦煌文博会"品牌构建与传播的基础和保障

地域形象对一个省份、城市的发展具有极其关键的作用, 是不可估量的无形资产。一个具有良好地域形象的城市不管是对内还是对外都更具凝聚力与号召力, 是众多城市中的"意见领袖", 是大家学习和跟随的榜样。好的地域形象可以更好地吸引"一带一路"沿线国家和省份积极参与, 吸引更多、更优质的赞助商参与, 为整个活动保驾护航。一个优质的地域形象就是对投资商、参与者最权威、最具安全感的保障。

同时, 良好的地域形象可以提升当地居民的生活满意度, 增强对城市的认同感, 从而带动广大人民群众参与到"敦煌文博会"品牌的传播中来, 自觉自愿地做"敦煌文博会"品牌传播的宣传者, 为活动的举办贡献一份力量。

敦煌这座小城是诸多类型文化的交汇和集中之地, 是中国西北的缩影, 是"丝绸之路经济带"倡议落地的关键和先行示范。敦煌坐拥世界文化遗产敦煌莫高窟, 敦煌乐舞是我国文化走向世界的探路者与先驱者, 已经在世界范围内成为甘肃的象征性符号。敦煌特有的文化资源优势一直备受世界各国人民的关注, 敦煌也在加快建设"国际文化旅游名城", 致力于打造"文化圣殿 人类敦煌"的形象。因此, 将敦煌文博会的永久会址定在敦煌, 一方面可以充分利用敦煌文化资源优势及敦煌在世界的良好形象, 塑造"敦煌文博会"品牌, 另一方面也通过敦煌文博会的举办更好地展现敦煌, 更好地展现甘肃, 提升甘肃的地域形象。

可见, "敦煌文博会"品牌与甘肃地域形象具有密切的联系, 敦煌文博会的成功举办离不开地域形象的支持和影响, 地域形象的提升也离不开"敦煌文博会"品牌传播的帮助和促进, 两者相互依赖, 相互扶持。

五、"敦煌文博会"品牌传播对甘肃地域形象的影响

敦煌文博会作为大型会展活动, 其作用已不单单是国内外的文化交流与合作。敦煌文博会期间, 各级媒体带着"长枪短炮"齐聚敦煌、齐聚甘肃, 通过视频、图片、文字等形式传播有关敦煌文博会的信息、有关敦煌的信息, 对甘肃风土人情、文化、城市风貌进行展示, 必定为甘肃地域形象带来影响。因此, 以下借助 CIS 理论框架具体分析"敦煌文博会"品牌传播对甘肃地域形象产生的影响。

CIS(城市特征形象识别系统)理论最初是由 CI(企业识别 Corporate

Identity）理论发展而来。CI 理论最初出现在 20 世纪中叶的美国，20 世纪 60 年代盛行于欧洲、美国等地的企业界。我国学术界一直都有将 CI 理论导入城市形象研究的声音，张鸿雁率先实现了 CI 理论与城市形象研究的有益结合，并提出了具有新含义的 CIS 概念。

所谓 CIS 理论就是应用社会行为、视觉规划等整体识别系统，将城市生产、生活及文化理念与精神传达给城市全体人民，使其对城市产生一致的认同感和价值观，并进一步将这种认同感和价值观通过信息媒介传达给其他城市或地区的整体系统。这个系统在内容上包括城市理念识别（City Mind Identity，简称 CMI）、城市行为识别（City Behavior Identity，简称 CBI）和城市视觉识别（City Visual Identity，简称 CVI）三部分。①

一个良好的城市形象离不开理念识别系统、行为识别系统、视觉识别系统的共同打造。三者相辅相成，共同促进，缺一不可。由此，下文将基于该识别系统，将其作为城市形象变化的判断依据，分析"敦煌文博会"品牌传播对甘肃地域形象的影响。

1. "敦煌文博会"品牌传播对甘肃理念形象的影响

城市理念形象是"城市之魂"，它所展现的是城市的思想和发展战略规划的总称，其主要包含以下要素：整个城市的价值观、城市打造的核心理念、市民的共同目标、城市的主题文化、城市推崇的精神、城市的宣传目标等。城市形象高屋建瓴，是城市行为形象、视觉形象的灯塔，在整个城市特征形象识别系统中占据极其重要的位置。

城市理念的精髓之处就在于，将这座城特有的文化理念从市民的精神深处进行宣传和引导，并在潜移默化中根深蒂固，内化于心、外化于行，从而成为市民日常生活、工作、交友等方面参考的准绳。因此，城市形象理念识别系统的优劣直接影响着城市形象构建的效果，在塑造一个有个性、有活力、有内涵的城市形象的过程当中发挥着举足轻重的作用。

"敦煌文博会"品牌传播对甘肃理念形象的影响是潜移默化的，同时是效果显著的。敦煌文博会作为甘肃发展中的一分子，其品牌理念紧紧围绕甘肃理念形象展开，如"敦煌文博会"品牌的核心在于对丝路文化的展现、传承和创新，并以丝路文化为载体带动"一带一路"沿线国家合作与交流。而"丝路文化"是甘肃理念形象最为宝贵和最为耀眼的财富，是甘肃的文化积淀和精神支撑。"敦煌文博会"品牌对丝路文化的展现也就是对甘肃理念形象的

---

① 江平：《城市品牌形象塑造与传播研究》，武汉大学出版社 2018 年版，第 13~14 页。

展现，通过品牌传播使国内外不同年龄层次、不同职业的人对举办地的理念形象有了一个全新的认识，同时有助于推动甘肃的精神传播，有助于让甘肃的丝路文化传播的范围更加广阔，让市民在传播中获得更多的自豪感和归属感。

为了具体探析"敦煌文博会"品牌传播对甘肃理念形象的影响，课题组通过调查问卷及访谈的形式，从"甘肃精神风貌""社会风气""丝路文化"三个方面着手，根据收集的有效数据进行了分析。

（1）"敦煌文博会"品牌传播对甘肃精神风貌的影响

一座城市的精神风貌状况如何，人们从一踏上这片土地就可以感知。项目组初次抵达敦煌，一出火车站就看到整齐的出租车队伍非常高效而有序地迎接刚出站的乘客，如果乘客手里拎着行李箱，司机师傅会主动下车帮助放到后备厢。课题组就在与出租车司机的简单接触中，对敦煌这座小城留下了"文明"的印象。

访谈对象：出租车司机许师傅

采访时间：2019 年 8 月 27 日晚

采访地点：出租车上

问：师傅，您觉得咱们敦煌举办文博会带来的最大改变是什么？

答：说实话，因为举办这个敦煌文博会，我们敦煌老百姓的精神面貌比以前好太多了，最直接的就是素质提高了，像我们出租车，之前都是一家的，从火车站到市区我们都是讲价的，不打表，打表就感觉不行嘛。现在打表是硬性的，必须要打表。

问：那咱们的精神风貌怎么就突然改变了呢？

答：政府宣传啊。不管是城里，还是县、村子，还有各个单位都会将敦煌文博会是个啥、有多重要给我们讲。听得多了，也就慢慢重视了。再加上，我们敦煌电视台天天播文博会都干了啥，有哪些领导来到敦煌了，我们也就知道严重性了。

问：那您看到这些新闻有啥感觉？

答：自豪啊。我们最希望敦煌能够变好，所以好事大家肯定支持。尤其是文博会期间，我们更要严格要求，展现好的精气神。

敦煌文博会在当地的传播不仅增加了市民的自豪感和荣誉感，而且带动了市民展现好的精神风貌。这种精神风貌的改变也获得了国外嘉宾的认同。

8 月 30 日下午，课题组在敦煌国际酒店对罗马尼亚阿尔巴县议长伊恩·杜米特尔进行了简单的访谈。

> 访谈对象：罗马尼亚阿尔巴县议长伊恩·杜米特尔
>
> 采访时间：2019 年 8 月 30 日下午
>
> 采访地点：敦煌国际酒店
>
> 问：您再次来到甘肃，感觉最大的变化是什么？
>
> 答：每次来中国访问都发现变化非常大，不仅是基础设施、高楼设施的变化，而且能看到人的精神面貌、生活习惯的变化。我们特别感到不可思议的是中国人民是怎么把甘肃这个地区建设得这么好。

在与伊恩·杜米特尔进行交流的过程中，可以感受到他对中国的喜欢、对甘肃变化的欣喜和惊叹。可以说这是"敦煌文博会"品牌为甘肃形象改变带来的千载难逢的机遇。

（2）"敦煌文博会"品牌传播对甘肃城市风气的影响

所谓城市风气就是一城民众形成一种普遍的观念，且这种观念作用于人们的行动之中。城市风气对一个城市形象的影响也是不可估量的。一些负面风气的标签一旦形成，就会有持久的影响力，再想重新塑造就会变得更加复杂。敦煌文博会期间，健康的城市风气尤为重要。"敦煌文博会"品牌传播也对甘肃塑造良好的城市风气起到督促作用。

在本地被调查群众当中，有 55.2% 的人认为甘肃治安很好，40.3% 的人认为甘肃社会治安比较好；外地被调查群众中，28.9% 的人认为治安很好，57.7% 的人认为比较好（见表 7-6）。调查结果与课题组走访感知的情况基本一致。在敦煌文博会期间，甘肃的治安管控十分严格，老百姓也非常遵守秩序，敦煌文博会后，敦煌亦是如此，其主要原因是敦煌市民在意识当中已经将敦煌定位成了"旅游名城"，个人的自我约束意识很强。

表 7-6　甘肃社会治安情况调查

评价	本地群众（次数）	百分比 /%	外地群众（次数）	百分比 /%
很好	37	55.2	28	28.9
比较好	27	40.3	56	57.7
一般	3	4.5	13	13.4
不太好	0	0.0	0	0.0
很不好	0	0.0	0	0.0

（3）"敦煌文博会"品牌传播对甘肃丝路文化的影响

敦煌文博会是以丝路文化为核心的盛会，"敦煌文博会"品牌系列活动均围绕丝路文化展开。如"创意丝路·敦煌国际设计周"大赛征集有关丝路文化、敦煌文化元素的作品；"敦煌绝色之夜"将敦煌壁画中的色彩和服饰进行复原，通过模特向国内外嘉宾进行集中展示；各国政要一同观看《丝路花雨》《敦煌盛典》等作品；敦煌国际会展中心展厅专设丝路文化文创产品展。

"敦煌文博会"品牌的系列活动都在无形之中扩大了甘肃丝路文化在国内外的知名度，而且进一步促进了当地居民对甘肃丝路文化的认识。敦煌二中的校长 DM 在访谈中提到，因为敦煌文博会的召开，电视上每天都在播放这些内容，学生对丝路文化的了解越来越多，而且对丝路文化的兴趣越来越浓厚。敦煌文博会闭幕式结束以后，敦煌市民可以在指定时间进行参观，市民在耳濡目染之中，消化吸收甘肃的丝路文化，转化成内在的气质。因此，以丝路文化为核心的"敦煌文博会"品牌传播对甘肃的影响是深远、厚重的，增强了甘肃人民的文化自信。

2. "敦煌文博会"品牌传播对甘肃行为形象塑造的影响

城市形象的行为识别是"城市之行"。我国自古就强调行动、实践的重要性，如"纸上得来终觉浅，觉知此事要躬行"。既然强调要"做"，必然伴随着各种行为的发生，那么城市中多样的社会群体组成的行为就浓缩成一个城市的行为，城市行为是展现城市形象的动态媒介。城市形象的行为识别主要包括：对内制定有关的法律、法规、制度、规范，引导市民、企业、学校、医院、媒体等行为；对外主要是通过举行文化、科技、艺术、体育、公益等活动，将已经确定的城市理念通过行为的方式传播出去。

"敦煌文博会"品牌传播是对甘肃行为形象展示的绝佳平台。以下将从"市民行为""企业行为"及"政府行为"三个方面，具体探究"敦煌文博会"品牌传播对甘肃行为形象的影响。

（1）"敦煌文博会"品牌传播对甘肃市民行为的影响

在"敦煌文博会"品牌传播过程中，市民是必不可少的传播主体。除敦煌市民的人际传播、自媒体传播以外，市民自身也是非常重要的传播源。市民的言谈举止都会影响到"敦煌文博会"品牌传播的效果。为此，敦煌文博会期间，敦煌市各事业单位都会派人在指定路口站岗，监督市民的行为。同时，敦煌市政府各级单位对敦煌市民进行有针对性的宣传，引导市民讲文明、懂礼貌，共创文明敦煌。多种监督形式齐头并进，使得市民的文明素质获得极大的提升。

当然，课题组在对市民进行访谈的过程中也发现了一些不足。敦煌文博会期间，为保证敦煌文博会的顺利进行，开设了敦煌文博会专用通道，禁止普通市民通行，这种情况就影响了农户对外销售葡萄，影响了部分单位员工上下班，群众心存不满情绪，严重时还会与警察发生摩擦和冲突。如果此类事件处理不当，不仅不利于"敦煌文博会"品牌的传播及甘肃地域形象的提升，甚至会带来负面的影响。再加上群众认为"敦煌文博会"品牌"不落地"，没有将丝路文化放回群众中间，群众也没有途径和机会参与到"敦煌文博会"品牌的构建过程当中，参与感及归属感较差，在"敦煌文博会"品牌传播过程中主动参与的积极性也比较低，群众的传播优势没有得到充分发挥。因此，在今后的品牌宣传过程中应该充分意识到老百姓在品牌传播中的重要性，通过满足群众正常参与需要及正常出行需要等方式，培养群众与敦煌文博会之间的感情，培养群众在"敦煌文博会"品牌传播过程中的主人翁意识，加强对品牌的认同，从而自觉约束自身行为，争做"敦煌文博会"品牌的传播者。

（2）"敦煌文博会"品牌传播对城市企业行为的影响

企业是一座城市的经济载体，更是一座城市成功举办一场活动的坚实后盾。敦煌文博会的成功举办需要企业的资金援助，同时企业也需要敦煌文博会这个国际舞台展示自己的形象。中国银行甘肃分行是敦煌文博会的资金支持企业，自首届起连续参加文博会。课题组在敦煌国际会展中心看到中国银行的展位，特地前去与工作人员进行了简短的交流。

采访对象：中国银行甘肃分行工作人员

采访时间：2019 年 8 月 31 日

采访地点：敦煌国际会展中心中国银行展位

问：你们只是在这里搭台子吗，还有没有其他的活动呀？

答：我们只是进行一个展示。

问：您觉得咱们中国银行在这宣传效果怎么样？

答：应该是不错的。敦煌文博会期间与会嘉宾非常隆重，既有各国政要出席、我国各个省份领导参加，还有参展商及游客参与，我们就是借助敦煌文博会这个平台的传播优势，对中国银行进行一个影响力的宣传。

问：咱们中国银行甘肃分行是文博会的投资者是吧。

答：是的。敦煌文博会期间，中国银行都会在酒店驻很多带队点，做一些外宾的对话工作。

问：敦煌文博会对敦煌来说是一个很大的契机，我们中行的积极参与也是互惠互利的事情。那文博会对你们的效益及影响力各个方面有没有很明显的促进？

答：品牌宣传是一个潜移默化的过程。从基层来说变化并不是很明显，但是对于我们的高层领导来说可能变化更多一点。我们最大的感受就是我们中行在文博会期间更加注重工作人员的仪表仪态。我们会进行专业的国际礼仪及英语培训，以便拿出最好的状态展现给观展的领导和游客。

企业与敦煌文博会的联姻是一个一箭双雕的好策略，企业可以通过敦煌文博会这个国际平台展示自身企业品牌的形象，从而扩大企业品牌的知名度，获得更多的商业机会。同时，人们也可以透过企业员工的仪表仪态、企业的社会责任与担当等方面，更好地了解一座城市。"敦煌文博会"品牌传播与企业的行为形象是一个相互成就的关系。

（3）"敦煌文博会"品牌传播对甘肃政府行为的影响

敦煌文博会是政府主导型的会展，甘肃省政府亲力亲为。敦煌文博会整个活动的顺利召开需要大半年的准备时间，涉及国内外参会嘉宾名单的确定，名单确定后的邀请，领导人、参会嘉宾的会议行程安排，参展内容的品类及展馆的布置，整个活动期间的安保问题、交通问题，活动期间的食品安全问题等，都需要政府一一去协调处理。除此之外，甘肃省政府也是"敦煌文博会"品牌传播的主体，并且起着统揽全局的作用。因此，甘肃省政府要想塑造一个较好的品牌形象，既需要在自身办事效率、决策能力、执政能力、沟通能力等方面下功夫，将文博会的统筹工作做到位，又需要增强宣传推介意识，通过大众传播媒介及自媒体等形式宣传"敦煌文博会"品牌。

课题组也对敦煌文博会中甘肃政府行为的满意度情况进行了调研，结果如表7-7。在本地受访者中，有28.4%的人对甘肃政府的行为形象进行了充分的肯定，41.8%的人认为比较好，25.4%的人认为一般，还有1人认为很不好。究其原因，关键还在于政府在打造敦煌文博会的过程中忽视群众，让群众参与感和归属感缺失，也因为敦煌文博会召开给当地居民带来了诸多不便。今后，甘肃省政府应该更重视老百姓的感受，注重老百姓对"敦煌文博会"品牌的塑造。在外地受访者中，22.7%的人认为甘肃政府行为形象很好，各有37.1%的人认为甘肃政府行为形象比较好和一般，还有3.1%的人认为甘肃政府行为形象不太好。外地对甘肃政府行为形象的评价并不很高，这一方面是因为外地受访者中参展商占较大比重，其在参与敦煌文博会的过程中存在着心理落差。敦煌文博会相较于深圳等地的文博会，在会展规模及人流量上都相对弱势，这也是参展商最希望政府改进的地方。另一方面，"敦煌文博会"品牌的对外传播整体效果一般，外地受访者对敦煌文博会的筹备及政府的所作所为没有很深入的了解，甚至仅仅根据"敦煌文博会"品牌在他们当地的知名度判断政府行为的优劣。因此，甘肃省政府在今后的工作中要不断提高办展水准，做好引流工作，同时要加大"敦煌文博会"品牌的宣传力度。

表7-7 甘肃政府行为形象的评价

评价	本地受访者（次数）	百分比/%	外地受访者（次数）	百分比/%
很好	19	28.4	22	22.7
比较好	28	41.8	36	37.1
一般	17	25.4	36	37.1
不太好	2	3.0	3	3.1
很不好	1	1.5	0	0

3. "敦煌文博会"品牌传播对甘肃视觉形象的影响

城市形象的视觉识别是"城市之眼"。视觉识别建立在整个城市形象外部表征之上，它不仅能够展示城市的外在直观形象，也可以塑造城市的精神内涵、气质与风格。[1]换言之，城市形象的视觉识别是城市的一种直观的展示，是人们通过肉眼可见的方式对这座城市留下的视觉感受。这种感受可能来自城市可识别的建筑物的设计风格与特点、地形地貌、旅游景点、绿化、道路规划、色彩搭配、地铁站设计、人流等，这种感受也可能来自有关这座城的文字描述、图片展示、宣传口号、广告等元素。城市视觉形象简单地概括就是指由人的视觉感知，进而反馈到大脑，最终得出一个与城市所匹配的认知。[2]

以下将从甘肃基础设施、甘肃环境、甘肃标志性事物几个方面进行探究，通过问卷和访谈的形式了解"敦煌文博会"品牌传播对甘肃视觉形象的具体影响。

[1] 李嵩：《基于CIS原理的城市居住空间可识别性研究》，硕士学位论文，哈尔滨工业大学，2008年。
[2] 王豪：《城市形象概论》，湖南美术出版社2008年版，第21页。

（1）"敦煌文博会"品牌传播对甘肃基础设施的影响

城市的基础设施就像城市的心脏，基础设施完备，整座城市才能干净、整洁、有序。敦煌文博会的召开是对城市设施的考验，不管是城市道路还是车辆、酒店、卫生间等，都需要做到尽善尽美，只有这样才能给来宾留下良好的印象。

课题组在调查问卷中设置了问题"您觉得甘肃因为敦煌文博会的举办哪些方面变好了？"设计"环境""市容市貌""服务（景点）""基础设施（公厕/交通/景点设施等）"4个选项，在67位本地受访者中有51人选择了"基础设施（公厕/交通/景点设施等）"这个选项，占总调查人数的76.1%，超过半数以上。在97位外地受访者中，有88位选择了"基础设施（公厕/交通/景点设施等）"这个选项，占总调查人数的91%。这个比重足够说明敦煌文博会的举办确实给甘肃的基础设施建设带来了改变，这是市民和游客的共同感受。

课题组在田野调查的过程中发现，因为敦煌文博会的召开，敦煌市的基础设施建设大大加快了，最为直接的改变就是"兰州—敦煌"的动车开通、敦煌机场开设T3航站楼、开通国际专线等，交通设施的改变是本地人和外地人感受得最为直接的变化。尤其是外地人，他们来敦煌可选择的交通工具更多了，旅途所用时间也在逐渐缩短。我们经常说"要想富先修路"，人们之前之所以认为甘肃贫穷，很大一部分原因是道路封闭，沟通不畅。因此，基础设施的改变将对改善甘肃对外形象大有裨益。敦煌市宣传处处长也在访谈中提到，因为敦煌文博会的举办，敦煌的基础设施变化特别大，包括场馆、飞机场、高铁。更重要的是，敦煌大剧院修好以后，条件好了，《丝路花雨》也回到了娘家，吸引众多的游客前来观看，为敦煌带来了更多的发展机遇，同时在不断提升敦煌的形象。（访谈编号GZ09）

课题组通过检索得知，有关敦煌文博会与基础设施建设的报道是首届敦煌文博会进行品牌传播的重点报道领域，甘肃省对敦煌基础设施的筹备建设备受媒体关注。经粗略统计，新华网、每日甘肃网、金泉网、中国网、中国工会网等在2016年发布的对敦煌文博会相关基础设施建设进程的报道300余篇，均体现出一个核心主题：敦煌的基础设施创下敦煌速度。可见，敦煌文博会的召开不仅改善了甘肃的基础设施，"敦煌文博会"品牌传播也将甘肃现有的基础设施现状借助镜头、报道等形式传播了出去，让更多人了解了甘肃的新形象、新状态，向中国乃至世界各地的人们展现了甘肃的新变化。

（2）"敦煌文博会"品牌传播对甘肃环境的影响

为举办敦煌文博会，敦煌市调动其他县市力量对整个敦煌市的植被进行了重新绿化，并且在全市范围内开展、推进"全域无垃圾"工作，这些均使甘肃的环境发生很大的改变，在敦煌市更是产生了质的飞跃。陕西省政协代表也在访谈中提到："我有十几年没有来了，而且这次我对敦煌的印象特别好，我觉得敦煌整个环境特别干净、整洁，市民的精神状态也特别好。习近平总书记刚从这里视察工作，这也是对敦煌、对甘肃工作的一个肯定，而且对今后的发展也具有鞭策作用。"（访谈编号 GS09）

甘肃的环境也因为"敦煌文博会"品牌传播而得到了更多的曝光机会，获得更多的知名度。例如，在"敦煌文博会"品牌传播的众多渠道当中，现场直播是一种非常重要的形式。第三届敦煌文博会期间，央视新闻对其进行了长达一个多小时的直播，并且对敦煌国际会展中心的环境、鸣沙山进行了长达 5 分钟的展示；第四届敦煌文博会开幕式期间，微博用户 @甘肃发布等对敦煌文博会在甘南当周草原的开幕情况进行了高清直播，其间对甘南的草原风光、民族风情进行了清晰的传递，这无疑对甘肃的环境完善具有重要的影响。

（3）"敦煌文博会"品牌传播对甘肃标志性事物的影响

城市形象无论通过哪种途径进行视觉的渲染和推广，其最终的目的都是希望城市标志性建筑物和历史人物的名气带动城市的品牌效应。[1]甘肃可以借助举办敦煌文博会的契机对甘肃的形象进行宣传，借助媒体的传播效应，让敦煌文博会品牌与甘肃的标志性建筑物及历史人物巧妙结合，达到既推广"敦煌文博会"品牌、又提升甘肃地域形象的效果。

2016 年甘肃为敦煌文博会专门制作了品牌宣传片《敦煌》。宣传片将莫高窟、鸣沙山、月牙泉、敦煌壁画等甘肃敦煌最具典型性的标志性事物纳入其中，并将这些标志性事物拉回到两千多年前，再现了古丝绸之路的景象。整个宣传片无论对色彩还是对音乐的使用，都为敦煌增加了一层神秘感，同时加深了人们对敦煌标志性事物的历史重要性的理解。《敦煌》宣传片在敦煌开幕式上播放，面对各国媒体代表进行了集中的宣传，使甘肃的标志性事物的影响力超越了国界。同时，《敦煌》宣传片也在酒泉电视台、敦煌电视台及网络上进行投放，增进了当地群众及我国广大网友对敦煌标志性事物的认知。

---

① 张棉军：《城市马拉松赛对城市形象的影响研究——以南昌国际马拉松赛为例》，硕士学位论文，华中师范大学，2018 年。

六、"敦煌文博会"品牌活动在甘肃地域形象传播中的不足

会展业可以促进经济发展，促进文化交流，展示地域形象，已经成为各地发展文化产业的重要考虑因素。"会展业发展的一个重要趋势是品牌展会所占市场份额越来越大。在行业竞争日趋激烈的背景下，会展品牌化已成为会展企业获得竞争优势，实现可持续发展的基础。"[①]近年来，国内会展经济蓬勃发展，会展形式与内容也各有千秋。但是，真正能够拥有良好的口碑、形成独特风格和品位的会展品牌并不多，大多数会展品牌的辐射度和影响力仅仅局限在举办地所在城市或某一地域之内。"敦煌文博会"品牌活动在传播甘肃地域形象方面同样存在着影响力小、地域局限和碎片化呈现等一系列问题。

第一，品牌建构主体单一，内外联结、上下互动明显不足，造成民众对甘肃地域形象斑驳错杂的认知。

敦煌文博会是典型的政府主导型会展活动。虽然敦煌文博会也有会展公司参与和民间资本加入，但是从整体看，"敦煌文博会"品牌构建的主体仍然比较单一，展会的主办方、承办方及协办方等主要组织仍然以政府及相关部门为主，政府往往同时充当了管理者、组织者、经营者和裁判者的角色。[②]由于专业素养、思维惯性及工作环境等因素的影响，品牌在塑造、宣传、管理与维护等诸多方面仍然限于传统媒体时代品牌构建的思维模式，新技术应用、传播渠道、互动交流、资源整合、受众发动等方面创新不够，品牌拓展与传播明显不足，由此造成公众对甘肃形象存在一种比较错杂的认知。

"市民是一个城市中最广泛、最具代表性的群体，是城市的一个最重要的主体。"[③]一场活动的成功举办离不开市民的积极响应和广泛参与，"敦煌文博会"品牌的塑造与传播同样离不开市民的作用。笔者在调查中了解到，敦煌市民虽然人人知晓敦煌文博会，但是由于参与度低、归属感差，对敦煌文博会实际的了解较少，自发宣传力度小。市民的作用没有被充分调动起来，敦煌文博会与市民之间没有形成品牌推介的"大合唱"。"如何让这些古老而又美好的东西发挥当代价值。这些方面我们还有很多的事情可以做，这是一个任重道远的事情。"[④]传统文化就在百姓中间，生命力、影响力也在老百

---

① 郝婷婷：《基于地域文化特点的曲江会展品牌营销研究》，硕士学位论文，西安电子科技大学，2014年。
② 刘绍庭编著：《公共关系战略与策划》，华东师范大学出版社2014年版，第198页。
③ 秦启文、周永康：《形象学导论》，社会科学文献出版社2004年版，第377页。
④ 2019年"敦煌文博会"闭幕式上，课题组对中国社会科学院民族文学研究所所长朝戈金的现场访谈。

姓中间。既然敦煌文博会要宣传当地的传统文化、当地的新成就,就应该更加接地气,让更多的老百姓参与其中。只有把老百姓的力量调动起来,发挥他们的主动性与创造性,让他们成为"敦煌文博会"品牌的宣传员与推广者,成为地域形象的展示者与传播者,"敦煌文博会"品牌构建与传播、甘肃地域形象的塑造与呈现才会具有强大且持久的生命力和影响力。

第二,人才紧缺,品牌传播专业性和特色明显不足,这影响了大众对甘肃关注的深度、高度与持久度。

敦煌文博会会展设计与组织、品牌塑造与推广人员大多是"半路出家",缺乏会展品牌经营与管理的专业人才和地域形象塑造与推广的行家里手。他们本身对"敦煌文博会"品牌价值的认知不够系统和全面,对甘肃历史与现实、丝路文化内涵与价值没有系统的认知和深入研究,对移动传播时代的用户需求与传受方式、会展业发展的新态势、5G时代品牌传播的新理念、地域形象推广的诉求和手段了解不多,运用乏力。

在第四届敦煌文博会期间,敦煌市对外推介的重点仍然是氛围营造、接待媒体、文艺演出、主题旅游、在地服务等常规性活动,明显存在形式老套、方法单一、手段落后等问题,品牌与形象推介仍然停留在传统媒体时代的窠臼之中。由此造成品牌识别系统没有有效凸显地域文化个性和典型符号,品牌内涵没有有机容纳、彰显地域特色,品牌理念系统没有充分体现甘肃的厚重历史文化与时代风貌,品牌行为系统缺乏世界眼光和开放气度,没有打通域内、域外两个市场,没有充分利用融媒体传播的新平台。"现在做得不太好的地方就要请厉害的公关公司来策划,我们的队伍中缺乏公共关系与会展品牌推介方面的人才。"[①] 根本原因还是我们的思维缺乏更新,没有意识到专业人才与团队对于品牌塑造与地域形象推广的重要性,没有跳出政府主导的传统经营范式。

第三,品牌活动不够丰富,展会风格区分度较差,吸引力不强,形象推介诉求与实际效果存在明显落差。

所谓品牌活动就是会展的组办方在会展期间及非会展期间推出的系列线上或线下活动的统称。"敦煌文博会"品牌的构建与传播要想获得较好的成绩,离不开一系列精品活动对民众注意力的吸引。敦煌文博会期间的品牌活动主要集中在各种论坛、圆桌会议、"美食节"、演出、纪录片放映及文创展品、书法、绘画艺术等方面的展览上。但这些活动形式较为传统,特色品牌活动少,有冲击力的线上活动比较欠缺,缺乏吸引力和影响力。会展策划、设计和推

---

① 对甘肃省外事办的访谈(2019年8月31日)。

广对社交平台等新的媒介渠道运用不充分。展品多是静态摆放，无法突出其灵动美感、历史深度和文化内涵。文创产品的设计虽然种类丰富，但形式老套，缺乏新意，没有很好地挖掘其 IP 价值，用户体验和市场推广性较差。同时，展厅设计的连贯性和区分度存在明显问题，不能达到集群效应。因此，很难满足商家持久参与、民众热切介入的需要，活动对游客和媒体的吸引力明显不足。在注意力成为"奢侈品"的时代，不能有效吸引民众的关注，想要扩大地域形象认知无异于"伐根以求木茂，塞源而欲流长"。

第四，品牌传播缺乏整合营销理念，地域形象塑造推广无法深入持久。

整合营销传播需要确认并执行一份完整的传播与营销规划。这个规划应该评估不同的传播技能，如广告、直复营销、促销活动与公共关系在策略中所扮演的角色，并将之整合，提供清晰一致的信息，以符合最大的传播效益。[①]全美广告业协会对整合营销传播定义的精髓就在于更加注重过程整合，强调"对谁传播""传播什么""怎么传播""在何时、何地传播"及"如何使传播更为有效"等一系列问题。

从前四届文博会来看，报道敦煌文博会的媒体阵容是非常强大的，有中央级媒体，如《人民日报》、新华社、中央人民广播电台、中央电视台等，有省市级媒体，如《甘肃日报》、甘肃电视台、甘肃广播电视总台及敦煌市当地的媒体。还有许多有影响力的新媒体，如今日头条、新浪、一点资讯、搜狐、网易、凤凰网等，微博网站和客户端也开设了有关敦煌文博会的专题，进行视频等内容的转播。但是，这样的豪华推介阵容为什么没有取得预期的效果？根本原因在于传播内容过于分散，没有系统规划，缺乏整合营销传播的观念和策略。

在敦煌文博会传播过程中，虽然新媒体与传统媒体这两种主要的形式都有所涉及，但总体来看传统媒体对敦煌文博会的报道占绝对优势，新媒体虽然有所采用，但是平台流量优势的挖掘有所欠缺。我们需要认识到，整合营销传播强调各种媒体在传播过程中的一致性，中央级媒体对敦煌文博会的报道有助于增加国内外对甘肃的关注度，但是内容同质化严重，多为转发性稿件，同时报道的内容和角度较单一，阅读量低，实际影响较小。移动媒体日益成为年轻人普遍接触的平台，短视频在品牌营销中的力量也不容小觑，这些都在文博会的传播中得到了应用。但是，品牌塑造、地域形象推广是一个复杂的系统工程，没有整合营销理念的支撑，对于用户来说，最后推送的都是"易碎品"。

---

① 江平：《城市品牌形象塑造与传播研究》，武汉大学出版社 2018 年版，第 128~129 页。

七、对"敦煌文博会"品牌活动在再造和传播甘肃地域形象方面的思考

作为甘肃的一项品牌文化活动，敦煌文博会的举办从一开始就与甘肃的地域形象紧紧捆绑在一起，成为塑造和提升甘肃地域形象的最佳方式。良好的地域形象可以吸引更多重要会展的举办，同时优秀的会展也有助于提升甘肃的地域形象。针对"敦煌文博会"品牌推介中存在的问题，本书提出以下针对性策略。

1. 凸显丝路文化主题，精选品牌符号，张扬地域特质

文化并不是塑造品牌成功的唯一要素，却是塑造强势品牌和品牌持续发展的必要条件。作为丝路文化资源大省，甘肃为敦煌文博会提供了极为丰厚的特色文化资源，但敦煌文博会如何更好地、系统性地注入丝路文化，提升品牌影响力，这成为当下这一品牌发展过程中必须要解决的问题。敦煌是古代丝路文化浓缩精华之地，是现代连接欧亚大陆的战略通道和沟通西北、西南的交通枢纽。由于地理位置的战略价值突出，甘肃历来就是我国向西进行贸易和文化交流的要塞。

因此，"敦煌文博会"品牌要做大做强，在国内外众多的文化产业博览会中脱颖而出，就必须在品牌定位、品牌塑造、品牌理念中注重贯穿丝路文化主题，在品牌设计中组合那些能够代表甘肃几千年历史、多元化文化和多民族风俗的符号，并将它打造成甘肃这一华夏文明高地的代名词和文化标识。以此去开发一系列具有特色文化内涵、现代科技含量和现代人文气息的文创产品、文艺精品和旅游名品，提升文化论坛的文化含量，将敦煌文博会打造成国际化、高端化、学术化的世界知名的多元文化交流品牌。

2. 转变思路，充分发挥民间力量，联动塑造优质品牌，呈现甘肃新形象

古今中外任何形式的文化都离不开人民的参与，文化只有与人民群众的日常生产生活相融合，才能焕发持久的生机与活力。要激活古丝绸之路的当代价值，充分发挥丝路文化的现代作用，如果失去人民这个社会根基，就无法实现。"敦煌文博会"品牌的塑造与传播，甘肃地域形象的更新与拓展，需要从"人"上下功夫，从思想的高度认识到人民群众的作用和价值。由"官本位"向"民本位"转变，充分发挥群众的作用和优势，形成全市乃至全省的合力，共同推进"敦煌文博会"品牌打造工程，并以此提升甘肃地域形象。

首先,充分发挥社区等基层单位的组织优势。激发民间工艺、民间习俗的创新活力,鼓励民众以自行组织的舞蹈、合唱、书画等民间习俗形式在公共区域进行表演,展示甘肃文化风貌。让民众自觉自愿地加入敦煌文博会的氛围营造之中,成为展示和宣传敦煌文博会、宣传甘肃的重要一分子。将甘肃的形象以民俗表演形式展现给游客,让群众从中收获属于自己的满足和快乐,让群众能够真真切切地体会到融入感和成就感,

其次,古老的敦煌文化有许多文化元素深深根植在民间,敦煌文博会应加快盘活民间活力,将民间力量融入"敦煌文博会"品牌建设中。在展会期间,将娱乐、餐饮、酒店、交通等民间力量调动起来,形成主题餐厅、主题酒店、主题公园、主题文化品牌演出等,形成不一样的居住体验、饮食体验、旅行体验和文化体验。充分发挥专家智库等本省人才优势,按照华夏文明传承创新区建设所规划的"一带三区十三个板块",形成序列完整、特色鲜明、风格多样的主题展馆,增强地域文化体验。以此全方位、有层次地展示丝路文化和甘肃文化大省形象。

3. 加大引智工作力度,借用专业会展和公关机构的智慧与力量

让专业的人做专业的事往往会产生事半功倍的效果。文化会展业的运行机制现有多种比较成熟的模式,会展业百年的探索实践证明较好的模式是:政府引导,企业(市场)运作。敦煌文博会也基本采用了这一模式。但是政府主导不是政府包打天下,品牌的力量在于市场的认知与商业化的运作,这一切都必须依赖既精通地域文化又精熟市场运作、既具有国际视野又熟悉媒介传播规律的专业人才与团队,而这方面的人才严重短缺是"敦煌文博会"品牌做强、做大、做优的短板。敦煌文博会作为国际性的文化博览会,需要坚持政府主导与市场运作双管齐下的运作模式,坚持自主培养与人才借用有机结合。

4. 变"独揽"为"合作",充分利用区域资源,建设文化产业链,在共享中凸显甘肃形象

敦煌文博会的举办让民众知道了甘肃不止有敦煌文化,还有张掖、嘉峪关、平凉、庆阳等极具特色的地域文化,还有同处丝路地带的三秦文化、河湟文化、塞上文化、草原文化、民族文化及多姿多彩的中亚文化。敦煌文博会为世界性的盛会,要避免单打独斗,要开放合作,在开放中展示与传播甘肃形象,在合作中提升敦煌文博会的品牌价值。

因此，应该充分发挥"共商、共建、共享"思想，让国内丝绸之路沿线的各种特色文化都能在敦煌文博会的舞台上同台演出。"今天越来越是一个合作共赢的时代，这个也不是把事全部推到当地的肩膀上，让他们来一肩担起所有事，但是一个开放的思维、更灵活的合作机制我觉得是应该考虑的，对于推动工作具有很大的帮助。"[①] "2019年敦煌文博会开幕式在甘南，邀请了新疆的、云南的、四川的各种演艺团体过来，这是一个新的尝试。我们也是在不断的摸索和总结，这两年在不断地改进。"[②] 在"敦煌文博会"品牌带动之下，只有集成全省各地资源，汇聚丝路多方力量，激发丝路沿线各省区的参与热情，"敦煌文博会"品牌传播才能够在"一带一路"沿线各省之间更好地落地开花，让"合作"创造更加辉煌的成绩。陕西省政协代表在接受访谈时也提出："你们敦煌文博会办得很好，组织各方面也很好。但是我觉得你们在邀请的时候，像我完全可以带一个地方媒体过来，我们这些人来开会作用就不大，媒体顶多出一篇参会情况的稿件。如果我们带当地媒体记者就不一样了，这样就可以展开系列宣传了。"[③] 今后，敦煌文博会可以举起文化会展大旗，加强国际、省际与市际合作和交流，集约资源，扩大影响，百花齐放。

同时，敦煌文博会应该进一步促进文化与旅游的深度融合，积极与周边的旅游资源和旅游接待设施有机对接，以"敦煌文博会"品牌效应，深度开发文化旅游资源，做长旅游产业链，做强旅游文化产业群。比如，从陕西兵马俑、黄帝陵，到庆阳北石窟、周祖陵，平凉崆峒山、天水麦积山、炳灵寺，张掖丹霞地貌，武威文庙嘉峪关长城，敦煌莫高窟、鸣沙山，到青海塔尔寺、青海湖等自然人文景观旅游，从陕西杨陵的现代农业体验游到河西走廊的风电与光伏发电、酒泉卫星发射中心的现代科技体验游等。另外，各省通力合作，可以充分利用线上传播技术与资源，开发线上直通敦煌文博会的虚拟产品，更好地诠释"一会一节"的主题，更好地诠释文化与旅游融合的价值和意义，并且有效解决敦煌文博会会馆游客过少、参展商对人流量需求等问题。只有敦煌国际会展中心的人多起来了，了解和传播敦煌文博会的人多起来了，以后有关敦煌文博会的声音才会响亮起来，那么甘肃的新形象才会由此被传播出去。

---

① 2019年7月30日，中国社会科学院民族文学研究所所长朝戈金在敦煌文博会现场回答甘肃省广播电视总台记者提问。

② 对甘肃省外事办朱玉明的访谈（2019年8月31日）。

③ 对陕西省政协参会人员的访谈（2019年8月30日）。

5. 整合营销传播，充分利用新媒体移动传播的优点，开发受年轻人喜爱的产品和服务，扩大敦煌文博会在年轻人中的影响

目前，有关敦煌文博会的宣传全部集中在敦煌文博会召开的一个月里，其他 11 个月有关敦煌文博会的宣传内容较少，存在着宣传不连续、宣传视野狭窄、方法落后、思维陈旧、不成体系等问题。这样既不利于"敦煌文博会"品牌的宣传推广，也降低了"敦煌文博会"品牌对甘肃地域形象提升的关联效应。

因此，在移动传播时代，用户的注意力在哪里，我们的宣传就要跟到那里。敦煌文博会要想具有极强的影响力，并通过"敦煌文博会"品牌传播达到提升甘肃地域形象的目标，就需要在整合营销传播的思维下，充分发挥新媒体的优势，瞄准年轻群体，制定统一规划，明确宣传主线，围绕主线搭建不同的辅线与支线以配合宣传。不仅可以从内容上进行信息的集中和整合，而且在时间上要拉长敦煌文博会的宣传战线，从而拓宽敦煌文博会信息的受众面，对敦煌文博会筹备期间、举办期间及总结期间的内容进行持续不断的呈现和输出。

首先，敦煌文博会的主办方应该充分意识到新媒体的重要性，更要灵活地掌握新媒体的使用技能和方法。开设社交平台账号进行集中的宣传和展示，并设专门的人员进行账号的维护和发布工作，保证账号内容风格的一致性。敦煌文博会期间，可以将与会嘉宾的精彩展演活动及其对敦煌文博会的看法通过新媒体平台进行互动传播，利用与会人员"口碑传播"的优势，对敦煌文博会进行立体式宣传。

其次，传统媒体在敦煌文博会的传播过程中作用不可忽视。中央电视台、《人民日报》、人民网等中央级媒体的报道在宣传敦煌文博会及提升甘肃地域形象方面非常容易得到大家的认可。因此，在敦煌文博会的传播中，应该充分发挥新媒体与传统媒体的组合优势，强强联手，更好地展示敦煌文博会，才能更好地传播甘肃的地域形象。

最后，有关敦煌文博会的传播应该注重内容品质和多元性选择，要体现地域特色。敦煌文博会会址在具有深厚底蕴的甘肃敦煌，因此，对当地传统文化的挖掘是重中之重。敦煌文博会的会馆应该借助多样的、灵动的、俏美的丝路文化元素活跃场馆设计，增添活动氛围，并借助新媒体的力量将其宣传出去，塑造成为年轻人打卡的目的地。

总之，"敦煌文博会"品牌塑造与推广是一个具有深远意义的长期工程，甘肃地域形象提升与推广也是一个十分复杂的系统工程,只有二者相互依托、相得益彰,才能将甘肃打造成丝路文化传播的新通道、华夏文明传承的新窗口。

第五节 "敦煌文博会"品牌与"杭州文博会"品牌传播效果对比分析

品牌传播的目的是使传播效果最大化。[①]因此,会展的主办方进行品牌造势,要利用各种媒介形态进行宣传营销。敦煌文博会和杭州文博会是目前国内较为典型的文化博览会,其会展性质均为政府主导型会展,但运营目标和方向等方面差异比较明显。此处将"敦煌文博会"品牌与"杭州文博会"品牌的传播效果进行对比,总结得失,希望能进一步为"敦煌文博会"品牌塑造与推广提供借鉴。

一、官网传播效果的对比分析

以官网为例,截至2020年1月9日,敦煌文博会的官网分为"首页""一会一节""交响丝路·如意甘肃""文旅矩阵""服务信息""甘肃文博局"六个模块;杭州文博会的官网分为"首页""会展信息""文博论坛""展商中心""观众中心""往届回顾""合作伙伴""联系我们"八个模块。对比来看,敦煌文博会的文化氛围明显更浓郁,视觉效果更好,但杭州文博会的信息传达更全面、效果更好。在历届文博会信息方面,敦煌文博会第一届、第二届只有简短的新闻稿件,第三届则出现了展品的介绍、展馆布局的日程安排,较前两届有明显进步。杭州文博会的历届文博会信息则以时间线的方式简洁地呈现了参展商数量、观展人数和交易金额,杭州文博会已举办十三届,观展人数和交易金额都在稳步上升。从展会宣传的诉求来看,同是政府主导型的文化博览会,敦煌文博会官网重在文化传播,杭州文博会则更注重相关信息的传递效率。

---

① 刘强:《论品牌传播效果》,《现代营销》2011年第5期。

敦煌文博会的嘉宾名单在官网无从查阅，在课题组拿到的文博会活动指南当中，参加论坛者以学者为多数，与会嘉宾以政府官员为主。而杭州文博会官网显示的嘉宾名单中，多是商界精英和著名作家、编辑。根据论坛受众人群的不同判断，杭州文博会更重应用和影响力，敦煌文博会重政治宣传，品牌形象塑造的立体感不强。对此，陕西省政协委员称："还是要培养外宣氛围，我们来都是可以带媒体过来的，但是敦煌文博会没有邀请。传播环境已经跟以前不一样了，如果宣传能够做'活'，这个文博会就更成功了。"（访谈编号 JB01）

二、新媒体传播效果对比分析

从新媒体传播来看，敦煌文博会微信公众号持续推送甘肃文化、特色民风民俗和"一会一节"的相关动态，助力"敦煌文博会"品牌的运营，成为重要的信息输出窗口。相比较敦煌文博会丰富的内容来说，杭州文博会微信公众号的日推送条数较少，每天基本推送一条，聚焦文创产业，微信平台的粉丝量 4 万余人，携手杭州头部自媒体推送 5000 条以上相关报道，帮助文创企业推送 60 条以上内容。从微博来看，敦煌文博会官微的最后一条消息发于 2017 年 7 月 27 日，粉丝量 1049；杭州文博会官微持续更新，粉丝量8761。

笔者注意到，敦煌文博会微信公众号的第一条推送发送于 2016 年 5 月23 日，第一条推送的阅读量仅有 45 人次；2019 年 9 月 1 日，第四届敦煌文博会和第九届敦煌行·丝绸之路国际旅游节闭幕式的推送阅读量为 84 人次，因而敦煌文博会在新媒体宣传和运营方面还有较大的提升空间。

第八章 "敦煌文博会"品牌提升的挑战与对策

新媒体时代，"敦煌文博会"品牌传播应该充分发挥新媒体的传播优势，对"敦煌文博会"品牌传播的前期、中期、后期进行持续不断的呈现和输出。

第一节 "敦煌文博会"品牌提升的机遇与挑战

敦煌文博会作为甘肃地区首个国际性博览会，是甘肃积极响应国家政策和自我发展探索的结果。经过各方努力，中央将敦煌文博会纳入《丝绸之路经济带和21世纪海上丝绸之路建设战略规划》。敦煌文博会的永驻地敦煌被称为"丝路明珠"，是连接中国和丝绸之路沿线国家的重要枢纽，是向外展示中国传统文化的窗口。

一、政策机遇

1. "一带一路"倡议的有力推动

2013年9月7日,习近平在哈萨克斯坦纳扎尔巴耶夫大学作重要演讲时,首次提出建设"丝绸之路经济带"。习近平表示,为了使我们欧亚各国经济联系更加紧密、相互合作更加深入、发展空间更加广阔,我们可以用创新的合作模式,共同建设"丝绸之路经济带"。[1]2014年5月21日,习近平在亚信峰会上作主旨发言时指出,要加快推进"丝绸之路经济带"。2014年11月,在"加强互联互通伙伴关系"东道主伙伴对话会上,习近平对深化合作提出5点建议,其中提到以人文交流为纽带,中国将出资400亿美元成立丝路基金。这一政策为丝绸之路上的重要节点、拥有丰富文化资源的甘肃的发展提供了良好的机遇,甘肃的文化产业进入空前发展阶段,文化旅游产业进入繁荣阶段,会展产业进入快速落地阶段。

世人皆知敦煌文化,却不知甘肃有着众多优质的文化资源。敦煌文博会以敦煌文化为基石,带动甘肃各地区文化产业发展。敦煌文博会借助敦煌文化的知名度发展自己的品牌知名度,在这个塑造过程中不断融入甘肃的其他优质文化资源,让品牌内涵不断扩充,成为名副其实的全面展示丝路文化的平台。同时,敦煌文博会通过文创产品展、文化演出、文化旅游等项目让甘肃众多丝路文化以创新的形式呈现在民众的眼前,在文化交流过程中不断将中国传统文化向外传播。可以说敦煌文博会和丝路文化是相辅相成的,丝路文化为"敦煌文博会"品牌增添了深厚的文化内涵,敦煌文博会为丝路文化提供了更为广阔的展示和传播平台。

2. 国家文化产业发展规划与布局的促进

2014年8月26日,文化部、财政部联合发布《关于推动特色文化产业发展的指导意见》,提出到2020年,实现基本建立特色鲜明、重点突出、布局合理、链条完整、效果显著的特色文化产业发展格局,形成若干在全国有重要影响力的特色文化产业带等一系列目标,并且提出将区域性特色文化产业带发展作为主要任务之一。丝路文化是极具特色的区域性文化,但甘肃长期以来对如何发展地域文化没有整体规划,敦煌文化、河西文化、陇东文化等文化各自发展,没有连成一个有机体系,导致甘肃虽然文化资源丰富,却

---

[1] 《镜观·领航 | 中国倡议 全球受益》,新华网,2021年11月20日。

鲜少为人全面认识。该指导意见的发布有助于甘肃制定和完善文化产业整体规划，整合各地方文化资源，共同为甘肃文化产业发展贡献力量。敦煌文博会就是整合甘肃各地区文化的一个对外平台，通过整合、包装、宣传，将甘肃各地区文化推介出去。

2014年5月，《"丝绸之路经济带"甘肃段建设总体方案》指出：要着力构建兰州新区、敦煌国际文化旅游名城和中国丝绸之路博览会三大战略平台，重点推进六大工程，把甘肃打造成丝绸之路经济带黄金段。为此甘肃成立省领导小组，以加强对各地区文化资源开发的统筹协调与指导。该方案提供的各项政策保障有助于三大战略平台的顺利落地，比如甘肃华夏文明传承创新区建设预计5年内投资额度达6000亿。三大战略平台的实施将为甘肃打造三张靓丽的对外名片，提升甘肃的国际知名度。

三大战略平台的建设要充分借助甘肃厚重的历史文化资源，通过文化产业创新、文化旅游发展、人文交流合作等推动地方经济发展。一个城市的承载力是其发展的基础，只有承载力足够大，才有可能让更多的人来到这个城市，深度了解这个城市，为这个城市的发展贡献力量。以敦煌文博会为例，敦煌文博会的举办带动了敦煌基础设施建设，弥补过往交通不畅的短板，国际化立体交通网络进一步完善。敦煌文博会的举办让民众知道了甘肃不止有敦煌文化，还有张掖、嘉峪关、平凉、庆阳等地极具特色的地域文化，这进一步吸引了对中国文化感兴趣的海内外人士。敦煌文博会在丝路文化研究上的学术水平，吸引大批学者从理论层面为丝路文化的发展献言献策，同时重塑了文化投资人对甘肃文化产业的信心，为甘肃引进投资提供了有利条件。基于此，敦煌文博会成为一个战略平台，"敦煌文博会"品牌成为一张对外展示的名片，敦煌文博会要举办项目和宣传推广两手抓，两手都要硬。

3. 厚重的文化积淀

甘肃历来就是我国向西进行贸易和文化交流的要塞，千年丝路形成了厚重的丝路文化，文化资源优势十分突出。丝绸之路是由一座座城市、一条条驿道组合而成的，每一处遗址都见证着历史上的人群往来和文明间的风云际会，也无声地记录了千百年来跨地域、跨国别的文化传播和融合。

河西走廊和敦煌是丝绸之路的重要节点。河西走廊是中原通向中亚、西亚的必经之路，更是东西方文化交流史上的一条黄金通道。自霍去病击败匈奴和张骞通西域打开了通往西方世界的大门，此后不计其数的使者、商人、将士通过河西走廊络绎不绝地奔赴充满神秘色彩的西域，西域的宝马、葡萄、奇珍异宝等特产和独特的艺术文化也源源不断地传到中原。敦煌凝结了中土与西域最繁盛的艺术成就。此外古代丝路沿线国家大多历史悠久，有着丰富而独特的传统文化资源，随着贸易流通与人员往来，不同国家、民族的传统美术、书法、音乐、舞蹈、技艺、礼仪、民俗等非物质文化也在向他国传播，并因此孕生了丰富的非物质文化遗产。

翻阅典籍可以发现，中国古代每一个时期丝绸之路的路线都途经甘肃。古老的丝绸之路经过两千多年的沉淀，为甘肃留下了不计其数的文化遗产和历史遗迹，成为丝路文化的载体和见证，并在历史的演进中形成了独具特色的地域文化，成为甘肃文化资源中最宝贵的财富。据统计：甘肃有远古以来的遗址遗迹共 17000 余处，其中，世界文化遗产 7 处、国家重点文物保护单位 72 处、省级重点文物保护单位 625 处；非物质文化遗产 27000 余种，其中世界级 2 项，国家级 61 项，省级 279 项。

随着传统文化的复兴，国人越来越追求精神上的享受。国家在扶持中国传统文化复兴方面出台多项政策，为甘肃摆脱落后帽子、脱贫攻坚提供了机遇。比如甘肃华夏文明传承创新区是全国第一个国家层面的文化建设战略平台。此外，甘肃的文化旅游产业近几年对甘肃经济的贡献非常亮眼，2018 年增速为 6.3%，排名第 23 位，与 2017 年增速 3.6% 相比，有较大提升。其主要的增长来源是文化旅游产品，2018 年甘肃省文化旅游产品占比已达全省生产总值的 7%。甘肃省拥有众多的文化旅游资源，文化产业的发展将有望成为甘肃经济增长的新引擎。

敦煌文博会作为甘肃向外展示丝路文化及进行文化交流的国际化平台，是甘肃探索对外传播丝路文化、提升中国传统文化影响力、探索应用丝路文化发展甘肃经济的示范点。因此首先要扩大"敦煌文博会"品牌的影响力，厚重的文化积淀为塑造"敦煌文博会"品牌提供了文化内涵和支撑。

二、"敦煌文博会"品牌塑造提升面临的问题

尽管"敦煌文博会"品牌塑造有国家和政府政策的支撑，并且有深厚的丝路文化作为基础，但仍然面临不少问题和挑战。除前文调查分析中所提的之外，这里补充归纳如下。

1. 甘肃省经济发展相对滞后

2018 年甘肃省生产总值在全国 31 个省（自治区、直辖市，不含港澳台）

中排名第 27 位，总额为 8246.07 亿元，全国倒数第五，人均 GDP3.14 万元，全国倒数第一。经济的落后除体现在生产总值总量和人均 GDP 等数据上外，还体现在基础设施建设上，敦煌交通网络、城市承载量、城市人民素质等方面的局限都为"敦煌文博会"品牌塑造带来挑战。

2. 民众封闭的思想文化观念

敦煌由于敦煌文化早已闻名遐迩，与国外交流比较多，民众观念也相对开放。但甘肃其他地区民众的观念仍比较封闭保守，普遍对当地文化没有深刻认知，没有保护意识，更缺少借助当地文化发展经济的经验。文化会展业如何在落后的西部发展、如何做好文化旅游等命题都还在探索阶段，没有成熟的模式可以借鉴，这为"敦煌文博会"品牌塑造带来了挑战。敦煌文博会肩负着多重探索的使命，一个平台通过丝路文化连接着实现对外交流的使命，连接着文化产业创新的使命，连接着文化旅游带动经济发展的使命，这一使命的完成不可能一蹴而就，需要一个漫长的积淀过程才能走向成熟。

3. "敦煌文博会"品牌塑造现状仍有不如人意之处

就"敦煌文博会"品牌塑造现状看，尽管民众已产生了敦煌文博会展示丝路文化的品牌认知，但从宣传效果看，人们对"敦煌文博会"品牌的认知度还很低，品牌美誉度也亟待加强。特别是敦煌文博会的线上宣传有待加强，宣传形式有待创新，宣传渠道需进一步细化。敦煌文博会在文化创新、文化科技应用上仍有较大不足。

4. "敦煌文博会"品牌在融入丝路文化方面缺乏宏观系统理念

第三届敦煌文博会中，"文化创意馆"首次创新性地引进以实体游戏为主的"互联网 + 丝路文化探秘展"，大数据、云计算等科技体验产品和机器人茶艺表演等科技类文化展览，众多媒体将其作为报道的亮点。尤其是热门网络游戏飞天皮肤的发布会，昭示敦煌文化 IP 和游戏 IP 强强联合，跨圈话题引发众多媒体的报道及网友的热议。强 IP 跨界合作为敦煌文博会增加了多圈层人群中的曝光度，也借此传达出其品牌在文化科技创新上的可塑性。但其后的第四届敦煌文博会并没有在科技文化上给受众更多惊喜，科技文化类展品乏善可陈。也就是说在第三届敦煌文博会借助文化科技创新为品牌博得好感度后，后续并没有继续就这一方面持续用力，造成品牌塑造的断裂。其主要原因有以下三点。

第一，"敦煌文博会"品牌在塑造过程中没有建立完善的反馈机制。品牌塑造是一个长期的过程，需要用户不断为品牌的塑造提供反馈，才能有效避免品牌在塑造过程中走弯路或出现偏差。敦煌文博会反馈机制的缺乏，导致主办方无法及时获取用户对文博会举办内容的满意度，也无从得知用户的偏好，进而导致获得用户一致好评的文化科技展昙花一现，会展变成了主办方和运营方的"自弹自唱"与自我欣赏。

第二，品牌在引进科技类文化展品时缺乏整体规划布局。如果说第三届敦煌文博会的"文化创意馆"是尝试，那么第四届敦煌文博会本应深度挖掘用户好评的项目，积极寻求与其他互联网科技、文化创意公司跨界合作，提高"敦煌文博会"品牌在更多跨圈层人群中的知名度。

第三，品牌在塑造过程中未充分借助敦煌研究院文化项目。敦煌研究院和网络科技公司在丝路文化创新、科技运用上有着众多深度合作的项目，如"数字供养人"计划。敦煌文博会可以和敦煌研究院及社交媒体开展深度合作，持续将丝路文化科技创新的项目成果在敦煌文博会这一平台上进行展示。

5. 敦煌文博会在融入丝路文化方面缺乏精准化营销

从四届敦煌文博会的品牌整体对外传播来看，无论在传播内容、传播形式，还是传播渠道上，历届敦煌文博会营销力度明显不足且呈下行趋势。这造成了民众普遍反映敦煌文博会宣传力度不大、品牌知名度不高、品牌影响力不足等问题。从文博会的品牌传播内容来看，尽管做过很多尝试，比如实现了文字、图片、视频、音频等新闻资讯的多元立体化呈现，也一直努力融入丝路文化符号，但直到目前为止，敦煌文博会没有形成成系列的、有影响力的文创产品线和产品群。

造成"敦煌文博会"品牌缺乏精准化营销的原因主要有以下两点。

第一，品牌在对外传播过程中未对受众群体进行用户画像分析。敦煌文博会的受众群体偏年轻化，年龄大部分在18~29岁之间，且受众群体文化程度较高。因此在品牌传播内容注意融入经典丝路文化元素的同时，可适当引入新奇、充满神秘色彩的文化元素；传播形式要注意创新、好玩、互动；在传播渠道上要根据用户对网站类型的偏好进行精准化投放。

第二，缺乏精准营销领域的专业人才。敦煌文博会在融入丝路文化方面缺乏精准化营销的原因，关键还在于缺乏该领域的人才。引进文化类品牌营销的专业人才进行运营，才能使敦煌文博会通过丝路文化魅力触达用户，进而提升品牌影响力，真正让"敦煌文博会"品牌逐步走向国际化。精准化营销人才不仅要十分清楚用户画像，而且要熟悉各种投放渠道及时下流行的营销手段。对于"敦煌文博会"品牌塑造而言，在具备上述能力的基础上还要熟悉丝路文化，能够借助各种精准化投放平台，在丝路文化元素卡通化、"萌"化之后，结合热点，精准触达用户群体，以迅速拉近与用户群体的距离，进一步塑造品牌的影响力。

第二节 "敦煌文博会"品牌提升对策

通过搜集四届敦煌文博会的文献资料及实地调研可见，"敦煌文博会"品牌在融合丝路文化方面存在许多问题。对此，本书提出以下提升对策。

一、在举办的项目中继续深化"丝路文化+"多元产业的品牌理念

目前敦煌文博会探索了"丝路文化+会展产业""丝路文化+旅游""丝路文化+文创产品"等项目，带动相关产业发展，为甘肃经济发展贡献了力量，塑造了品牌影响力。这有助于国家"一带一路"倡议、中华传统文化复兴等战略的实现，同时有助于进一步完善甘肃文化产业布局及甘肃对外新形象的塑造。但"敦煌文博会"品牌知名度、影响力还远远达不到国际水平。因此丝路文化元素需要全面和科技、创意结合，"丝路文化+"多元产业方面还需持续精准发力。

在"丝路文化+会展产业"项目中，论坛部分要始终坚持文化的国际化和高端化，在展示中华传统文化的同时，要注重解读古代丝路文化的现代内涵及应用价值，持续强化引领丝路文化议题的能力。年展部分要继续体现文化的特色化和多元化，同时要注重文化与时尚、科技、实用的创新融合。演出部分要继续展示经典节目，同时注重文化与现代演出表达方式的结合，创造出一批新经典文化产品。在打造以敦煌莫高窟为代表的具有浓厚文化底蕴的文化旅游胜地的同时，要大力开发具有都市文化气息的休闲旅游场所，让厚重的文化与都市生活结合，更贴近当代人的旅游习惯。要打造文化与科技、

创意融合的产品，让文博会品牌成为"文化＋科技＋创意"的代名词，促使越来越多的机构在敦煌文博会这一平台上发布文化创意产品，使敦煌文博会逐步成为世界级优秀文化创意产品的展示和交易舞台。

此外，未来可以向"丝路文化＋农业""丝路文化＋高校联盟""丝路文化＋动漫产业"等方面发展，打造"丝路文化＋创客"的奖励机制，吸引人才和机构，共同构建"丝路文化＋交流""丝路文化＋贸易"的开放格局，扩大品牌影响力，推动品牌走向国际化。

二、在品牌对外传播中建立完善的文化传播体系

"敦煌文博会"品牌借助丝路文化开展对外传播，就需要打破人们对丝路文化和甘肃地域形象的固定成见。在传播内容上需将厚重、驳杂、晦涩的丝路文化元素和典型的、生活化的人物与故事有机结合，将抽象的文化理念转化为极具个性的、可触摸感知的、富有创意的系列文化产品，实现传统与现代、物质消费和精神消费、静态文物与动态呈现的无缝对接和有机融合，以此形成特色、吸引用户、拓展市场。

同时，"敦煌文博会"需要构建以社群为代表的用户驱动创意机制，品牌在传播过程中要注重社群化运营，注重与用户的互动，尤其是要注重老用户和潜在用户的关系维护。不管是现实的文化爱好社团，还是网络上的虚拟品牌文化社区，社群可以渲染文化氛围、形成群体接触偏好和文化认知及参与价值、强化品牌互动与推广。在社群中，用户更容易认同敦煌文博会的文化内涵，为敦煌文博会产出更契合社会需求的用户原创内容，更容易形成文化创意驱动合力。

此外，"敦煌文博会"品牌建设不是主办单位或政府机构的"独唱"或"自弹自唱"，需要借助丝绸之路沿线国家、国际组织、高校、社团、敦煌研究院、智库等多方力量，加速推进跨界合作，将大量的旁观者变为品牌打造与推广的参与者和实施者，形成全社会参与的"大合唱"，有效提升"敦煌文博会"在不同圈层人群中的知名度。

在传播渠道上，除了打造"两微一端"的传播平台，还需要协调各类适合文化传播的社交媒体平台，锻造一批熟谙丝路文化和会展经济的知名主播，以"头雁效应"引导用户深度了解"敦煌文博会"、深度体验丝路文化的魅力，借助上传者的意见领袖作用，在用户中提升"敦煌文博会"品牌的知名度和影响力。

三、多元主体共同建构会展品牌

我国的会展业是城市开放的重要环节,是产业结构升级的臂膀。由于会展的丰富性与专业性,会展业被附着上许多新名词,如"知识经济""注意力经济""创意经济"。但会展业的核心意义万变不离其宗,最终都要体现在受众的感受上。文化会展品牌要建立在我国深厚文化积淀的体验经济基础上,约瑟夫·派恩在《体验经济》中提出了"4E"理论,即体验的娱乐性、教育性、审美性和逃避性。[①]文化会展即利用这"4E"来塑造品牌的美誉度、忠诚度和联想度,最终通过文创产品的售卖来实现即时经济效益,通过会展业对城市其他产业的带动实现远期经济效益。在新的社会环境和互联网语境下,我国的文化会展业面临着客流量减少、时空限制等危机,需要挖掘文化会展的特殊价值和不可代替性,重新审视消费者的地位,加强营销推广,采取更加符合大众接触信息习惯的新方式,来重构会展业的品牌、完成会展品牌的战略发展选择。

在我国现有的经济体制下,制度上的路径依赖使我国政府主导型会展仍然处于会展业的主导地位。[②]当下,通过会展业进行经济建设宣传的需要逐渐减弱,在这样的语境下,会展品牌需要多元化的塑造和市场+政策的协同推进。

1. 明确共同主体

我国许多政府主导型会展已经完成了市场化运作,以杭州文博会为例,它由杭州市人民政府、浙江大学、中国美术学院主办,中共杭州市委宣传部、杭州市文化创意产业发展中心承办,杭州文化会展有限公司执行。倚仗稳定的组织方与政策支持,加上灵活的市场化运作,2018 年杭州文博会的参展商数量达到 2000 家,观众数量 28.7 万人次,意向及实际成交金额 159.5 亿元。明确的共同主体提升了杭州文博会的创新力、影响力和品牌力,促进会展过程中政府角色由组织方变为指导方,带动会展经济灵活向好发展。

互联网时代,大众的信息传递途径更加多元,大众的地位得到了相应提升。应利用主办方的宣发,将会展产生的认知及实际体验持续深化,从而产生品牌美誉度,并在大众、展商的人际沟通中强化美誉度,以此增强情感共鸣并形成品牌忠诚度。在这一过程中,政府主导型会展品牌建构的主体更应该是

① [美] B. 约瑟夫·派恩、[美] 詹姆斯·H. 吉尔摩:《体验经济》(原书更新版),毕崇毅译,机械工业出版社 2012 年版。
② 王起静:《我国政府主导型展会的市场化改革》,《北京第二外国语学院学报》2008 年第 7 期。

会展组办方及参展商、观众和其他相关部门共同建构的协同体。

2. 形成品牌建构的互动机制

随着互联网时代的到来，大众在传播环境中的地位不断发生变化，如今会展品牌的塑造更强调互动性和受众的体验感。这对会展的运营方来说，既是挑战，也是机遇。政府主导的会展应及时建立长效沟通机制，将运营权交给专业的会展运营公司，建立受众与品牌之间更加灵动的互动方式。

传统的会展品牌休展期比展期长得多。受众与会展品牌之间的日常性互动可以增强用户黏性。强化互动还可以帮助会展建立危机公关系统，一旦互动过程中出现负面的体验和评价，会展运营方可以及时引导舆情。同时，对于用户提出的意见和建议，运营机构也有时间分析、吸纳和回馈，从容地开展品牌维护工作。互动机制对精准化布展及展会的整体健康持续发展大有助益。

3. 转"会展思维"为"产业思维"

从产品到产业，是一个更深层次的塑造过程，崔桂林提出了五层商业理论，认为会展是一个产业的推手，需要将产业可视化、可触化地推到大众视野里。[①]但是会展业最终的目的还是促进产业发展、带动人文交流。会展品牌不能将视野局限在品牌自身，而忘记塑造价值链条、顺应产业的发展规律。好的会展品牌会形成会展生态，将受众与品牌塑造成相互成就的圈层，并将会展品牌塑造与产业结构完善深度结合，有效驾驭。

本研究认为：敦煌文博会依靠文化产业，以深度挖掘丝路文化并开展高品质的文化交流为根本价值追求。因而需要在文化产业中进行各种营销手段的整合，开发较好的文化 IP 的传播方式和价值链条，建立与政府、受众、文化产业开发商可持续发展的良好关系。

四、以整合营销传播与跨界营销视野强化会展品牌推广

整合营销传播有四个层次，包括形象的整合传播、品牌思想的整合传播、品牌言传的整合传播和品牌行为的整合传播[②]，是一种将传播工具（主要指广告、公关、直效营销、活动营销、销售促进）的营销进行整合，用一种声音

① 崔桂林、王盼：《从产品思维到产业思维的五层跨越》，《清华管理评论》2019 年第 Z2 期。
② [美]汤姆·邓肯、[美]桑德拉·莫里亚蒂：《品牌至尊——利用整合营销创造终极价值》，廖宜怡译，华夏出版社 2000 年版。

来进行产品营销的活动。[①]

　　跨界营销顾名思义,即与不同的品牌协同营销,形成互补的态势。其核心在于互相解决彼此品牌存在的困境,实现共赢。[②]

1. 确保敦煌文博会传播渠道的多样化和协同化

　　品牌传播始于媒体,却不限于媒体。通过会展官方微信公众号、微博、抖音、快手等社会化媒体平台与传统媒体联动是必要的,但仅达到这一点还远远不够。一方面,要挖掘受众间人际传播的潜力,培养大众意见领袖和网络意见领袖,借助意见领袖的力量推广品牌文化;另一方面,文创产品也是会展品牌形象的延伸,在会展的休展期,文创产品的质量、外观、实用性都会影响用户对会展态度的转变。除此之外,会场服务也是一种语言,优质的会场服务代表敦煌文博会的人文形象,是主办方需要引起重视的又一个方面。

2. 确保"敦煌文博会"品牌接触点的针对性

　　调查显示,有63%的受众会从官网获取新闻,了解敦煌文博会的动态。敦煌文博会的官网将新闻放在了首位,且未伴随敦煌文博会落幕而断更,这是一个很好的宣传策略。另外,从前文分析可知,敦煌文博会的受众以年轻人为主,其中本省居民的比例又占敦煌文博会的受众的大多数。通过对会展受众的定位,可以得到更多的数据信息,许多品牌基于此展开跨界营销。比如美妆品牌中,口红 + 故宫 IP、眼影 +Discovery 动物 IP,都获得了良好的反响。在敦煌文博会中,滑板 + 敦煌文化 IP 也得到了业界的认可。另外,服饰 + 飞天文化 IP、口红 + 飞天文化 IP、漫画 + 敦煌文化 IP 等,这些产品和创意也很受认可与欢迎。为此,敦煌文博会需要对潜在用户进行精准画像,对用户的购买力进行摸底,并建立用户数据库,有针对性地推出不同层次、不同需求的产品,进行整合传播营销和跨界营销,增强用户的体验感,促进产业发展和产品市场变现。

五、以"互联网 + 会展"模式深化"敦煌文博会"品牌关系再造

1. 发展网上会展

　　传统的文化会展业拘泥于城市,受限于交通,而互联网的快速发展给文

---

① 李忠宽:《品牌形象的整合传播策略》,《管理科学》2003 年第 2 期。
② 徐乃真、祝平:《跨界营销在品牌传播中的运用》,《中国市场》2013 年第 25 期。

化会展业带来了新的生机：从需要实际去展馆触摸展品，到足不出户即可满足观赏需求。

互联网业态下的文化会展业发展出了两类会展形式。第一种是纯互联网会展①，没有线下的实体会展。随着 AR、VR 等互联网技术的发展，网上会展发展迅速，如其领跑者"网展"官网已经发布照片 566334 张，企业用户 53510 家，合作平台 20 余个，成为国内较大的虚拟会展服务平台。另一类是线下的实体会展及衍生展览。2018 年，第五届中国（北京）国际服务贸易交易会手机应用程序推出，实现线下展期 5 天、交易 365 天永不落幕的"互联网 + 会展"新业态。②互联网环境打破了传统会展业的时空限制，为大众提供了更多购买途径，借力互联网还可以创新会展形式，开发更多样化的感官体验，提高大众对会展业的体验感和美誉度。

互联网 + 会展可以增加会展的丰富性，节约人力。比如课题组在调研中发现嘉峪关市的文创产品中有一种特制的黏土质地的茶壶，装饰是从魏晋壁画中提取出的一些元素，非常精美。但是由于游客客流量较小，嘉峪关馆内就只有一个工作人员，这些精美的文创产品就被收到了盒子中，游客基本无法欣赏到这些精美的文创产品。网上展出就可以使这些问题得到很好的解决，可以通过互联网技术将展品的创意来源、文化底蕴充分地展示出来。互联网 + 会展的模式可以给会展业更多新的机会，让客户在闲暇时间看展、购物和交流，从而促进文化会展品牌的塑造。

2. 促进会展手段智能化

2019 年 12 月 18 日在国家会议中心举办的可持续发展背景下的会展场馆创新与运营高峰论坛上，北京一家会展投资有限公司推出了"数字孪生"技术，并将该技术运用在国家会议中心二期工程的建设上。"数字孪生"是指通过大数据、人工智能、云计算、物联网等新兴科技将现实与虚拟高度融合的技术。③"数字孪生"技术可以在会展场馆建设、会展管理及布展等方面做出巨大贡献。同时，基于大数据技术，可以实现会展现场的引流，增强大众的体验感；基于互联网技术，可以促进会展周边产品的营销；新兴技术与城市的公共服务体系融合，有利于增强会展业的认知程度。文化会展业可以在智能化的科技中找到新的文化呈现方式，促进文化沉淀与品牌传播。

---

① 刘硕：《基于 O2O 模式的会展业发展现状及趋势探析》，《南方农机》2020 年第 1 期。
② 李知矫：《网上京交助力展会"永不落幕"》，《中国会展》2018 年第 21 期。
③ 周景龙：《"数字孪生"技术打造智慧会展场馆》，《中国会展》2020 年第 1 期。

六、会展品牌关系的社会化建构

网络会展固然是传统会展业新的机遇与延伸，但是它是新技术条件下会展产业的延伸和拓展，并不能完全替代现实空间中实体触摸给用户带来的感官体验，会展忠诚度还是要将重心放在实体会展的基础上来涵化培养。特别是互联网时代，信息传递成本降低，导致网络意见领袖在社会各领域的引导力普遍增强，要维护品牌和用户的良好关系，会展产业的品牌忠诚度培养和品牌社区建设就显得尤为重要。

1. 忠诚度培养是品牌塑造的核心

品牌忠诚度培养可以让用户对会展产生依赖和共鸣心理，为会展用户运营节省成本，还可以让每一个用户都成为意见领袖，挖掘更多的潜在受众，助力品牌的推广与传播。良好的忠诚度需要重视受众的体验。

根据前文数据，受众对敦煌文博会的宣传力度、文化内涵挖掘度和辐射带动力评价比较负面。受众对会展的感知是最直接、最敏感的，对品牌忠诚度的塑造需要从受众对会展的满意度着手。因此，"敦煌文博会"品牌提升和会展形式创新还有较大的空间。一个会展要赢得口碑，其运营方必须非常重视用户的意见反馈，并根据用户的合理化建议对会展运作进行即时改进，让用户的价值得到充分体现，这就要求运营方与会展用户建立并共同维护良好的会展生态，以此促进品牌忠诚度的形成。

2. 建立线上会展品牌社区，促进长线品牌建设

品牌社区是以某个品牌的用户为基准的网络虚拟社区。在社区中，用户可以进行讨论，互相促进对品牌的理解。但是目前我国会展业线上社区的构建尚不健全，也没有足够的媒体容器来承载。本书提出会展品牌社区的构想，意在通过品牌社区建设形成一套全时段会展交流互动与品牌建设机制，实现展前充分考虑用户的意见建议、展中充分体现用户需求、展后追踪用户实时体验的新型会展模式，使线下集中会展与线上全天候不间断的互动交流有机融合，以此打造全新的会展新形态，保证会展的品牌热度和影响力。

结　论

　　本书借助问卷调查法、访谈法和参与式观察法，对我国会展业的现状进行了翔实系统的梳理，深入调研了敦煌文博会的品牌诉求及推广情况，系统分析了"敦煌文博会"品牌塑造过程与传播效果。研究认为：敦煌文博会是我国政府主导型会展的一个典型，对"一带一路"文化的传播具有重要的战略意义，是新时期我国会展业发展的体现与缩影。通过分析，本书形成了以下结论。

　　结论一：敦煌文博会已经连续举办六届，初步形成了展商和游客群体认同及会展品牌，探索出了"政府主导＋市场化运作"的会展新模式，但办会主旨和目标尚不清晰，还没有实现文化宣传目标与市场经济目标的有机融合，参展人数与参展商规模没有取得明显突破，在展会运营上，仍有许多需要向国内外知名会展品牌学习的地方。"敦煌文博会"品牌价值潜力巨大，提升空间广阔。

　　结论二："敦煌文博会"品牌忠诚度较好，品牌已经形成了较好的口碑效应，但品牌忠诚与良好口碑并没有很好地转化为效益度，品牌带动与市场变现率较低，需要进一步加强营销和引导。研究认为，由于宣传理念、方式、手段的落后，以及对媒介融合传播的关注不够，对圈层传播和自媒体传播着力不足，对用户的营销不够精准，所以品牌知名度打造成为"敦煌文博会"

品牌塑造的薄弱环节，需要进一步加强。

结论三：敦煌文博会不仅是"一带一路"文化传播的翅膀，更是甘肃地域形象提升的重要抓手，需要通过多元主体协作共建，持续更新营销理念和手段，着力打造会展新生态，深度发掘丝路文化元素和典型符号，深度开发系列文创产品，构建会展社区平台，打造丝路旅游文化产品线和产品群，聚合各方力量和文化资源，协力推进"敦煌文博会"品牌的塑造与营销。

结论四："敦煌文博会"品牌传播都紧紧围绕丝路文化进行。在展会项目方面，涵盖文化论坛、文化展览、文化演出、文化旅游、文创产品等多个方面，形成了"丝路文化＋"多元产业的会展格局。在后续的探索中，敦煌文博会需继续实践"丝路文化＋"多元产业的品牌理念，发掘整合更多资源，如"丝路文化＋农业"，与丝绸之路沿线国家围绕丝路文化交流探讨各方面合作的可能，形成"敦煌文博会"品牌带动的群集效应。

结论五：敦煌文博会在对外传播上的地区宣传效果尚可，但就全国范围或丝绸之路沿线传播情况来看，宣传效果尚不尽如人意，特别是对当地和丝绸之路沿线民众的宣传动员力度明显不够。典型表现如，运用丝路文化进行广告宣传、公关时，没有形成统一宣传主题与衔接度紧密的宣传方案，碎片化宣传较为明显，宣传达成度较低；在传播内容上缺乏创新，仅仅用了飞天、九色鹿、佛陀等人们熟知的丝路文化元素，没有挖掘民俗、建筑、壁画、伏羲、长城、民族服饰、节庆等其他代表性丝路文化元素，在视觉上容易形成审美疲劳；在传播形式上缺乏互动性、故事性、科技感；在传播渠道上没有精准化投放和个性化推送。在后续发展中要建立完善的文化传播体系和持续且衔接紧密、主题聚焦的会展推介活动。在了解用户画像的基础上，拓展丝路文化元素发掘与创新，开展更精准化的品牌传播。

本书通过对"敦煌文博会"品牌认知度、知名度、美誉度、忠诚度、联想度和效益度的塑造程度探析，从"敦煌文博会"品牌理念创新方面探讨了丝路文化的运用与品牌个性的提升，从"敦煌文博会"品牌传播现状来分析甘肃地域形象的重塑路径，针对"敦煌文博会"品牌塑造的薄弱环节和面临的问题提出相应的发展策略。但会展业的研究是一项多学科交融的系统化探索，本书的研究仅从传播学和媒介经济学的视角展开，研究视阈还不够开阔，研究规划尚较为粗浅，这些局限影响了本研究在理论上的梳理和运用，需要进一步扩展研究团队、细化研究内容、开展更为充分的田野调查和理论探究。希望本书能起到抛砖引玉之效，带动更多相关的研究成果产出，共同推进我国会展事业的持续发展。

附录1　"敦煌文博会"品牌传播调查问卷

尊敬的朋友：

　　您好！我们正在进行关于"敦煌文博会"品牌传播与地域形象提升、丝路文化与"敦煌文博会"品牌塑造，以及以敦煌文博会为代表的会展品牌塑造研究。

　　本问卷采取不记名的方式，所收集的资料仅供分析之用，概不用作其他用途，对您的信息也绝对保密。殷切期盼您可以拨冗数分钟根据自己的感受及体会，真实地填写本问卷，您的回答对我们非常重要。请您在选择的选项编号后的"□"里打"√"，答案没有对错之分。感谢您的参与及协助。

　　注：问卷中的"丝路文化"特指在丝绸之路甘肃段所传播和衍生的文化。

I 基本信息

Q01.您的性别：
　　1□男　2□女

Q02.您的年龄：
　　1□18岁以下　2□18~29岁　3□30~44岁　4□45~59岁
　　5□60岁及以上

Q03.您的职业：
　　1□公务员　2□媒体工作者　3□工人　4□商业、服务人员
　　5□务农　6□其他_____

Q04.您的受教育程度：
　　1□小学　2□初中　3□高中　4□大学及以上

Q05.您的平均月收入水平（单位：元）是：
　　1□800以下　2□800~1800　3□1801~3500
　　4□3501~5000　5□5000以上

Q06.您是（按户籍所在地）哪里人：
　　1□本市居民　2□本省居民（非敦煌市、甘南市）
　　3□外省居民（含港澳台）　4□国外居民（请注明国家：　　　　）

II 对敦煌文博会整体认知调查

Q01.敦煌文博会到现在已经进行到第四届，您参加过几届？
　　1□一届　2□两届　3□三届　4□四届　5□一届都没有

Q02.您在什么途径看到过敦煌文博会的相关宣传？
　　1□报纸　2□电视　3□广播　4□手机网络　5□朋友之间交流
　　6□路牌广告　7□没看到过

Q03.您觉得敦煌文博会的宣传力度如何？
　　1□非常强　2□强　3□一般　4□不强　5□非常弱

Q04.您觉得敦煌文博会的宣传途径如何？
　　1□非常丰富　2□丰富　3□一般　4□不丰富　5□非常单一

Q05.您对敦煌文博会的宣传内容满意吗？
　　1□非常满意　2□满意　3□一般　4□不满意　5□非常不满意

Q06. 您觉得敦煌文博会举办的文化氛围如何？

1□很浓 2□比较浓 3□一般 4□比较淡 5□很淡

Q07. 您认为敦煌文博会期间举办的活动如何？

1□非常好 2□好 3□一般 4□不好 5□非常不好

Q08. 您最关心敦煌文博会哪些内容？

1□民族团结等主题活动 2□丝绸之路商品展

3□九色香巴拉文艺演出 4□民族特色美食节

5□"一会一节"相关会议 6□甘肃地域形象塑造

Q09. 您认为敦煌文博会展馆对丝路文化的呈现效果如何？

1□非常好 2□好 3□一般 4□不好 5□非常不好

Q10. 您认为敦煌文博会展馆对甘肃的展现效果如何？

1□非常好 2□好 3□一般 4□不好 5□非常不好

Q11. 您认为敦煌文博会期间甘肃食宿定价如何？

1□非常好 2□好 3□一般 4□不好 5□非常不好

Q12. 您认为敦煌文博会相关的文创产品设计如何？

1□非常好 2□好 3□一般 4□不好 5□非常不好

Q13. 您认为敦煌文博会在举办地的选择上

	非常好	好	一般	不好	非常不好	不清楚
往届						
本届						

Q14. 您认为敦煌文博会在筹办的用心程度上

	非常好	好	一般	不好	非常不好	不清楚
往届						
本届						

Q15. 您认为敦煌文博会在参会人数上

	非常多	比较多	持平	比较少	很少	不清楚
往届						
本届						

Q16. 您认为敦煌文博会在宣传上

	非常好	好	一般	不好	非常不好	不清楚
往届						
本届						

Q17. 您会向身边的人推荐敦煌文博会吗?
　　1□经常推荐　2□偶尔推荐　3□从未推荐过

Q18. 您对敦煌文博会的整体评价如何?
　　1□非常好　2□好　3□一般　4□不好　5□非常不好

III　对"敦煌文博会"品牌认知调查

Q01. 敦煌文博会很出名?
　　1□完全同意　2□同意　3□不清楚　4□不同意
　　5□完全不同意

Q02. 提起文化类文博会,您会首先想起?
　　1□上海文博会　2□北京文博会　3□敦煌文博会
　　4□深圳文博会

Q03. 您对敦煌文博会的印象是什么?
　　1□丝路文化浓厚　2□国际范十足　3□创意感十足
　　4□科技感十足　5□政府行为良好　6□没印象

Q04. 您觉得敦煌文博会是什么级别的博览会?
　　1□国际级　2□国家级　3□省内级　4□市内级

Q05. 您知道敦煌文博会举办的哪些项目?
　　1□高峰论坛　2□文化年展　3□创意展　4□文艺展演

Q06. 本届敦煌文博会的主题是什么?
　　1□传承丝路精神,推动交流互鉴
　　2□文旅繁荣丝路,美丽战胜贫困
　　3□推动文化交流,共谋文化发展
　　4□加强战略对接,深化务实合作

Q07. 吸引您参加敦煌文博会的原因?
　　1□丝路文化丰富　2□先进的展览设备　3□社会/身边人的好评
　　4□服务好　5□展品创意、科技　6□旅游　7□拓展人脉资源

Q08. 您对敦煌文博会的举办满意吗?

　　1□非常满意　2□满意　3□一般　4□不满意　5□非常不满意

Q09. 您是否会购买敦煌文博会的周边产品

　　1□购买　2□不购买　3□不清楚

Q10. 您是否愿意将敦煌文博会推荐给他人?

　　1□愿意　2□不愿意　3□不清楚

Q11. 您觉得参加完本届敦煌文博会之后有没有收获?

　　1□有很多　2□有一点　3□几乎没有　4□完全没有

Q12. 您是否会继续参加敦煌文博会?

　　1□会　2□可能会　3□基本不会　4□不会

Q13. 您对敦煌文博会有什么样的感觉?

　　1□能够给我带来知识上的需求　2□感觉非常震撼,有归属感

　　3□能够给我带来快乐　4□完全没有

Q14. 您认为"敦煌文博会"品牌的个性体现在哪里?

　　_____

Q15. 您觉得"敦煌文博会"品牌的标志如何?

　　1□非常好　2□好　3□一般　4□不好　5□非常不好

Q16. 您希望"敦煌文博会"品牌向社会传导哪些形象?

　　1□甘肃丰富的文化积淀　2□甘肃丰富的旅游资源

　　3□甘肃独特的风土人情　4□甘肃经济的快速发展

　　5□甘肃地域形象

Q17. 您希望"敦煌文博会"品牌怎么样?

　　_____

Q18. 您觉得"敦煌文博会"品牌的传播效果如何?

　　1□非常好　2□好　3□一般　4□不好　5□非常不好

Q19. 您觉得应该利用什么渠道塑造"敦煌文博会"品牌?

　　1□传统媒体与新媒体联动宣传　2□制作精美的文创产品

　　3□提供优质的会场服务　4□注重口碑传播

Q20. 您认为敦煌文博会需要进一步加强哪些方面?

　　1□注重地域文化元素　2□突出民族和谐发展

　　3□强化新媒体宣传　4□强化品牌推介

　　5□拉动地方经济社会发展　6□提升旅游品质

IV 会展特色活动认知调查

Q01. 您觉得敦煌文博会是什么样的活动？
　　　1□以牵动旅游为目的活动　2□展销会
　　　3□大型文化展览会　4□国际会议

Q02. 您知道第四届敦煌文博会将会举办什么样的活动吗？（多选）
　　　1□领导人会见　2□文艺展演　3□国际论坛　4□主题旅游

Q03. 您觉得敦煌文博会的形象标识怎么样？
　　　1□彩色的"文"很有特点　2□颜色没有突出之处
　　　3□不形象、不好看、不能突出敦煌文博会的特色
　　　4□不知道标志是什么

Q04. 您会从敦煌文博会的官方网站获取什么样的信息？（多选）
　　　1□通过官网上看新闻，获得文博会的最新动态
　　　2□通过官网看相关日程安排
　　　3□通过官网了解服务信息（住宿、交通）
　　　4□通过官网了解相关会展信息
　　　5□没去过官网
　　　6□其他（请填写：_____）

Q05. 您通过会展都了解了哪些知识？
　　　1□敦煌历史　2□丝路文化　　　3□文创产品
　　　4□其他（请填写：_____）
　　　5□没看过展览

Q06. 您对敦煌文博会的组织方面是否满意？
　　　1□很满意　2□比较满意　3□不太满意
　　　4□很不满意（原因：_____）

Q07. 您对敦煌文博会的会展日程安排是否满意？
　　　1□很满意　2□比较满意　3□不太满意
　　　4□很不满意（原因：_____）

Q08. 您对敦煌文博会会展的选题是否满意？
　　　1□很满意　2□比较满意　3□不太满意　4□很不满意

Q09. 您认为敦煌文博会的会展方面可以增加什么主题？（多选）
　　　1□服饰文化2□民俗文化　3□美食文化　4□艺术文化
　　　5□特色地域文化6□民族团结进步　7□文创设计

8 □其他（请填写：_____）

Q10. 您认为敦煌文博会存在哪些问题？（多选）

　　 1 □会展组织不当　　2 □会展日程安排不合适

　　 3 □会展宣传力度不够　　4 □会展形式不够多元

　　 5 □地域特色不够突出　　6 □文化挖掘不够，辐射带动乏力

　　 7 □主题推介不够，品牌提升欠缺

　　 8 □其他（请填写：_____）

Q11. 您认为敦煌文博会在哪些方面可以进行改进？（多选）

　　 1 □硬件设施　　2 □软件设施　　3 □形象宣传　　4 □会展组织

　　 5 □品牌塑造　　6 □宣传推广　　7 □关联拉动

　　 8 □其他（请填写：_____）

Q12. 您认为敦煌文博会在会展活动占的比重上

	非常大	大	合适	小	非常小	不清楚
往届						
本届						

Q13. 您认为敦煌文博会在会展场馆的建设上

	非常好	好	一般	不好	非常不好	不清楚
往届						
本届						

Q14. 您认为敦煌文博会在场馆服务上

	非常好	好	一般	不好	非常不好	不清楚
往届						
本届						

Q15. 您认为敦煌文博会与其他会展相比在会展主题上

	非常好	好	一般	不好	非常不好	不清楚
敦煌文博会						
其他会展						

Q16. 您认为敦煌文博会与其他会展相比在会展地点的选择上

	非常好	好	一般	不好	非常不好	不清楚
敦煌文博会						
其他会展						

Q17. 您认为敦煌文博会与其他会展相比在会展时间的选择上

	非常好	好	一般	不好	非常不好	不清楚
敦煌文博会						
其他会展						

Q18. 您认为敦煌文博会与其他会展相比在视觉元素的设计上

	非常好	好	一般	不好	非常不好	不清楚
敦煌文博会						
其他会展						

Q19. 您认为敦煌文博会与其他会展相比在文创产品的开发上

	非常好	好	一般	不好	非常不好	不清楚
敦煌文博会						
其他会展						

Q20. 您认为敦煌文博会与其他会展相比在客流量上

	非常好	好	一般	不好	非常不好	不清楚
敦煌文博会						
其他会展						

Q21. 您认为敦煌文博会与其他会展相比在参会人员满意度上

	非常好	好	一般	不好	非常不好	不清楚
敦煌文博会						
其他会展						

Q22.您认为相对敦煌文博会来说,最具有价值的文化博览会品牌是哪个?

_____

V 丝路文化与"敦煌文博会"品牌塑造调查

Q01.您知道丝路文化是丝绸之路上所传播和衍生的文化吗?
    1□知道 2□不知道 3□不清楚

Q02.您了解过甘肃地区的丝路文化吗?
    1□了解过 2□没有了解过

Q03.您是通过哪些方式了解甘肃地区丝路文化的?（多选）
    1□听周围人提起 2□微信／微博 3□网站
    4□报纸／杂志／广播 5□电视／电影 6□旅游
    7□敦煌文博会 8□书籍 9□纪录片 10□其他_____

Q04.您觉得甘肃对丝路文化的宣传到位吗?
    1□非常到位 2□基本到位 3□不到位 4□基本没有

Q05.你是否认同甘肃地区的丝路文化丰富多样?
    1□非常认同 2□一般认同 3□不认同 4□不清楚

Q06.您对甘肃地区哪些方面的丝路文化了解／感兴趣?（多选）
    1□民间舞蹈 2□民间音乐 3□民间节日 4□传统戏剧
    5□民间杂技 6□手工技艺 7□宗教信仰 8□古典文学
    9□传统美食 10□历史古迹 11□绘画 12□书法 13□雕塑

Q07.您觉得甘肃段的丝路文化的未来怎样?
    1□很乐观 2□不太乐观 3□悲观 4□可能会消失

Q08.您觉得采用什么方式最能够使更多人了解并接受甘肃地区的丝路文化?（多选）
    1□利用网络、电视、报纸、杂志等加大宣传
    2□在学生的教科书上增加相关内容
    3□开展有关活动重拾古人传统,如过香浪节、乞巧节等
    4□开展有关的商业活动,如敦煌文博会等
    5□以经济形式输出传统文化,如好莱坞大片中的美国文化
    6□其他_____

Q09.您认为丝路文化是否具有传承价值?
    1□有 2□没有 3□不清楚

Q10.您认为丝路文化具有哪些价值？（多选）

    1□文化价值　2□产业价值　3□旅游价值　4□品牌价值

    5□市场价值　6□生态价值

Q11.敦煌文博会作为丝路文化的重要传播平台，您认为它营造的丝路文化氛围如何？

    1□非常浓厚　2□浓厚　3□一般　4□淡薄　5□非常淡薄

Q12.敦煌文博会作为展现丝路文化的平台，其举办对您了解丝路文化是否有帮助？

    1□有　2□没有　3□不清楚

Q13.您对丝路文化中的民间舞蹈了解多少？如兰州太平鼓、永登苦水高高跷

	非常了解	一般了解	不了解	非常不了解	不清楚
敦煌文博会举办前					
敦煌文博会举办后					

Q14.您对丝路文化中的民间音乐了解多少？如花儿、庆阳唢呐

	非常了解	一般了解	不了解	非常不了解	不清楚
敦煌文博会举办前					
敦煌文博会举办后					

Q15.您对丝路文化中的民间节日了解多少？如乞巧节、太昊伏羲祭典

	非常了解	一般了解	不了解	非常不了解	不清楚
敦煌文博会举办前					
敦煌文博会举办后					

Q16.您对丝路文化中的传统戏剧了解多少？如环县道情戏、敦煌曲子戏

	非常了解	一般了解	不了解	非常不了解	不清楚
敦煌文博会举办前					
敦煌文博会举办后					

Q17. 您对丝路文化中的手工技艺了解多少？如窑洞营造技艺、兰州黄河大水车制作技艺

	非常了解	一般了解	不了解	非常不了解	不清楚
敦煌文博会举办前					
敦煌文博会举办后					

Q18. 您对丝路文化中的宗教信仰了解多少？如佛教、道教

	非常了解	一般了解	不了解	非常不了解	不清楚
敦煌文博会举办前					
敦煌文博会举办后					

Q19. 您对丝路文化中的古典文学了解多少？如曲辞、诗赋

	非常了解	一般了解	不了解	非常不了解	不清楚
敦煌文博会举办前					
敦煌文博会举办后					

Q20. 您对丝路文化中的传统美食了解多少？如兰州拉面、酿皮子

	非常了解	一般了解	不了解	非常不了解	不清楚
敦煌文博会举办前					
敦煌文博会举办后					

Q21. 您对丝路文化中的历史古迹了解多少？如敦煌莫高窟、嘉峪关

	非常了解	一般了解	不了解	非常不了解	不清楚
敦煌文博会举办前					
敦煌文博会举办后					

Q22. 您对丝路文化中的绘画内容了解多少？如经变画、世俗人像画

	非常了解	一般了解	不了解	非常不了解	不清楚
敦煌文博会举办前					
敦煌文博会举办后					

Q23. 您对丝路文化中的书法种类了解多少？如草书、楷书

	非常了解	一般了解	不了解	非常不了解	不清楚
敦煌文博会举办前					
敦煌文博会举办后					

Q24. 您对丝路文化中的雕塑主题了解多少？如佛、菩萨

	非常了解	一般了解	不了解	非常不了解	不清楚
敦煌文博会举办前					
敦煌文博会举办后					

Q25. 您从敦煌文博会的哪些方面能感受到丝路文化？（多选）

1□广告宣传　2□公共关系　3□Logo　4□展厅布置

5□周边产品　6□现场展品　7□文艺演出　8□学术论坛

9□服务人员　10□其他_____

Q26. 您认为敦煌文博会展出了哪些丝路文化项目？（多选）

1□民间舞蹈　2□民间音乐　3□民间节日　4□传统戏剧

5□民间杂技　6□手工技艺　7□宗教信仰　8□古典文学

9□传统美食　10□历史古迹　11□绘画　12□书法　13□雕塑

Q27. 您认为敦煌文博会呈现丝路文化的方式有哪些？（多选）

1□论坛　2□文物展　3□演出　4□视频　5□摄影展

6□绘画展　7□文创产品　8□科技产品　9□民俗产品

10□美食街　11□旅游　12□其他_____

Q28. 您希望下届敦煌文博会以哪些方式展示丝路文化？

_____

VI　对甘肃地域形象塑造调查

Q01. 您是第一次来甘肃吗？

1□是　2□不是（跳到第四题）

Q02. 如果是，您来之前想象中的甘肃是怎样的？

1□贫瘠　2□封闭落后　3□风沙漫天　4□文化资源丰富

5□骑骆驼出行　6□民风淳朴

Q03. 您对甘肃形象的认知来自哪里？（跳到第五题）

1□朋友介绍　2□书籍介绍　3□影视作品　4□网络推介

Q04. 距离上次来甘肃有多久了？

1□1年以内　2□1年~3年　3□3年~5年　4□5年以上

Q05. 您这次来到甘肃，亲身体验之后对甘肃的印象有所改变吗？

1□有，更好　2□有，更差　3□没有

Q06. 您对甘肃哪些方面的印象有所改变？（多选）

1□气候　2□交通　3□饮食　4□市容市貌　5□物价水平
6□服务（景点）7□基础设施（公厕/交通/景点设施等）
8□文化

Q07. 您认为自己对甘肃地域形象的塑造：

1□非常关心　2□比较关心　3□一般关心　4□不太关心
5□很不关心

Q08. 您最关注甘肃哪些方面的形象？

1□政府形象　2□经济发展　3□人文历史　4□文化积淀

Q09. 您对甘肃政府行为形象的评价？（行政能力/服务水平）

1□很好　2□比较好　3□一般　4□不太好　5□很不好

Q10. 您觉得甘肃经济发展水平如何？

1□很好　2□比较好　3□一般　4□不太好　5□很不好

Q11. 您心目中甘肃人的形象是怎样的？（多选）

1□勤劳朴实　2□热情洒脱　3□缺少创新精神　4□保守

Q12. 您觉得甘肃最具代表性的文化是什么？（可多选，最多三项）

1□丝路文化　2□红色文化　3□长城文化　4□边塞文化
5□人文始祖文化

Q13. 您觉得甘肃几个城市市容市貌状况如何？

1□很好　2□比较好　3□一般　4□不太好　5□很不好

Q14. 您在甘肃生活、工作、学习、旅游时，社会治安如何？

1□很好　2□比较好　3□一般　4□不太好　5□很不好

Q15. 您对甘肃交通的评价是？

1□很好　2□比较好　3□一般　4□不太好　5□很不好

Q16. 您如何评价甘肃省各级媒体对甘肃形象的推广状况？

1□很好　2□比较好　3□一般　4□不太好　5□很不好

Q17. 您认为甘肃省各级媒体在推广甘肃形象方面还需做哪些努力？（多选）

       1 □创新传播方式

       2 □丰富传播内容，充分挖掘甘肃文化资源

       3 □借鉴其他省份媒体的推广经验，活学活用

       4 □积极与中央级媒体合作，全方位推广甘肃形象

Q18. 您认为政府在推广甘肃形象方面还需做哪些方面的努力？（多选）

       1 □积极发展第三产业（如：旅游业）

       2 □积极发展教育事业，培养人才

       3 □重视媒体力量，加大宣传力度

       4 □完善服务设施（残疾人通道/艺术文化长廊等）

       5 □加强市民思想道德建设、培养社会主义核心价值观（市民的归属感等）

Q19. 您认为推动甘肃举办敦煌文博会的最大动力是？

       1 □城市发展的要求   2 □经济利益的驱使

       3 □国家政策支持   4 □地域形象推广

Q20. 敦煌文博会的举办，会给甘肃省的整体形象带来什么影响？（多选）

       1 □提高整体经济水平

       2 □增加与外界的联系，提高知名度

       3 □提高市民的人文素养，活跃文化氛围

       4 □无影响

Q21. 您觉得敦煌文博会对甘肃地域形象的提升效果如何？

       1 □有很大帮助   2 □有帮助但没有预期的大   3 □没有帮助

       4 □更糟

Q22. 请您再次对甘肃的地域形象进行评价？

	非常好	好	一般	不好	非常不好
参加敦煌文博会之前					
参加敦煌文博会之后					

附录 2　"敦煌文博会"品牌塑造与丝路文化应用调查问卷

尊敬的朋友：

您好！我们正在进行关于"敦煌文博会"品牌塑造与丝路文化应用"的研究。本问卷采取不记名的方式，所收集的资料仅供分析之用，概不用作其他用途，对您的信息也绝对保密。殷切期盼您可以拨冗数分钟根据自己的感受及体会，真实地填写本问卷，您的回答对我们非常重要。请您在选择的选项编号后的"□"里打"√"，答案没有对错之分。感谢您的参与及协助。

请在相应答案前的"□"里打"√"或在相应的横线上写下您的想法，若无特殊说明，答案是单选。

注：问卷中的"丝路文化"特指在丝绸之路甘肃段所传播和衍生的文化。

I　基本信息

Q01. 您的性别：
　　1□男　2□女

Q02. 您的年龄：
　　1□18岁以下　2□18~29岁　3□30~44岁　4□45~59岁
　　5□60岁及以上

Q03. 您的职业：
　　1□学生　2□农民　3□商人、服务人员　4□工人
　　5□其他_____

Q04. 您的受教育程度：
　　1□小学　2□初中　3□高中　4□大学及以上

Q05. 您的平均月收入（单位：元）是：
　　1□800以下　2□800~1800　3□1801~3500
　　4□3501~5000　5□5000以上

Q06. 您是（按户籍所在地）哪里人：
　　1□本市居民　2□本省居民（非敦煌市、甘南市）

3□外省居民（含港澳台）　4□国外居民（请注明国家：_____）

II　"敦煌文博会"品牌认知及满意度调查

Q01. 敦煌文博会很出名？

　　1□完全同意　2□同意　3□不清楚　4□不同意

　　5□完全不同意

Q02. 您觉得敦煌文博会是什么级别的博览会？

　　1□国际级　2□国家级　3□省内级　4□市内级

Q03. 您对敦煌文博会的印象是什么？（可多选）

　　1□丝路文化浓厚　2□国际范十足　3□创意感十足

　　4□科技感十足　5□政府行为良好　6□没印象

Q04. 您觉得"敦煌文博会"品牌的标志如何？

　　1□非常好　2□好　3□一般　4□不好　5□非常不好

　　6□不清楚

Q05. 敦煌文博会到现在已经进行到第四届，您参加过几届？

　　1□一届　2□两届　3□三届　4□四届　5□一届都没有

Q06. 本届敦煌文博会的主题是什么？

　　1□传承丝路精神，推动交流互鉴

　　2□文旅繁荣丝路，美丽战胜贫困

　　3□推动文化交流，共谋文化发展

　　4□加强战略对接，深化务实合作

Q07. 吸引您参加敦煌文博会的原因？（可多选）

　　1□丝路文化丰富　2□先进的展览设备　3□社会／身边人的好评

　　4□服务好　5□展品创意、科技　6□旅游　7□拓展人脉资源

　　8□没参加过

Q08. 您是否会购买敦煌文博会的产品？

　　1□购买　2□不购买　3□不清楚

Q09. 您会向身边的人推荐敦煌文博会吗？

　　1□经常推荐　2□偶尔推荐　3□从未推荐过

Q10. 您对敦煌文博会有什么样的感觉？

　　1□能够给我带来知识上的需求　2□感觉非常震撼，有归属感

　　3□能够给我带来快乐　4□完全没有

Q11. 您希望"敦煌文博会"品牌向社会传导哪些形象？（可多选）

    1□甘肃丰富的文化积淀

    2□甘肃丰富的旅游资源

    3□甘肃独特的风土人情

    4□甘肃经济的快速发展

Q12. 您认为"敦煌文博会"品牌的个性体现在哪里？

_____

III 敦煌文博会举办活动调查

Q01. 您知道敦煌文博会举办过哪些活动？（可多选）

    1□高峰论坛　2□文化年展　3□创意展　4□文艺展演

Q02. 您认为敦煌文博会期间举办的活动如何？

    1□非常好　2□好　3□一般　4□不好　5□非常不好

    6□不清楚

Q03. 本届敦煌文博会，您最关心哪些内容？（可多选）

    1□民族团结等主题活动　2□丝绸之路商品展

    3□九色香巴拉文艺演出　4□民族特色美食节

    5□"一会一节"相关会议　6□甘肃地域形象塑造

    7□不关心

Q04. 您认为敦煌文博会需要进一步加强哪些方面？（可多选）

    1□注重地域文化元素　2□突出民族和谐发展

    3□强化新媒体宣传　4□强化品牌推介

    5□拉动地方经济社会发展

    6□提升旅游品质

Q05. 您认为敦煌文博会上的文创产品设计的如何？

    1□非常好　2□好　3□一般　4□不好　5□非常不好

    6□不清楚

Q06. 相比往届，您认为本届敦煌文博会在举办地的选择上

    1□非常好　2□好　3□一般　4□不好　5□非常不好

    6□不清楚

Q07. 您对敦煌文博会举办活动的整体评价？

    1□非常好　2□好　3□一般　4□不好　5□非常不好

IV "敦煌文博会"宣传调查

Q01. 您觉得敦煌文博会的宣传力度如何?

1 □非常强 2 □强 3 □一般 4 □弱 5 □非常弱 6 □不清楚

Q02. 您觉得敦煌文博会的宣传途径如何?

1 □非常丰富 2 □丰富 3 □一般 4 □不丰富 5 □非常单一

6 □不清楚

Q03. 您在什么途径看到过敦煌文博会的相关宣传? (可多选)

1 □报纸 2 □电视 3 □广播 4 □手机网络

5 □与他人之间交流 6 □路牌广告 7 □没看到过

Q04. 您对敦煌文博会的宣传内容满意吗?

1 □非常满意 2 □满意 3 □一般 4 □不满意 5 □非常不满意

6 □不清楚

Q05. 相比往届,您认为本届敦煌文博会在宣传上?

1 □非常好 2 □好 3 □一般 4 □不好 5 □非常不好

6 □不清楚

Q06. 您觉得应该利用什么渠道 / 方式宣传"敦煌文博会"品牌? (可多选)

1 □传统媒体与新媒体联动宣传 2 □制作精美的文创产品

3 □提供优质的会场服务 4 □注重口碑传播

V 丝路文化在敦煌文博会的应用调查

Q01. 您了解过丝绸之路甘肃段的文化吗?

1 □了解过 2 □没有了解过

Q02. 您知道丝路文化是丝绸之路上所传播和衍生的文化吗?

1 □知道 2 □不知道

Q03. 您是通过哪些方式了解丝绸之路甘肃段的文化? (可多选)

1 □听周围人提起 2 □微信 / 微博 3 □网站

4 □报纸 / 杂志 / 广播 5 □电视 / 电影 6 □旅游

7 □敦煌文博会 8 □书籍 9 □纪录片 10 □其他＿＿＿＿＿＿

Q04. 您觉得采用什么方式最能够使更多人了解并接受丝绸之路甘肃段的

文化? (可多选)

1 □利用网络、电视、报纸、杂志等加大宣传

2 □在学生的教科书上增加相关内容

3 □开展有关活动重拾古人传统,如过夏河县香浪节,乞巧节等

4 □开展有关的商业活动,如敦煌文博会等

5 □以经济形式输出传统文化,如好莱坞大片中的美国文化

Q05. 你是否认同甘肃地区的丝路文化丰富多样?

1 □非常认同　2 □一般认同　3 □不认同　4 □不清楚

Q06. 您认为丝路文化是否具有传承价值?

1 □有　2 □没有　3 □不清楚

Q07. 您觉得甘肃对于丝路文化的宣传到位吗?

1 □非常到位　2 □一般　3 □不到位　4 □基本没有

Q08. 敦煌文博会作为展现丝路文化的平台,其举办对您了解丝路文化是否有帮助?

1 □有　2 □没有　3 □不清楚

Q09. 敦煌文博会作为丝路文化的重要传播平台,您认为敦煌文博会的丝路文化氛围如何?

1 □非常浓厚　2 □浓厚　3 □一般　4 □淡薄　5 □非常淡薄

Q10. 您从敦煌文博会的哪些方面能感受到丝路文化?(可多选)

1 □广告宣传　2 □公共关系　3 □ Logo　4 □展厅布置

5 □文创产品　6 □文艺演出　7 □学术论坛　8 □服务人员

Q11. 您认为敦煌文博会展出了哪些丝路文化项目?(可多选)

1 □民间舞蹈　2 □民间音乐　3 □民间节日　4 □传统戏剧

5 □民间杂技　6 □手工技艺　7 □宗教信仰　8 □古典文学

9 □传统美食　10 □历史古迹　11 □绘画　12 □书法　13 □雕塑

Q12. 您认为敦煌文博会呈现丝路文化的方式有哪些?(可多选)

1 □论坛　2 □文物展　3 □演出　4 □视频　5 □摄影展

6 □绘画展　7 □文创产品　8 □科技产品　9 □民俗产品

10 □美食街　11 □旅游　12 □其他_____

Q13. 您希望下届敦煌文博会以哪些方式展示丝路文化?

_____

附录3 "敦煌文博会"品牌塑造与提升访谈提纲

一、"敦煌文博会"品牌塑造与提升访谈提纲(访谈对象:主办方)

1. 今年的"一会一节"开幕式设置在甘南,是出于什么样的考虑?参会观众相比往届情况怎么样?参会展商的加入情况怎么样?总体来说本届"一会一节"有什么特别之处?

2. 根据 UFI(国际会展联盟)的认证标准,境外参展商的比例需要达到20%的标准,咱们敦煌文博会作为"一带一路"的文化主题国际会展,境外参展商的比例可以达到多少?

3. 我们这几天访谈了一些媒体。有媒体人称,省外媒体相对较少,新媒体的邀请力度不足。那么在我们的对外宣传方面有什么策略?举办了四届文博会之后,我们的宣传策略有什么样的调整?

4. 20世纪70年代以来,随着科技进步与生产能力的加强,传统营销模式发生了巨大的改变,对于咱们敦煌文博会的会展产业来说,是以什么样的营销模式为主导的?跟往届相比有什么创新吗?有没有与互联网进行融合?

5. 咱们会展是以公益会展为主的,是否也加入了一些新的会展元素?这些会展元素在会展前、会展中、会展后是如何进行营销的?与往届有什么不同?没有将会展商业化的原因是什么?

6. 敦煌是一个国际性的文化大IP,文化内涵非常丰富。经过了三届的探索,本届敦煌文博会也把丝绸之路国际旅游节的元素加了进来,咱们相关的部门想要塑造一个怎样的品牌形象呢?如何去塑造?

7. 许多参展商反映,本届文博会的客流量较少,营利情况相比前几届不太乐观。您怎么看这种现象?咱们下一届有什么政策吸引参展商参与?

8. 敦煌文博会现在举办了四届,虽然本届文博会开幕式的举办地发生了变化,但是会展部分的重点仍然放在了敦煌国际会展中心,那么敦煌国际会展中心是否有些现代化的科技在里面?是否考虑在下届文博会增加多元的会展呈现方式?有什么方法可以让会展对游客一直有吸引力?每年文博会的主题是如何定位的?

二、"敦煌文博会"品牌塑造与提升访谈提纲（访谈对象：游客）

1.您觉得本届敦煌文博会在开幕式地点和时间的选择、图标的设计、开幕式（闭幕式）场馆的设计上有什么亮点？跟往年相比有什么不同之处？

2.这一届敦煌文博会开幕式有一个会展活动，闭幕式有五个，这样的安排您觉得怎么样？在会展的主题和内容或者会展场所的软硬件设施方面，您有什么想法？

3.您是游客/本地人对吗？这是您第几次参加敦煌文博会？对敦煌文博会有什么特别的感觉？

4.对您来说，敦煌文博会这样的大型会展有意义吗？会吸引您下次再来或者推荐给身边的朋友吗？

三、"敦煌文博会"品牌塑造与提升访谈提纲（访谈对象：当地居民）

1.敦煌文博会的会展场所是专门为敦煌文博会修建的吗？您有没有去过？感觉在外观、布局、室内设计、组织、参展商等方面做得怎么样？

2.今年的敦煌文博会将旅游也融入了进去，整合成为"一会一节"，您认为这样的安排有利于敦煌文博会的推广吗？对本地的旅游业有没有起到带动作用？您希望当地再举办这样的大型文化博览会吗？

3.您所了解的敦煌文博会是一个什么样的大型活动？身边的亲朋好友对这个活动的评价怎么样？

四、"敦煌文博会"品牌塑造与提升访谈提纲（访谈对象：参展商）

1.您参与到敦煌文博会中最直观的感受是什么？（比如从会展场馆的布置、组织、日程的安排、客流量等角度）与您参加过的其他的大型会展相比，敦煌文博会有什么亮点和不足之处？

2.您是受邀来参加敦煌文博会还是通过官网报名，还是其他途径来到了这里？

附录4 "敦煌文博会"品牌塑造与丝路文化应用访谈提纲

一、针对举办方的访谈提纲

1.贵单位承办几届敦煌文博会了？可以讲一下本届文博会是从哪些方面为大家呈现丝路文化的吗？本届最具代表性的丝路文化作品是什么呢？为什么？

2.在敦煌文博会展览招标阶段，相信有很多文化类展商想谋求合作，请问贵单位在选择展商／品时有哪些标准呢？都选择了哪些类别的展商／品？

3.敦煌文博会已举办了四届，贵单位认为举办效果如何？敦煌文博会以国际交流文化为主题，是否承担起了国际文化交流的重任？是通过什么途径实现文化交流的呢？作为呈现丝路文化的新平台，是否承担起了令丝路文化重新绽放光彩的重任？在呈现丝路文化方面运用了哪些手段／方式？

4.敦煌文博会已举办了四届，从每届的主题中可以看出始终贯穿"文化"的同时，也在不断挖掘文化的应用价值。贵单位认为丝路文化还有哪些应用价值需要挖掘？应该如何挖掘？

二、针对参展商的访谈提纲

1.敦煌文博会作为展示丝路文化的新平台，您觉得其丝路文化氛围是否浓厚？您从哪些方面能感受到丝路文化？

2.看到您展出的丝路文化展品，相信您对丝路文化比较了解，可以谈一下丝路文化在古代是如何传播的吗？有哪些表现形式？丝路文化在今天又该如何传播？

3.在VR、3D、云计算等新技术不断被应用于各行各业的背景下，您认为丝路文化是否需要结合新技术重新绽放生机？应该结合哪些技术？如何呈现？

三、针对专家的访谈提纲

1. 甘肃作为丝绸之路的必经之地，造就了其厚重的丝路文化。您作为研究丝路文化的专家，认为其精髓是什么？丝路文化在古代是如何传播的呢？在今天又该如何传播？

2. 丝路文化作为丝绸之路上形成和衍生的文化，具有不可估量的价值。可以谈一下其当代价值是什么吗？今天如何将丝路文化的价值应用起来？

四、针对游客的访谈提纲

1. 您觉得本届丝路文化的氛围如何？丝路文化包括宗教、艺术、民俗、文学等方面，您关注丝路文化的哪些方面？您在敦煌文博会感受到了丝路文化的哪些方面？您认为本届文博会在展示丝路文化上的不到位之处是什么？希望哪些丝路文化被展示？

2. 作为文化爱好者，您平时通过什么途径接触丝路文化？您觉得高峰论坛、文化展览、文艺演出哪种方式更能让您感受到丝路文化？为什么？

3. 参加了敦煌文博会，您对丝路文化的理解是否更进一步？可否谈一下您对丝路文化的理解？

4. 您在敦煌文博会上看到了哪些新技术？您认为VR、3D等新技术的运用是否有助于您更好地理解丝路文化？您还希望哪些新技术/理念被应用？

五、针对政府官员

1. 今年丝路文化与旅游的结合体现了丝路文化应用的价值，您认为丝路文化的哪些方面可以与旅游结合起来？有哪些好的结合方式？（旅游局）

2. 敦煌文博会都进行了哪些方面的宣传？在宣传的哪些方面运用了丝路文化呢？您可否结合实际工作谈谈今后应该如何将丝路文化应用到敦煌文博会的宣传中？（宣传部）

附录5　访谈对象姓名对照表（部分）

序号	代码	年龄	性别	地点	身份
1	ZSY	30岁	男	敦煌	当地初中教师
2	CJM	55岁	男	敦煌	书法家
3	ZL	36岁	女	敦煌	小学教师
4	LHP	33岁	男	合作	当地市民
5	TL	25岁	女	合作	游客
6	MXY	32岁	女	郎木寺	当地居民
7	SJ	54岁	女	尕秀	游客
8	DY	36岁	男	敦煌	学者
9	LZX	24岁	女	敦煌	学生
10	—	—	男	敦煌	敦煌市宣传处处长
11	WJ	29岁	女	敦煌	文创产品公司员工
12	SJL	27岁	女	敦煌	深圳博物馆文创部员工
13	田女士	33岁	女	敦煌	天水馆展商
14	GT	22岁	女	敦煌	西北师范大学敦煌学院学生
15	LJS	22岁	男	敦煌	西北师范大学敦煌学院学生
16	MHR	58岁	女	合作	临夏文宣部退休员工
17	LX	37岁	男	合作	丝被展商
18	QLF	51岁	男	合作	出租车司机
19	LCH	36岁	男	敦煌	公务员
20	WH	27岁	男	合作	游客

主要参考文献

I 专著

译著

[1] 弗雷德里克·杰姆逊. 后现代主义与文化理论——杰姆逊教授讲演录 [M]. 唐小兵, 译. 西安: 陕西师范大学出版社, 1987.

[2] H. R. 姚斯, R. C. 霍拉勃. 接受美学与接受理论 [M]. 周宁, 金元浦, 译. 沈阳: 辽宁人民出版社, 1987.

[3] 尼·瓦·贡恰连科. 精神文化: 进步的源泉和动力 [M]. 戴世吉, 张鼎芬, 王文郁, 杨德娟, 等, 译. 北京: 求是出版社, 1988.

[4] 梅尔文·德弗勒, 埃弗雷特·丹尼斯. 大众传播通论 [M]. 颜建军, 等, 译. 应谦, 校. 北京: 华夏出版社, 1989.

[5] 大卫·奥格威. 一个广告人的自白 [M]. 林桦, 译. 北京: 中国友谊出版公司, 1991.

[6] 汤姆·狄龙, 等. 怎样创作广告 [M]. 刘毅志, 译. 北京: 中国友谊

出版公司，1991.

［7］E.舒尔曼.科技文明与人类未来——在哲学深层的挑战[M].李小兵，等，译.北京：东方出版社，1995.

［8］奥格威.广告大师奥格威——未公诸于世的选集[M].庄淑芬，译.北京：生活·读书·新知三联书店，1996.

［9］阿尔伯特·拉斯克尔.拉斯克尔的广告历程[M].焦向军，韩骏，译.北京：新华出版社，1998.

［10］热拉尔·拉尼奥.广告社会学[M].林文，译.丁步洲，校.北京：商务印书馆，1998.

［11］汤林森.文化帝国主义[M].冯建三，译.上海：上海人民出版社，1999.

［12］保罗·斯图伯特.品牌的力量[M].尹英，译.北京：中信出版社，2000.

［13］迈克·费瑟斯通.消费文化与后现代主义[M].刘精明，译.南京：译林出版社，2000.

［14］汤姆·邓肯，桑德拉·莫里亚蒂.品牌至尊——利用整合营销创造终极价值[M].北京：华夏出版社，2000.

［15］劳费尔.中国伊朗编[M].林筠因，译.北京：商务印书馆，2001.

［16］菲利普·科特勒，等.国家营销——创建国家财富的战略方法[M].俞利军，译.北京：华夏出版社，2001.

［17］马克·波斯特.第二媒介时代[M].范静哗，译.南京：南京大学出版社，2001.

［18］艾·里斯，杰克·特劳特.定位[M].邓德隆，火华强，译.北京：机械工业出版社，2000.

［19］詹姆斯·费伦.作为修辞的叙事：技巧、读者、伦理、意识形态[M].陈永国，译.北京：北京大学出版社，2002.

［20］齐格蒙特·鲍曼.流动的现代性[M].欧阳景根，译.上海：上海三联书店，2002.

［21］沃尔夫冈·韦尔施.重构美学[M].陆扬，张岩冰，译.上海：上海译文出版社，2002.

［22］唐·舒尔茨，史丹立·田纳本，罗伯特·劳特朋.整合行销传播[M].吴怡国，钱大慧，林建宏，译.北京：中国物价出版社，2002.

［23］菲利普·科特勒，加里·阿姆斯特朗.市场营销[M].俞利军，译.北

京：华夏出版社，2003.

［24］玛格丽特·马克，卡罗·S.皮尔森.很久很久以前：以神话原型打造深植人心的品牌 [M].许晋福，戴至中，袁世佩译.汕头：汕头大学出版社，2003.

［25］斯图尔特·克莱纳，德·迪尔洛夫.品牌：如何打造品牌的学问 [M].项东，译.西安：陕西师范大学出版社，2003.

［26］斯文·赫定，亚洲腹地旅行记 [M].大陆桥翻译社，译.呼和浩特：远方出版社，2003.

［27］希伦·A.洛厄里，梅尔文·L.德弗勒.大众传播效果研究的里程碑 [M].刘海龙，等，译.北京：中国人民大学出版社，2004.

［28］苏特·杰哈利.广告符码——消费社会中的政治经济学和拜物现象 [M].马姗姗，译.北京：中国人民大学出版社，2004.

［29］奥利弗·博伊德 – 巴雷特，克里斯·纽博尔德.媒介研究的进路——经典文献读本 [M].汪凯，刘晓红，译.北京：新华出版社，2004.

［30］保罗·梅萨里.视觉说服——形象在广告中的作用 [M].王波，译.北京：新华出版社，2004.

［31］约翰·费斯克，等.关键概念：传播与文化研究辞典 [M].李彬，译注.北京：新华出版社，2004.

［32］肯特·沃泰姆.形象经济 [M].刘舜尧，译.北京：中国纺织出版社，2004.

［33］汤姆·邓肯.整合营销传播：利用广告和促销建树品牌 [M].周洁如，译.王方华，校.北京：中国财政经济出版社，2004.

［34］约翰·梅纳德·凯恩斯.就业、利息和货币通论 [M].重译本.高鸿业，译.北京：商务印书馆，2005.

［35］让 – 诺埃尔·罗伯特，从罗马到中国：恺撒大帝时代的丝绸之路 [M].马军，宋敏生，译.桂林：广西师范大学出版社，2005.

［36］斯图尔特·霍尔.表征——文化表象与意指实践 [M].徐亮，陆兴华，译.北京：商务印书馆，2005.

［37］唐·舒尔茨，海蒂·舒尔茨.唐·舒尔茨论品牌 [M].高增安，译，北京：人民邮电出版社，2005.

［38］威廉·阿伦斯.当代广告学 [M].丁俊杰，程坪，钟静，等，译.北京：人民邮电出版社，2005.

［39］罗兰·巴特尔，让·鲍德里亚，等.形象的修辞——广告与当代

社会理论 [M]. 吴琼，杜予，编 . 北京：中国人民大学出版社，2005.

［40］雷蒙·威廉斯 . 关键词：文化与社会的词汇 [M]. 刘建基，译 . 北京：生活·读书·新知三联书店，2005.

［41］Werner J. Severin, James W. Tankard, Jr. 传播理论起源、方法与应用 [M]. 郭镇之，徐培喜，等，译 . 北京：中国传媒大学出版社，2006.

［42］阿里·玛扎海里 . 丝绸之路——中国波斯文化交流史 [M]. 耿昇译 . 乌鲁木齐：新疆人民出版社，2006.

［43］格雷姆·伯顿 . 媒体与社会：批判的视角 [M]. 史安斌，主译 . 北京：清华大学出版社，2007.

［44］片平秀贵 . 品牌本质是发现梦想 [M]. 林燕燕，译 . 北京：东方出版社，2007.

［45］马可·波罗，马可·波罗游记 [M]. 鲁斯蒂谦诺，笔录 . 余前帆，译注 . 北京：中国书籍出版社，2009.

［46］凯文·莱恩·凯勒 . 战略品牌管理 [M]. 第 3 版 . 卢泰宏，吴水龙，译 . 北京：中国人民大学出版社，2009.

［47］诺贝特·埃利亚斯 . 文明的进程——文明的社会起源和心理起源的研究 [M]. 王佩莉，袁志英，译 . 上海：上海译文出版社，2009.

［48］斯坦因 . 西域考古记 [M]. 向达，译 . 北京：商务印书馆，2013.

［49］斯文·赫定 . 丝绸之路 [M]. 江红，李佩娟，译 . 乌鲁木齐：新疆人民出版社，2010.

［50］西蒙·安浩 . 铸造国家、城市和地区的品牌：竞争优势识别系统 [M]. 葛岩，卢嘉杰，何俊涛，译 . 上海：上海交通大学出版社，2010.

［51］约瑟夫·坎贝尔，比尔·莫耶斯 . 神话的力量 [M]. 朱侃如，译 . 沈阳：万卷出版公司，2011.

［52］米兰达·布鲁斯 – 米特福德，菲利普·威尔金森 . 符号与象征 [M]. 周继岚，译 . 北京：生活·读书·新知三联书店，2012.

［53］马丁·戈德法布，霍华德·阿斯特 . 认同力：超越品牌的秘密 [M]. 秦宏伟，译 . 北京：新星出版社，2012.

［54］B. 约瑟夫·派恩，詹姆斯·H. 吉尔摩 . 体验经济 [M]. 原书更新版 . 毕崇毅，译 . 北京：机械工业出版社，2012.

［55］丹尼尔·C. 沃. 蒋小莉，译 . 李希霍芬的"丝绸之路"：通往一个概念的考古学 [M]//. 朱玉麒 . 西域文史 . 第七辑 . 北京：科学出版社，2012.

［56］阿德里安·富兰克林 . 城市生活 [M]. 何文郁，译 . 南京：江苏教

育出版社，2013.

［57］芮乐伟·韩森.丝绸之路新史 [M].张湛，译.北京：北京联合出版公司，2015.

［58］哈罗德·拉斯维尔.社会传播的结构与功能 [M].何道宽，译.刘海龙，胡翼青，评介.北京：中国传媒大学出版社，2015.

［59］费迪南德·冯·李希霍芬.李希霍芬中国旅行日记 [M].E. 蒂森，选编.李岩，王彦会，译.华林甫，于景涛，审校.北京：商务印书馆，2016.

［60］大村一朗.丝绸之路：重新开始的旅程 [M].孙立成，译.北京：北京联合出版公司，2016.

［61］彼得.弗兰科潘.丝绸之路：一部全新的世界史 [M].邵旭东，孙芳，译.杭州：浙江大学出版社，2016.

［62］田村正纪.品牌的诞生——实现区域品牌化之路 [M].胡晓云，许天，译.杭州：浙江大学出版社，2017.

中文著作

［1］甘肃省统计局.甘肃四十年 [M].北京：中国统计出版社，1989.

［2］《当代中国》丛书编辑部.当代中国的甘肃：上卷 [M].北京：当代中国出版社，1992.

［3］张志尧.草原丝绸之路与中亚文明 [M].乌鲁木齐：新疆美术摄影出版社，1994.

［4］卢宏泰，李世丁，陈俊勇，等.广告创意 100[M].广州：广州出版社，1995.

［5］罗志英.DIS：地区形象论 [M].北京：中央编译出版社，1997.

［6］王德业.区域形象浪潮 [M].北京：新华出版社，1998.

［7］裴长洪.利用外资与产业竞争力 [M].北京：社会科学出版社，1998.

［8］郭庆光.传播学教程 [M].北京：中国人民大学出版社，1999.

［9］李泽厚.美学三书 [M].合肥：安徽文艺出版社，1999.

［10］房仲甫，李二和.海上七千年 [M].北京：新华出版社，2003.

［11］何佳讯.品牌形象策划——透视品牌经营 [M].上海：复旦大学出版社，2000.

［12］管文虎.国家形象论 [M].成都：电子科技大学出版社，2000.

［13］李世丁，袁乐清.沟通秘境：广告文案之道 [M].广州：广东经济

出版社，2001．

［14］陈栋生．西部大开发与可持续发展 [M].北京：经济管理出版社，2001．

［15］陈培爱．中外广告史——站在当代视角的全面回顾 [M].北京：中国物价出版社，2002．

［16］马志强．区域形象：现代区域发展的品牌和魅力 [M].哈尔滨：黑龙江人民日报社，2002．

［17］彭岚嘉，陈占彪．中国西部文化发展战略研究 [M].北京：中国社会科学出版社，2002．

［18］张鸿雁．城市形象与城市文化资本论：中外城市形象比较的社会学研究 [M].南京：东南大学出版社，2002．

［19］张金海．20 世纪广告传播理论研究 [M].武汉：武汉大学出版社，2002．

［20］金碚，等．竞争力经济学 [M].广州：广东经济出版社，2003．

［21］李思屈．东方智慧与符号消费：DIMT 模式中的日本茶饮料广告 [M].杭州：浙江大学出版社，2003．

［22］应丽君 .21 世纪中国会展经济与会展产业 [M].重庆：重庆大学出版社，2003．

［23］祁述裕．中国文化产业国际竞争力报告 [M].北京：社会科学文献出版社，2004．

［24］金辉．会展概论 [M].上海：上海人民出版社，2004．

［25］秦启文，周永康．形象学导论 [M].北京：社会科学文献出版社，2004．

［26］黎泽潮．广告美学研究 [M].合肥：合肥工业大学出版社，2005．

［27］花建，巫志南，郭洁敏，等．文化产业竞争力 [M].广州：广东人民出版社，2005．

［28］刘彦平．城市营销战略 [M].北京：中国人民大学出版社，2005．

［29］涂文涛，方行明．城市经营学 [M].成都：西南财经大学出版社，2005．

［30］余明阳，朱纪达，肖俊崧．品牌传播学 [M].上海：上海交通大学出版社，2005．

［31］周朝霞．多维视角的城市形象定位、设计及传播 [M].北京：经济科学出版社，2006．

［32］赵洁. 广告经营与管理 [M]. 第 3 版. 厦门：厦门大学出版社，2007.

［33］王豪. 城市形象概论 [M]. 长沙：湖南美术出版社，2008.

［34］周宪. 视觉文化的转向 [M]. 北京：北京大学出版社，2008.

［35］陆扬. 文化研究概论 [M]. 上海：复旦大学出版社，2008.

［36］黄静. 品牌营销 [M]. 北京：北京大学出版社，2008.

［37］郭国庆. 营销理论发展史 [M]. 北京：中国人民大学出版社，2009.

［38］吴友富. 中国国家形象的塑造和传播 [M]. 上海：复旦大学出版社，2009.

［39］刘晓峰，沈铖. 品牌管理 [M]. 北京：机械工业出版社，2009.

［40］杨芳平. 品牌学概论 [M]. 上海：上海交通大学出版社，2009.

［41］殷莉. 区域形象的塑造与传播策略 [M]. 北京：新华出版社，2009.

［42］李怀亮，任锦鸾，刘志强. 城市传媒形象与营销策略 [M]. 北京：中国传媒大学出版社，2009.

［43］应丽君. 会展绿皮书：政府主导型展会发展报告（2010）[M]. 北京：人民日报出版社，2010.

［44］李明合. 品牌传播创新与经典案例评析 [M]. 北京：北京大学出版社，2011.

［45］李岗. 跨文化传播引论——语言·符号·文化 [M]. 成都：巴蜀书社，2011.

［46］叶朗. 2011 中国文化产业年度发展报告 [M]. 北京：北京大学出版社，2011.

［47］胡潇，胡秉俊. 甘肃文化传承与发展述论 [M]. 兰州：甘肃人民出版社，2011.

［48］肖安鹿，段建玲. 文化产业发展与文化大省建设 [M]. 兰州：甘肃文化出版社，2012.

［49］赵毅衡. 符号学 [M]. 南京：南京大学出版社，2012.

［50］杨兴国. 品牌力 [M]. 北京：人民邮电出版社，2012.

［51］鞠惠冰. 广告文化学 [M]. 北京：北京师范大学出版社，2013.

［52］刘基. 华夏文明在甘肃 [M]. 北京：人民出版社，2013.

［53］中华人民共和国文化部. 中国文化文物统计年鉴 2013[M]. 北京：国家图书馆出版社，2013.

［54］刘林沙. 现代世界的神话——中西广告原型比较研究 [M]. 成都：

西南交通大学出版社，2013.

[55] 荣新江 . 丝绸之路与东西文化交流 [M]. 北京：北京大学出版社，2015.

[56] 生活月刊 . 敦煌：众人受到召唤 [M]. 桂林：广西师范大学出版社，2015.

[57] 冯井 . 丝路大视野 [M]. 银川：宁夏人民出版社，2015.

[58] 刘伟，郭濂 . 一带一路：全球价值双环流下的区域互惠共赢 [M]. 北京：北京大学出版社，2015.

[59] 彭嬿 . 丝路文化概要 [M]. 北京：中央广播电视大学出版社，2016.

[60] 崔晓文 . 广告策划与实务 [M]. 北京：清华大学出版社，2016.

[61] 胡百精 . 敞开的品牌 [M]. 北京：中国人民大学出版社，2016.

[62] 李树民，王会战 . 丝绸之路经济带文化遗产保护与旅游合作发展研究 [M]. 西安：西安交通大学出版社，2016.

[63] 陈积银，李玉政，朱鸿军 . 实证：数字时代新丝路文化建设研究——以甘肃省为例 [M]. 北京：中国社会科学出版社，2016.

[64] 屈运翔，等 . 互联网寡头战争：BAT 圈地运动与资本新格局 [M]. 杭州：浙江大学出版社，2017.

[65] 何佳讯 . 品牌的逻辑 [M]. 北京：机械工业出版社，2017.

[66] 江平 . 城市品牌形象塑造与传播研究 [M]. 武汉：武汉大学出版社，2018.

[67] 郑炳林 . 敦煌与丝绸之路文明 [M]. 南京：江苏人民出版社，2018.

II 期刊论文

[1] GOODYEAR M. Reviewing the concept of brands and branding [J]. Marketing and research today, 1993（March–April）.

[2] 李明伟 . 敦煌文献与丝绸之路的研究 [J]. 社科纵横，1995（4）.

[3] PORTER M.E.Competitive advantage, agglomeration economics and regional policy[J].International regional science review, 1996(19).

[4] 徐小鸽 . 国际新闻传播中的国家形象问题 [J]. 新闻与传播研究，1996（2）.

[5] SCOTT A.J. The cultural economy of cities[J].International Journal of urban regional research, 1997(2).

［6］张金海.试论商业广告的文化传播性质与功能 [J].江汉论坛，1997（8）.

［7］AAKER JENNIFER L.Dimensions of brand personality[J].Journal of marketing research, 1997(8).

［8］JOSEPH T. PLUMMER. How personality makes a difference [J]. Journal of advertising research, 2000(6).

［9］陈先红.试论品牌传播的消费者导向原则 [J].现代传播，2002（1）.

［10］郑俊义.西部地区依托文化资源优势发展文化产业问题探讨 [J].兰州商学院学报，2001（6）.

［11］廖为建.论政府形象的构成与传播 [J].中国行政管理，2001（3）.

［12］黎永泰.西部大开发中的文化资源开发战略 [J].经济体制改革，2002（1）.

［13］余明阳，舒咏平.论“品牌传播”[J].国际新闻界，2002（3）

［14］彭兰.“网络中的人际传播”[J].国际新闻界，2002（3）.

［15］黄胜兵，卢泰宏.品牌个性维度的本土化研究 [J].南开管理评论，2003（1）.

［16］李忠宽.品牌形象的整合传播策略 [J].管理科学，2003（2）.

［17］李承勋.关于城市品牌的初步研究 [J].广东社会科学，2003（4）.

［18］朱以青.从文化到文化产业：涵义与功能的演变 [J].山东大学学报（哲学社会科学版），2004（5）.

［19］董为民.国外文化产业现状、发展措施与经验 [J].经济研究参考，2004（10）.

［20］王春雷，冯琦.国外品牌展览会的移植策略分析——以慕尼黑 EXPO REAL CHINA 2004 为例 [J].旅游学刊，2005（2）.

［21］吕尚彬.广告传播观念：从以物为本到以人为本 [J].现代传播，2005（3）.

［22］杨志慧，彭圣文.论会展品牌的形象定位和形象塑造 [J].特区经济，2005（5）.

［23］张俊妮，江明华，庞隽.品牌个性与消费者个性相关关系的实证研究 [J].经济科学，2005（6）.

［24］娄成武，李冬.论发展文化产业与繁荣先进文化的关系 [J].理论界，2005（11）.

［25］张燚，张锐.城市品牌论 [J].管理学报，2006（4）.

［26］赵彦云，余毅，马文涛．中国文化产业竞争力评价和分析 [J].中国人民大学学报，2006（4）．

［27］樊传果．城市品牌形象的整合传播策略 [J].当代传播，2006（5）．

［28］马庆栋，张书贞.IMC 理论的缘起与演进：一个分析框架 [J].商场现代化，2006（20）．

［29］王学军．地区形象营销理论研究综述 [J].广东商学院学报，2007（4）．

［30］常春光．国际会展业成熟运作模式及启示 [J].学术交流，2007（6）．

［31］邓华陵．丝绸之路申报世界遗产的理论与实践 [J].西北师大学报，2007（6）．

［32］于宁．城市品牌资产的开发、评估及维护 [J].中国资产评估，2007（6）．

［33］钟颖．基于品牌展会评价标准的展会品牌战略管理思考 [J].商场现代化，2007（22）．

［34］林远珣，廖文利．人际传播对品牌建设的影响 [J].中国广告，2008（1）．

［35］刘艳．过度信息市场环境下品牌识别系统模型的建构 [J].系统工程，2008（2）．

［36］袁凤香，许尔君．对加快甘肃文化产业发展的思考 [J].甘肃社会科学，2008（5）．

［37］王起静．我国政府主导型展会的市场化改革 [J].北京第二外国语学院学报，2008（7）．

［38］谭宏，田书芹．试论品牌会展塑造的三层面方法 [J].企业经济，2008（8）．

［39］张丽．试论我国政府主导型展会的发展策略 [J].经济论坛，2008（11）．

［40］杨芳平．关于品牌会展评估指标体系的初探 [J].上海应用技术学院学报（自然科学版），2009（1）．

［41］叶丽君，李琳．我国区域文化产业竞争力评价与差异分析 [J].科技管理研究，2009（3）．

［42］常莉，刘吉发．略论我国文化体制改革与文化产业发展 [J].改革研究，2009（9）．

［43］刘路．论城市形象传播理念创新的路径与策略 [J].城市发展研究，

2009（11）.

［44］郑萍,陈样平."大型媒体行动"塑造陕西区域形象效果探析［J］.新闻知识,2010（4）.

［45］任建华.郑州市自有会展品牌培育策略研究［J］.江苏商论,2010（7）.

［46］何国平.城市形象传播:框架与策略［J］.现代传播（中国传媒大学学报）,2010（8）.

［47］刘强.论品牌传播效果［J］.现代营销（学苑版）,2011（5）.

［48］洪振强.当代中国文化产业博览会规范发展问题研究［J］.艺术百家,2011（5）.

［49］吴艳,郑四渭.基于TOPSIS法的国际会展品牌竞争力评价［J］.江苏商论,2011（7）.

［50］张晓兵,杨瑚,张亮晶.甘肃区域品牌发展策略研究［J］.商场现代化,2011（8）.

［51］洪蔚脍,张佑林.西部地区文化资源产业化开发机理研究——以西安市为例［J］.改革与战略,2012（1）.

［52］余可发.消费者品牌广告共鸣的内容、结构及其影响研究［J］.上海管理科学,2012（3）.

［53］侯宗辉,王田祖.甘肃省文化软实力现状及提升路径分析［J］.兰州工业高等专科学校学报,2012（5）.

［54］李绚丽,魏镇.提升高校博物馆文化传播功能的几点思考［J］.中国博物馆,2013（1）.

［55］徐乃真,祝平.跨界营销在品牌传播中的运用［J］.中国市场,2013（25）.

［56］王东强,田书芹,杨宁.中国白酒专业博览会会展品牌塑造策略［J］.企业经济,2014（1）.

［57］杨晓莉,刘丹.甘肃媒介形象浅析［J］.新闻世界,2014（6）.

［58］王伟,杨婷,罗磊.大型城市事件对城市品牌影响效用的测度与挖掘——以上海世博会为例［J］.城市发展研究,2014（7）.

［59］刘小娥.新媒体背景下品牌传播问题研究［J］.科技视界,2014（35）.

［60］董鸿英,熊澄宇.大格局中的丝绸之路文化产业发展:历史与当代的视角［J］.中国文化产业评论,2015（2）.

[61] 王萍萍. 城市品牌化路径探析——从城市品牌定位、塑造、营销到管理 [J]. 城市管理与科技, 2015 (2).

[62] 王青亦. 丝绸之路文化产业带的文化发展策略研究 [J]. 华侨大学学报 (哲学社会科学版), 2015 (3).

[63] 赵宪军. 丝绸之路甘肃地域文化探析 [J]. 中央社会主义学院学报, 2015 (3).

[64] 曹阳, 周柳华. 山西会展业品牌化发展的问题和对策 [J]. 中共山西省直机关党校学报, 2015 (5).

[65] 卜俊. 会展品牌力及其策略研究——以中国国际自行车展览会为例 [J]. 品牌 (下半月), 2015 (9).

[66] 朱利荣. 丝绸之路: 多视角空间传播下的当代价值 [C]. 第十一届中国软科学技术年会论文集: 下, 2015.

[67] 都薇. 全媒体时代会展品牌的塑造与传播 [J]. 新闻传播, 2016 (4).

[68] 段淳林, 闫济民. 扩散与增值: 品牌传播路径的嬗变与价值审视 [J]. 国际新闻界, 2016 (5).

[69] 朱晨明. 会展品牌的塑造与可持续发展策略的探讨 [J]. 中国市场, 2016 (14).

[70] 温志超. 全媒体时代背景下会展品牌的塑造与传播策略 [J]. 经贸实践, 2016 (15).

[71] 程明, 薛海霞. 自主信息传播时代品牌 "制度化" 的颠覆与 "新制度化" 的建构——从垂直设计到交互设计 [J]. 现代传播 (中国传媒大学学报), 2016 (6).

[72] 刘佳艺, 李靖楠, 刘诗怡. 会展品牌塑造与传播研究 [J]. 现代营销 (下旬刊), 2016 (6).

[73] 袁园. 文博会促进文化创意产业发展策略 [J]. 开放导报, 2017 (4).

[74] 杨森, 朱静. 新媒体环境下品牌的形象塑造与传播策略 [J]. 经营与管理, 2017 (5).

[75] 尹永生. "一带一路" 广电融入发展新图景 [J]. 发展, 2017 (8).

[76] 张鹏. "一带一路" 战略的西安会展品牌塑造研究 [J]. 经济研究导刊, 2017 (9).

[77] 周洁. "一带一路" 历史文化观再思考——兼谈丝路文化遗产的价值发现与开发传承 [J]. 中华文化论坛, 2017 (11).

［78］徐爱龙.重大主题活动融媒体报道的创新与实践——以丝绸之路（敦煌）国际文化博览会为例［J].新闻战线，2017（21）.

［79］覃四海，陈丹，周婷.对构建会展产业生态圈的思考［J].科技创业月刊，2017（24）.

［80］杨丽娟.会展经济带动区域经济发展的路径分析——以敦煌文博会为例［J].中国商论，2017（31）.

［81］何婷.新媒体语境下品牌传播的现状、问题与对策［J].采写编，2018（2）.

［82］曾兴，张鸣浩.“一带一路”背景下四川文化会展业的发展思路［J].四川省干部函授学院学报，2018（4）.

［83］李燕群.纪录片地域形象建构探析——以湖北纪录片为例［J].电影文学，2018（5）.

［84］冯奇伟.电影艺术的地域形象传播刍议及其对贵州外宣的启示［J].电影评介，2018（7）.

［85］常芝歌.互联网新媒体时代品牌传播转型探析［J].中国传媒科技，2018（10）.

［86］郭弘.敦煌国际文博博览会的“文化＋”产业模式与品牌建构［J].社科纵横，2018（12）.

［87］黄册.政府主导型展会误解解析及发展思路探讨［J].中国经贸导刊（理论版），2018（17）.

［88］陈功宇，顾宏杰，王凌凤，等.互联网背景下品牌传播的发展研究［J].商场现代化，2018（19）.

［89］李知矫.网上京交助力展会“永不落幕”［J].中国会展，2018（21）.

［90］常青.西魏长安佛教艺术与丝绸之路上的石窟遗迹［J].美术研究，2019（1）.

［91］韩文奇.敦煌文博会特色与创新刍论［J].甘肃广播电视大学学报，2019（1）.

［92］李文增.略论中西方丝路文化视野的差异性［J].世界文化，2019（1）.

［93］崔桂林，王盼.从产品思维到产业思维的五层跨越［J].清华管理评论，2019（Z2）.

［94］孙为.全球化语境下的地景叙事与文化认同——新丝绸之路沿线国家电影的文本解读［J].南京艺术学院学报（音乐与表演），2019（3）.

［95］王源. 全媒体时代视觉传播对地域形象的重塑与建构 [J]. 新闻研究导刊，2019（6）.

［96］李珂，曲颖. "定位理论"及其形成脉络探析 [J]. 合作经济与科技，2019（11）.

［97］林丽青. 品牌管理视角下的展会品牌构建与发展策略研究 [J]. 智库时代，2019（22）.

［98］宗少鸽，刘子建. 丝绸之路沿线传统文化数字化发展路径探析——以敦煌"数字供养人"计划为例 [J]. 出版广角，2019（23）.

［99］杨丽娟. 敦煌文博会如何带动区域经济发展——基于产业升级的视角 [J]. 纳税，2019（24）.

［100］杨友宝，彭安琪. 基于行业分布的我国省域展览业结构分异特征及其优化路径 [J]. 企业经济，2020（1）.

［101］周景龙. "数字孪生"技术打造智慧会展场馆 [J]. 中国会展，2020（1）.

III　学位论文

［1］刘海洋. 基于地域文化的会展品牌营销策略研究 [D]. 沈阳：沈阳理工大学，2004.

［2］于志远. 酒泉丝路文化旅游开发研究 [D]. 乌鲁木齐：新疆师范大学，2004.

［3］高晓欢. 温州市大型会展活动公共安全问题与对策研究 [D]. 上海：同济大学，2007.

［4］卫军英. 整合营销传播观念的理论建构 [D]. 杭州：浙江大学，2007.

［5］李嵩. 基于 CIS 原理的城市居住空间可识别性研究 [D]. 哈尔滨：哈尔滨工业大学，2008.

［6］苏静. 基于顾客价值的消费类会展品牌塑造研究 [D]. 上海：同济大学，2008.

［7］王岚. 地区文化产业竞争力评价研究 [D]. 天津：天津大学，2008.

［8］刘濚檑. 中国当代广告中的原型研究 [D]. 武汉：武汉大学，2010.

［9］黄忠斌. 城市品牌建设中的政府行为研究 [D]. 南宁：广西民族大学，2011.

［10］刘莉丽. 上海市居民对 2010 世博会影响的感知研究 [D]. 上海：上

海师范大学，2011.

［11］彭传新．品牌叙事理论研究：品牌故事的建构和传播[D].武汉：武汉大学，2011.

［12］曹峰玮．长春城市品牌形象提升探究——基于东北亚博览会的视角[D].长春：吉林大学，2012.

［13］邸军．网络媒体视野下的鄂尔多斯地域形象探究[D].呼和浩特：内蒙古大学，2012.

［14］王家华．定位时代下的品牌传播策略研究[D].上海：上海外国语大学，2012.

［15］甘箐．基于参展商视角的展会品牌资产形成研究[D].广州：华南理工大学，2013.

［16］甘露．甘肃文化资源产业化开发研究[D].兰州：西北师范大学，2013.

［17］李小琴．城市品牌对城市竞争力的影响研究[D].长沙：湖南师范大学，2013.

［18］刘常亮．基于定位理论的中国生鲜农产品品牌识别研究[D].兰州：兰州大学，2013.

［19］许晟．新华社摄影报道构建的甘肃形象研究——以2008—2012年新华社摄影报道为例[D].兰州：兰州大学，2013.

［20］张晨光．泰安市会展业发展现状及对策研究[D].济南：山东大学，2013.

［21］郭翠萍．专业会展品牌塑造研究——以中国国际瓦楞展为例[D].上海：上海师范大学，2014.

［22］李梦瑜．文化遗产传播现状及有效性研究——以群体为例[D].厦门：厦门大学，2014.

［23］杨煜．城市品牌体系构建中的地方政府行为研究——以泉州市为例[D].南宁：广西师范学院，2014.

［24］于晶梅．敦煌市"旅游立市"政府战略优化研究[D].兰州：兰州大学，2015.

［25］马晓锦．会展经济促进甘肃经济发展的作用分析——以丝绸之路（敦煌）国际文化博览会为例[D].兰州：兰州大学，2016.

［26］邓皓静．中国节事活动品牌传播研究[D].长沙：湖南大学，2016.

［27］姜智彬．以城市品牌为导向的特大活动管理研究[D].上海：同济

大学，2016.

　　［28］吕燕茹 . 纪录片中的甘肃形象传播研究——以《河西走廊》和《丝绸之路》为个案 [D]. 兰州：兰州大学，2016.

　　［29］赵雪在 . 新媒体下我国综合性博物馆的信息传播发展 [D]. 昆明：云南大学，2016.

　　［30］赵元亮 . 敦煌文化产业园区发展研究 [D]. 秦皇岛：燕山大学，2016.

　　［31］刘显世 . 山东会展业发展研究（1990—2014 年）[D]. 济南：山东大学，2017.

　　［32］王晓奕 . 城市宣传片的三重属性及其实现——以敦煌文博会宣传片变更事件为例 [D]. 兰州：兰州大学，2017.

　　［33］马娟娟 . 影像传播与甘肃丝路文化的形象建构 [D]. 成都：成都理工大学，2018.

　　［34］曹天伦 . 吉版纪录片中的吉林地域形象传播研究 [D]. 长春：长春理工大学，2018.

　　［35］郭志权 . 品牌营销与城市形象建构——以兰州马拉松赛为研究范例 [D]. 兰州：兰州大学，2018.

　　［36］侯翀 . 文化理论视域下丝路文化对河西走廊民族团结的影响研究 [D]. 南宁：广西民族大学，2018.

　　［37］李可 . 博览会形态下的体育文化传播——以中华传统体育文化博览游艺会为例 [D]. 成都：成都体育学院，2018.

　　［38］刘阳 . 澳门会展业发展水平的测度与产业带动效应研究 [D]. 广州：暨南大学，2018.

　　［39］陶树丰 . 社会化媒体时代政府主导型展会的品牌建构研究——以"义博会"为例 [D]. 上海：华东师范大学，2018.

　　［40］王瑞 . 兰州新区文化产业发展的政府管理研究 [D]. 兰州：兰州大学，2018.

　　［41］杨杰 . 丝绸之路（敦煌）国际文化博览会发展研究 [D]. 兰州：西北师范大学，2018.

　　［42］张棉军 . 城市马拉松赛对城市形象的影响研究——以南昌国际马拉松赛为例 [D]. 武汉：华中师范大学，2018.

　　［43］刘树洁 .《人民日报》报道（2009—2018）中的甘肃省区域形象研究 [D]. 兰州：兰州大学，2019.

［44］闵瑞 . 自贡灯会与自贡城市形象塑造研究 [D]. 西安：西北大学，2019.

［45］文颖 . 展会依恋与观众忠诚度关系研究——以西部文化产业博览会为例 [D]. 西安：西安外国语大学，2019.

［46］赵方方 . 节会对城市形象的建构与传播研究——以潍坊国际风筝会为例 [D]. 济南：山东大学，2019.

Ⅳ　报纸文章与报告

［1］严存义 . 专家眼中的甘肃会展经济 [N]. 甘肃日报，2013-08-05（3）.

［2］张玉玲 . 文博会该转型了 [N]. 光明日报，2013-11-30（1）.

［3］商务部服务贸易司，中国会展经济研究会 . 中国会展业行业发展报告（2014）[R]. 2014.

［4］方忠义 . 打造永不落幕敦煌文博会的思考 [N]. 甘肃日报，2016-11-21（10）.

［5］李并成 . 关于持续办好敦煌文博会的建议 [N]. 甘肃日报，2017-08-14（9）.

［6］李有发 . 进一步拓展敦煌文博会功能 [N]. 甘肃日报，2017-8-25（8）.

［7］王金 . 对办好敦煌文博会的思考 [N]. 甘肃日报，2017-12-29（10）.

［8］蒋肖斌 . 敦煌会是下一个世界性超级 IP 吗 [N]. 中国青年报，2018-01-16（8）.

索 引

后 记

　　十多年前我去参加一个学术会议，别人问我来自哪所大学，我说兰大。"南大，金陵古城，那可是个好地方。""不，是兰州大学。""哦，兰州气候干燥。听说黄沙漫天，人们得掩口鼻才能出行，是真的吗？""春天确实有风沙，也就是偶尔的几天。"短短几句聊天，让我的内心颇不平静。

　　后来随着网络技术的发展，每到高考招生季，兰大和兰州的气候、经济社会发展状况，必然是填报志愿考生在网上热议的话题。"甘肃最有名的就是敦煌，周围全是沙漠，兰州也不例外。""兰州经济太落后了，即使是985高校，也不能选兰大。"更有甚者调侃："兰大学生出行都骑骆驼，上课时校园里到处拴满了骆驼。"

　　上述聊天和网络上的信息只代表了部分人对甘肃、对兰州的认知，但也说明了一个问题，那就是甘肃地域形象的宣传推介工作还有很大的提升空间。

　　司马迁在《史记·大宛列传》中评价张骞凿空西域。裴骃集解引苏林曰："凿，开；空，通也。张骞开通西域道。"《史记索隐》解释"凿空"说："谓西域险厄，本无道路，今凿空而通之也。""凿空"这个形象的说法，意思就是将阻碍的壁垒、障碍打破，形成通道。人员往来，物资交流，文化、文明因此而慕风远飏。虽然我们无法像张骞一样开启一个时代，但作为一个土生土长的甘肃人，还是希望用自己所学，为塑造提升家乡形象做点力所能及的事情。

2015 年国家发展改革委、外交部、商务部经国务院授权，明确提出甘肃省要"办好丝绸之路（敦煌）国际文化博览会"，打造促进民心相通的人文交流基地。受此信息的鼓舞，我们科研团队从第一届敦煌文博会开始跟踪收集相关资料与信息。加上多年来持续关注甘肃文化产业发展问题，参与甘肃建设华夏文明传承创新区的战略构想、兰州都市文化产业区规划、西部影视文化工程等多项文化产业论证活动，也承担了甘肃省旅游委、民委、省文物局、甘肃省广播电影电视局等组织的委托科研项目。有了这些学术积淀，团队在 2018 年成功申报甘肃省社科规划重点项目"'敦煌文博会'品牌塑造、传播策略与提升战略研究"。此研究以"敦煌文博会"品牌塑造、传播与提升为契机，思考如何重续敦煌作为丝绸之路节点城市的往日荣光，发挥内通外联的作用，最终达到促进甘肃对外传播新格局建设和全新地域形象建构的目标。

本书就是在项目研究报告的基础上，通过不断修改完善而成的。敦煌文博会主要依托有着丰厚历史积淀的丝路文化，丝路文化体系非常庞大，在课题的研究过程中，难以覆盖到历届敦煌文博会所涉及的丝路文化的各个方面。另外，截至目前，敦煌文博会已成功举办六届，因课题结题时间限制，本书仅分析了前四届。第五届、第六届敦煌文博会受新冠疫情影响较大。目前展会处于发展过程当中，其规模、影响力与文化魅力正在逐步形成和扩大。对于课题的研究而言，因其举办的届数少、历时短，难以放在较长的时间段去考察其影响力，这些都有待后续研究的展开与深入。

在项目调研的过程中，甘肃省文旅厅、省外事办、敦煌文旅局等单位为我们提供了许多便利。于永俊老师、王晓梅老师为我们联系了诸多热心的朋友，他们帮助我们克服了调研中遇到的各种困难。在访谈罗马尼亚阿尔巴县议长时，朱玉明老师全程为我们担任翻译。感谢他们，这些美好的人和事我们都会永远铭记。

感谢我的课题组成员王晓红老师，在炎炎暑日，她还带着学生奔波在合作、敦煌的街巷，访谈、发放问卷。感谢我的学生金玉荔、史素雅、雷玲、朱丽桦、陈梦圆，她们为项目数据的收集、整理做了大量的基础性工作。

在本书写作任务即将完成之际，传来一个振奋人心的消息。在旅游"圣经"《孤独地球》杂志中，甘肃位居亚洲最佳旅游地排名第一。有大自然的鬼斧神工，加上敦煌文博会不断扩大的人文影响力，以及以敦煌莫高窟为代表的一大批人类艺术的结晶，相信甘肃这块中国地图上形似"如意"的地方一定会让海内外的人们"如意"而来，满意而归。

最后，要感谢对本书付梓而多方协助的《传媒茶话会》刘灿国总编、高等教育出版社的各位同仁，你们对学术研究的推进与帮助令人敬佩和感动。

张硕勋

2022 年 12 月 5 日

郑重声明

高等教育出版社依法对本书享有专有出版权。任何未经许可的复制、销售行为均违反《中华人民共和国著作权法》，其行为人将承担相应的民事责任和行政责任；构成犯罪的，将被依法追究刑事责任。为了维护市场秩序，保护读者的合法权益，避免读者误用盗版书造成不良后果，我社将配合行政执法部门和司法机关对违法犯罪的单位和个人进行严厉打击。社会各界人士如发现上述侵权行为，希望及时举报，我社将奖励举报有功人员。

反盗版举报电话 （010）58581999 58582371

反盗版举报邮箱 dd@hep.com.cn

通信地址 北京市西城区德外大街 4 号
高等教育出版社法律事务部

邮政编码 100120